专业技术人员信息化能力建设教程

主编　查先进　严亚兰

国家行政学院出版社

内容简介

信息化能力建设是全社会普遍关注的热点问题。本书围绕当前信息化能力建设的核心领域和热点问题展开，包括绪论、信息系统开发与管理、信息组织与检索、信息分析与服务、信息技术应用与信息产业发展、领域信息化、信息化能力评价、信息资源开发与利用等内容。

本书结构严谨，内容丰富，重点突出，既注重理论性，也强调实用性和可操作性。本书可供国家人事部专业技术人才知识更新工程（简称"653 工程"）作培训教材，对于从事信息管理与信息技术推广应用的广大理论工作者和实际工作者，本书也具有一定的参考价值。

图书在版编目（CIP）数据

专业技术人员信息化能力建设教程/查先进，严亚兰
主编. —北京：国家行政学院出版社，2008.3
  ISBN 978-7-80140-668-2

  Ⅰ. 专⋯ Ⅱ. ①查⋯②严⋯ Ⅲ. 信息技术—干部教育—
教材 Ⅳ. G202

  中国版本图书馆 CIP 数据核字（2008）第 027877 号

书　　名	专业技术人员信息化能力建设教程
主　　编	查先进　严亚兰
责任编辑	李锦慧
出版发行	国家行政学院出版社
	（北京市海淀区长春桥路 6 号　　100089）
	（010）68920640　68929037
	http://cbs.nsa.gov.cn
经　　销	新华书店
印　　刷	北京龙展印刷有限公司
版　　次	2008 年 4 月北京第 1 版
印　　次	2014 年 3 月北京第 2 次印刷
开　　本	880 毫米×1230 毫米　32 开
印　　张	9.75
字　　数	264 千字
书　　号	ISBN 978-7-80140-668-2/D·323

定　　价　23.00 元

本书编写人员

主　编　查先进　严亚兰

编　委　郭彦丽　焦　冉
　　　　严　密　陈明红

前　　言

为贯彻落实《中共中央、国务院关于进一步加强人才工作的决定》，进一步加强专业技术人才队伍建设，推进专业技术人才继续教育工作，国家人事部于 2005 年 9 月发布了《专业技术人才知识更新工程实施方案》，计划用 6 年的时间，在现代农业、现代制造、信息技术、能源技术和现代管理 5 个领域实施专业技术人才知识更新工程，重点培训 300 万名紧跟科技发展前沿、创新能力强的中高级专业技术人才（简称"653 工程"）。在该实施方案中，"信息化能力"被列为专业技术人才培训的公需科目。本书主要是为此目的而组织编写的。

20 世纪后半叶以来，伴随着信息技术的迅速崛起，信息资源以前所未有的广度和深度被社会所认识、开发和利用，各行各业对信息和信息技术的应用日益普遍，信息社会初露端倪，人类开始迈向信息化时代。信息化是人类社会科技、经济、政治、文化和生活发展到一定历史阶段后的必然产物，是当今世界发展的大趋势和推动经济社会变革的重要力量，具有无比广阔的发展前景。

本书围绕当前信息化能力建设的核心领域和热点问题展开。第一章是绪论，包括社会信息化，信息化能力的含义、表现形式及对竞争力的影响；第二章是信息系统开发与管理，包括信息系统的结构和功能，信息系统的分析、设计、实施、运行管理和维护；第三章是信息组织与检索，包括信息组织、信息检索的基本原理和方法；第四章是信息分析与服务，包括信息分析的含义、作用、程序、方法、技术和内容，信息服务及其市场化；第五章是信息技术应用与信息产业发展，包括信息技术及其对信息产业的渗透和影响，信息产业的形成和发展，信息产业的结构、特征和运行机制；第六章是领域信息化，包括电子商务、电子政务、教育信息化等；第七章是信息化能力评价，包括信息化能力评价的意义、原则、内容、方法和评价指标体系，企业信息化能力评价的方法；第八章是信息资源开发与利用，包括信息资源及其特征，信息资源的配置、共享及其效率，基于语义 Web 的信息资源开发与利用。考虑到教材的特点，在编写过程中，本书既注重理论性，也强调实用性和可操作性。

本书由我提出写作大纲，严亚兰、严密和陈明红参加了大纲的讨论和修改。各章节写作分工如下：查先进编写第一章、第二章的第一节、第四章、第八章的第一节至第三节，严亚兰编写第二章的第三节、第三章的第三节"信息检索"、第八章的第四节，郭彦丽编写第二章的第二节、第六章，焦冉编写第三章（不包括第三节的"信息检索"），严密编写第五章，陈明红编写第七章。全书由我和严亚兰负责统稿。

本书从酝酿到编写完成，得到了很多单位和个人的大力支持。一直以来，我在武汉大学信息资源研究中心从事与信息化有关的科研和教学工作，特别是在主持教育部人文社会科学重点研究基地重大项目"信息资源配置理论与模型研究"的过程中，围绕信息化相关问题进行了广泛的调研，积累了一些成果和经验。另外，严亚兰在主持中国博士后科学基金项目"语义 Web 环境下的信息资源开发与利用研究"的过程中，也积累了一些成果和经验。这些成果和经验是本书顺利编写完成的重要基础。本书在编写过程中，参阅和引用了国内外许多研究成果，借本书出版的机会，作者一并表示衷心的感谢。

本书可供国家人事部专业技术人才知识更新工程作培训教材，对于从事信息管理与信息技术推广应用的广大理论工作者和实际工作者，本书也具有一定的参考价值。

信息化能力建设是一个内涵丰富、外延广阔、与时俱进的领域，随着信息技术的创新和应用，新的成果不断涌现。尽管作者已经付出了最大的努力，但由于时间仓促，加之水平有限，书中难免存在疏漏和错误，敬请专家和读者批评指正。

查先进

2008 年 1 月于武汉大学

目　　录

第一章　绪论 ·· 1

　　第一节　社会信息化 ····································· 1

　　第二节　信息化能力及其表现 ······················ 4

　　第三节　信息化能力和竞争力 ······················ 14

　　思考题 ··· 21

第二章　信息系统开发与管理 ···························· 22

　　第一节　信息系统的结构和功能 ··················· 22

　　第二节　信息系统分析、设计和实施 ·············· 29

　　第三节　信息系统的运行管理和维护 ·············· 42

　　思考题 ··· 49

第三章　信息组织与检索 ·································· 50

　　第一节　概述 ·· 50

　　第二节　信息组织 ······································ 52

　　第三节　信息检索 ······································ 66

　　思考题 ··· 82

第四章　信息分析与服务 ·································· 83

　　第一节　信息分析的含义和作用 ··················· 83

　　第二节　信息分析的程序 ···························· 88

　　第三节　信息分析方法和技术 ······················ 97

　　第四节　信息分析的内容 ···························· 115

　　第五节　信息服务 ······································ 124

　　思考题 ··· 128

第五章　信息技术应用与信息产业发展 ……………………… 130

　第一节　信息技术及其社会影响 …………………………… 130

　第二节　信息产业的形成和发展 …………………………… 137

　第三节　信息产业的结构和特征 …………………………… 143

　第四节　信息产业的运行机制 ……………………………… 157

　思考题 ……………………………………………………… 162

第六章　领域信息化 …………………………………………… 163

　第一节　概述 ………………………………………………… 163

　第二节　电子商务 …………………………………………… 164

　第三节　电子政务 …………………………………………… 178

　第四节　教育信息化 ………………………………………… 188

　思考题 ……………………………………………………… 196

第七章　信息化能力评价 ……………………………………… 197

　第一节　信息化能力评价的意义和原则 …………………… 197

　第二节　信息化能力评价的内容 …………………………… 202

　第三节　信息化能力评价的方法 …………………………… 205

　第四节　信息化能力评价指标体系 ………………………… 216

　第五节　企业信息化能力评价 ……………………………… 221

　思考题 ……………………………………………………… 233

第八章　信息资源开发与利用 ………………………………… 234

　第一节　信息资源及其特征 ………………………………… 234

　第二节　信息资源配置 ……………………………………… 237

　第三节　信息资源共享及其效率 …………………………… 247

　第四节　基于语义 Web 的信息资源开发与利用 ………… 281

　思考题 ……………………………………………………… 295

参考文献 ………………………………………………………… 296

第一章 绪 论

第一节 社会信息化

不论是经济活动还是其他社会活动，都离不开对资源的需求。在人类社会漫长的发展历程中，物质资源、能源资源和信息资源被称作支撑人类文明和进步的"三大支柱"。但在不同的历史时期，人类对资源的需求却存在着明显的结构性差异。在农耕社会，人类的生产和生活主要依赖于物质资源，能源资源次之，而信息通常只能在极其有限的领域发挥作用，甚至还不能被视为资源。18 世纪，蒸汽机技术的出现把人类带向了灿烂的工业文明时代。在这样一个时代里，物质资源和能源资源得到大规模的综合开发和利用，成为支撑社会持续前进的主导力量；与此同时，信息也逐渐成为资源，成为推动经济和社会发展的另一股力量，其开发利用的范围日益扩大，领域日益增多，影响日益深远。到了20 世纪后半叶，伴随着信息技术（尤其是网络技术）迅速崛起，信息资源以前所未有的广度和深度被社会所认识、开发和利用，各行各业对信息和信息技术的应用日益普遍，信息社会初露端倪，人类开始迈向信息化时代。可见，社会信息化不是从来就有的，而是人类社会科技、经济、政治、文化和生活发展到一定历史阶段后的必然产物。

通常，社会信息化可以被理解为人类社会发展过程中的一种特定的现象，其典型表现是：人类社会对信息资源的依赖程度越来越高，而对物质资源和能源资源的依赖程度则相对降低。在高度发达的信息社会里，信息要素广泛地渗透到人类社会活动的各个方面，社会经济的发展以信息和信息技术为主要推进力量。从宏观角度考察，信息对人民生活水平提高的贡献增大，整个国民经济中信息成分占据很大比例；从微观角度考察，高度发达的信息技术使信息的投入可以在某种程度上替代物质材料和能源的投入，产品和劳务中的物质含量减少，信息含量增加，"信息—物质比"高，企业经营活动中信息的作用日益突出，并起着关键性作用。

社会信息化一般包括三个层次，一是通过自动控制、知识密集而实现的生产工具信息化；二是通过对生产行业、部门乃至整个国民经济的自动化控制而实现的社会生产力系统信息化；三是通过通信系统、咨询产业以及其他设施而实现的社会经济、文化和生活的全面信息化。这三个层次分别发生于社会信息化的初级阶段、中级阶段和高级阶段。在社会信息化进程中，信息化的程度日益加深，范围日益广泛。

在当代，信息化已成为人类社会科技、经济、政治、文化和生活领域的重要内容，尤其是对经济的发展产生了重大的影响。其主要特征是，信息要素广泛地渗透到人类社会各种经济活动中，社会经济的发展主要不是依赖物质材料的增加和新能源的开发，而是依赖信息力量的推动。由于经济发展是人类社会发展最主要的力量，经济信息化为社会信息化奠定了必要的基础，因此，经济信息化（信息经济）在人类社会信息化进程中起主导作用。许多国家都把推进国民经济信息化作为加速社会信息化进程的首选目标。美国、日本等经济发达国家早在20世纪60年代中后期就提出了经济信息化问题。至70年代，前苏联及东欧各国、西欧各国也都把经济信息化提到重要的议事日程上。1992年，克林顿竞选美国总统时就提出了旨在面向21世纪的"信息高速公路"计划。他上任伊始即授权成立了"信息基础设施特别小组"，并且声称，他上任后将优先考虑的事项，便是借助计算机化"信息高速公路"将全国的企业、学校、图书馆、医院和政府部门联结起来，以通过采取这样的全新对策来达到振兴美国经济、维护美国优势的目的。此后，美国政府还分别于1995年、1998年提出了"全球信息基础设施"、"数字地球计划"。经济信息化对美国经济的发展产生了巨大的影响。日本在很多年以前就宣称自己已进入初级的信息化社会，此后的目标便是建立更高级的信息化社会。为此，日本还具体提出了一个旨在把日本建成繁荣富强社会的 21 世纪的信息化纲领。新兴的工业化国家和地区以及广大发展中国家和地区，为了提升本国经济地位，也纷纷把加速社会信息化作为超常规发展战略的主要内容。在我国，为了组织推动好信息化建设，1993 年底，专门成立了由 24 个部委局的领导参加的国民经济信息化联席会议，统一领导和组织协调全国信息化及重点工程建设，并提出了"统筹规划，联合建设，统一标准，专通结合"的方针。1996 年，在我国制定的《关于国民经济和社会发展"九五"计划和 2010 年远景目标》中，又明确提出了"加速国民经济信息化进程"的战略任务，从而使我国信息化建设成为国家总体发展战略的重要组成部分。为了加强对全国信息化建设的领导，1996 年 5 月，成立了国务院信息化工作领导小组。1997 年 4 月，国务院批准召开了第一次全国信息化工作会议。这次会议明确提出了国家信息化的定义，即在国家统一规划和组织下，在农业、工业、科学技术、国防及社会生活各个方面应用现代信息技术，深入开发、广泛利用信息资源，加速国家实现现代化的进程。这次会议还提出了国家信息化的体系框架，认为国家信息化涉及信息资源、国家信息网络、信息技术应用、信息技术与产业、信息化人才、信息化政策法规和标准 6 个方面的内容。2001 年 8 月，又进一步成立了国家信息化领导小组。"十五"期间，国家信息化领导小组对信息化发展重点进行了全面部署，作出了推行电子政务、振兴软件产业、加强信息安全保障、加强信息资源开发利用、加快发展电子商务等一系列重要决策。2006 年 5 月，《2006 年—2020 年国家信息化发展战略》正式出台，提出到 2020 年，我国信息化发展的战略目标是：综合信息基础设施基本普及，信息技术自主创新能力显著增强，信息产业结构全面优化，国家信息安全保障水平大幅提高，国民经济和社会信息化取得明显成效，新型工业化发展模式初步确立，国家信息化发展的制度环境和政策体系基本完善，国民信息技术应用能力显著提高，为迈向信息社会奠定坚实基础。这一切都表明，信息化是当今世界发展的大趋势，是推动经济社会变革的重要力量。

第二节　信息化能力及其表现

一、信息化能力的含义

信息化能力因信息化覆盖的领域不同而有不同的内涵。这里，我们以国家信息化能力和企业信息化能力为例，对其含义进行考察。

（一）国家信息化能力

在社会信息化发展历程中，国家信息化建设具有十分重要的意义。从全球范围来看，信息技术正在成为许多国家经济增长的主要推动力量，信息产业对国民经济的带动作用远远超过传统产业和其他高技术产业，传统经济的模式正在被信息经济和知识经济模式取代。正因如此，许多经济发达国家和新兴的工业化国家（或地区）都将推进国家信息化作为增强国力的重要举措，同时，以我国为代表的广大发展中国家，也将国家信息化建设作为跨越式发展的基本思路。

1997 年 4 月召开的第一次全国信息化工作会议明确提出了国家信息化的定义，即在国家统一规划和组织下，在农业、工业、科学技术、国防及社会生活各个方面应用现代信息技术，深入开发、广泛利用信息资源，加速实现现代化的过程。该定义包括 5 个方面的内容，即：信息化是由国家主导的；信息化覆盖全社会各个领域；要应用现代信息技术；要深入开发与利用信息资源；信息化的目标是加速现代化的进程。基于我国国情的国家信息化体系包括 6 个要素，即信息资源、国家信息网络、信息技术应用、信息技术和产业、信息化人才，以及信息化政策、法规和标准。其中，信息资源是国民经济和社会发展的战略资源，它的开发和利用是国家信息化体系的核心内容，是国家信息化建设取得实效的关键。信息资源开发和利用的程度是衡量国家信息化水平的一个重要标志。国家信息网络是信息资源开发利用和信息技术应用的基础，是信息传输、交换和资源共享的重要手段。只有建设先进的国家信息网络，才能充分发挥信息化的整体效益。信息技术应用是指要把信息技术广泛应用于经济和社会各个领域。信息技术应用工作量大，涉及面广，直接关系到国民经济整体素质、效益和人民生活质量的提高，是国家信息化建设的重要任务。信息技术和产业是指要发展自己的信息技术和产业，这是我国进行信息化建设的基础。信息化建设要立足于自主技术和国产装备，这不仅是国家经济发展的需要，也是国家安全的需要。信息化人才是指建立一支结构合理、高素质的研究、开发、生产、应用队伍，以适应国家信息化建设的需要。人才队伍对其他各个要素的发展速度和质量，有着决定性的影响，是信息化建设的关键。信息化政策、法规和标准是指建立一个促进信息化建设的政策、法规环境和标准体系，规范和协调各要素之间的关系，以保障国家信息化的快速、有序、健康发展。

由于信息化能力是一个与信息化紧密相关的概念，其含义是指信息化进程快慢的差异程度，因此，我们可以将国家信息化能力定义为：在国家统一规划和组织下，在农业、工业、科学技术、国防及社会生活各个方面应用现代信息技术，深入开发、广泛利用信息资源，加速国家实现现代化的进程快慢的差异程度。

（二）企业信息化能力

国民经济信息化的基础是企业信息化。企业信息化是指企业以业务流程（优化）重组为基础，在一定的深度和广度上利用计算机技术、网络技术和数据库技术，控制和集成化管理企业生产经营活动中的所有信息，实现企业内外部信息的共享和有效利用，以提高企业的经济效益和市场竞争能力。企业信息化至少应包括以下三方面的内容：一是实现企业工作流信息化，包括信息的采集、文档的传递等基本工作流程。对于制造业而言，要实现生产制造业务的信息化，包括计算机辅助设计（Computer Aided Design，简称 CAD）、计算机辅助制造（Computer

Aided Manufacturing，简称 CAM），产品数据管理（Product Data Management，简称 PDM）等，它们的集成称为计算机集成制造系统（Computer Integrated Manufacturing Systems，简称 CIMS）。二是企业商务流程的信息化，即企业交易业务本身的信息化，包括销售、采购、库存等的业务流程。目前市场上流行的供应链管理软件、客户关系管理软件和电子商务应用都属于这一类。三是实现企业运作管理的信息化，使整个企业都成为一个完整、流畅的管理控制系统，企业资源计划（Enterprise Resource Planning，简称 ERP）系统软件是构建这一系统的基础。①

　　基于以上认识，企业信息化能力可以这样来理解：企业在实施信息化的过程中，由于基础条件、经济、管理等方面的因素所导致的信息化进程快慢的差异程度。在企业信息化能力建设过程中，企业决策者应该清楚地认识到，企业信息化战略与企业发展规划整合得越好，企业从信息化进程中获得的价值和发展动力就越多。信息化不仅仅是信息技术的简单应用，而且还包括以信息技术为核心的知识、构想、市场模式等的扩散和创新，以及由此形成的经济和社会的变革与重组。

　　目前，企业信息化集中体现在 ERP 的实施和应用上。ERP 是在供应链管理理念和方法的带动下，基于制造资源计划（Manufacturing Resource Planning，简称 MRPⅡ）发展起来的集成化信息系统。它通过前馈的物流、反馈的信息流和资金流，把客户需求和企业内部的生产活动以及供应商资源集成在一起，体现了根据客户需求组织采购、生产、供货的供应链管理思想。ERP 的目标是调配和平衡企业内外资源，对不断变化的市场需求做出敏捷反应，提高企业的市场竞争力。ERP 体现了一种面向供应链的管理思想，使企业能够对供应链上的所有业务流程进行有效管理，如订单、采购、库存、计划、生产制造、质量控

---

　　① 陈运迪．企业信息化与中国企业的竞争力．http：//news. chinabyte. com/333/ 1667333. shtml，2007-12-20.

制、运输、分销、客户服务与客户关系、财务、投资、经营风险、决策、获利分析、人事、项目等。

ERP 系统包含了许多先进的管理思想，如精益生产、敏捷制造、并行工程、准时制、制造资源计划等。从企业信息化的角度来考察，ERP 表现出以下 5 个方面的特点。

1. ERP 是供应链管理的核心和基础

因特网和电子商务的发展迫使 ERP 支持供应链业务，实现外部信息的集成和共享以及外部业务的集成。ERP 对供应链各项业务流程进行管理，并对供应链中的信息流、资金流和物流的流量、流速和流向进行控制，提高供应链总体运行效率，提升产品竞争力。

2. ERP 扩展了信息管理集成的范围

除传统 MRPⅡ系统的范围（制造、供销和财务）外，ERP 系统还集成了企业其他管理功能，如质量管理、实验室管理、设备维修管理、仓库管理、运输管理、项目管理、市场信息管理、国际互联网和企业内部网、电子通信和电子商务、金融投资管理、法规与标准管理以及过程控制接口、数据采集接口等，成为一种覆盖整个企业的全面的管理信息系统。

3. ERP 是准时制（Just In Time，简称 JIT）的核心工具

JIT 的基本思想是："库存就是浪费，消除库存就是消除浪费。"ERP 通过有效地控制信息流，使企业实现了 JIT 采购、JIT 生产和 JIT 物流的同步运行，保证供应链中的某项活动只在需要时才进行，做到供应商的供货、生产过程的每一阶段或工序、物品的移动及向最终客户交货都能符合需求方在时间和数量上的要求。

4. ERP 是企业管理和发展的核心

通过加强信息沟通和信息交流，ERP 将最先进的管理理念贯彻于整个企业，保证企业能够准确无误地掌握生产、销售、采购、库存等各部门的运营情况，对市场的变化及时采取措施，并通过系统及时贯彻实行。ERP 使企业能够随时发现经营中的各种问题，并通过系统追溯问

题症结，采取措施加以解决。

5. ERP 采用了计算机和网络通信技术的最新成就

ERP 系统除了采用图形用户界面技术、面向对象技术、第四代语言/计算机辅助软件工程、客户机/服务器、分布式数据处理等技术外，还广泛采用适用于网络技术的编程软件，以加强用户界面和功能自定义的灵活性和可配置性，适应不同行业的需要。尤其是网络通信技术的应用，为全球供应管理和电子商务提供了一个大有用武之地的平台，充分保证和实现了供应链中信息的高度集成和共享。

二、信息化能力的表现形式

信息化能力是一个内涵丰富、外延广阔且不断发展的概念，它在不同的时期、不同的领域、不同的经济和社会条件下会有不同的侧重点。作为信息化建设质量和水平的基本衡量指标，信息化能力具有许多具体的表现形式，例如以信息网络为代表的信息基础设施建设、信息技术自主创新、信息产业的持续快速发展、信息技术在国民经济和社会各领域的应用效果、电子商务和电子政务的开展等。具体来说，信息化能力包括信息化进程中表现出来的各种能力，如信息系统开发与管理能力、信息组织与检索能力、信息分析与服务能力、信息技术应用与信息产业发展能力、领域信息化能力、信息资源开发与利用能力等。

（一）信息系统开发与管理能力

信息系统开发与管理是信息基础设施建设的重要内容。信息系统主要是指由计算机硬件和软件、网络和通信设备、信息资源、信息用户等组成的人机系统。从管理过程出发，信息系统包括战略计划层、管理控制层、操作控制层、事务数据处理层。从系统特点和发展趋势来看，信息系统可以分为数据处理系统、管理信息系统、决策支持系统、专家系统、办公自动化系统、信息检索系统等。信息系统开发一般分为系统分析、系统设计、系统实施三个阶段。为了确保信息系统的正常运行与信息畅通，实现信息资源共享和高效率利用，信息系统进入使用阶段后的任务是对信息系统进行运行管理和维护。

（二）信息组织与检索能力

信息组织是将处于无序状态的特定信息，根据一定的原理和方法（如语法信息组织方法、语义信息组织方法、语用信息组织方法），使其成为有序状态的过程。信息从无序状态变为有序状态，体现了信息组织的目的。信息检索是一种有目的和组织化的信息存取活动，是对信息集合与需求集合的匹配与选择。按照检索对象的不同，信息检索一般包括文本检索、数值检索、音/视频检索。搜索引擎是网络信息组织与检索的重要工具，其功能需求包括网页选择和更新、动态网页爬行、并行爬行等。另外，随着多媒体技术和网络技术的发展，在扬弃了单一的文本信息检索基础上的网络多媒体信息检索技术开始受到人们的普遍关注。信息检索效果的评价标准主要是查全率和查准率。

（三）信息分析与服务能力

信息分析是在大量搜集原生信息的基础上，通过去粗存精、去伪存真、由此及彼、由表及里地分析处理和评价，形成对经济决策或其他社会活动有参考利用价值的信息成果。信息分析是一个系列化的信息活动过程，包括"课题选择和计划"、"信息搜集和处理"、"信息分析和提炼"、"信息分析成果评价和推广应用"4个核心环节。信息分析方法包括定性方法、定量方法和半定量方法，如逻辑思维法、专家调查法、内容分析法、趋势外推法、多元分析法、数据仓库和数据挖掘等。信息分析的本质在于不断提高信息服务的质量和水平，满足用户的实际信息需求。

（四）信息技术应用与信息产业发展能力

信息技术的发展和完善，已逐渐成为衡量国家综合国力、社会信息化水平的关键因素。信息技术能够改造传统产业，带动国民经济迅速增长，实现社会的可持续发展。信息产业的崛起是第二次世界大战以来信息技术发挥作用的结果。从世界范围来看，信息产业是工业社会发展到一定阶段后的产物，代表了继农业、工业、服务业之后社会发展的方向。信息产业的运行机制包括管理机制、决策机制、激励机制、约束机制、成长机制。

（五）领域信息化能力

领域信息化是要以数字化、网络化、个性化的方式，推进信息技术在社会各个领域的深入应用。电子商务是信息技术在商业领域应用的产物，是企业信息化建设的目标。电子商务经营模式包括 B to B 电子商务、B to C 电子商务、C to C 电子商务等。电子政务是经济与社会信息化发展的先决条件，其核心是构筑政务信息平台，形成连接中央到地方的政府信息系统，实现政府网上信息发布、信息交换和信息服务等。教育信息化与信息社会环境下的教育改革关系密切，是指在教育系统的各个领域全面深入地应用现代信息技术，使之渗透到教学内容、教学方法、教学手段、教学组织形式以及教学过程等各个具体环节的全过程。

（六）信息资源开发与利用能力

在信息资源开发与利用中，信息资源的配置和共享倍受关注。与传统的物质资源和能源资源相比，信息资源的利用不存在明显的竞争关系。信息资源具有共享性，即某人对某信息资源内容的利用并不以他人少利用甚至不利用该资源内容为前提，信息资源的信息量不会因任何人的利用而减少。信息资源还具有稀缺性的特征。稀缺性使信息资源的总效用常常得不到及时和全面的挖掘，从而引发不必要的社会财富浪费，因此，与传统资源相比，信息资源对有效配置具有更强烈的需求和更迫切的期待。虽然从全球范围来看，信息资源的开发和共享取得了一定成效，信息意识也空前高涨，但信息资源配置中的低效率甚至无效率情况依然普遍存在，不公平现象时有发生，如信息资源的地域分布不均衡问题、信息资源的盲目生产和重复配置问题、信息资源的冗余和短缺同时并存的问题、信息侵权问题、信息污染和超载问题、信息犯罪问题、"信息富裕"和"信息贫穷"两极分化问题等，都正在愈演愈烈。这在一定程度上构成了信息资源共享的障碍，亟待从理论上得到指导和解决。另外，在技术上如何提高 Web 信息资源开发与利用的效率方面，语义 Web 技术倍受关注。语义 Web 将促使机器能够像人一样具有智能，能够从信息间找出相似与不同，并且构建关系以创造新的知识。语义 Web 为信息资源开发与利用提供了一种新的处理方式，能够极大地提高网上信息资源开发与利用的效率。

对上述各种信息化能力的全面分析和考察构成了本书的基本内容框架。此外，为了帮助人们及时发现信息化建设过程中存在的缺陷和问题，科学地反映信息化建设的结果，指引信息化建设的方向，需要对信息化能力进行合理的评价。因此，在本书的基本内容框架中，我们还特意安排了关于信息化能力评价的内容，包括信息化能力评价的意义、原则、内容、方法和评价指标体系，并以企业为例，介绍了信息化能力评价的模糊层次分析方法、经济学分析方法和数据包络分析方法。

需要指出的是，上述各种具体的信息化能力还可以进一步分解，从而形成更加细致的表现形式。例如，在信息系统建设方面，可以细化为信息需求分析能力、信息基础设施建设能力、信息资源采集和储备能力、信息分析和处理能力、信息产品服务能力、对突发事件的应急响应能力、信息安全保障能力等。因此，在推进各个领域的信息化能力建设时，要始终本着动态的、发展的观点，否则，思想观念的落后会导致信息化能力建设固步自封，跟不上时代发展的潮流。

信息化能力的表现是多层面的，下面我们进一步从信息素养（information literacy）、信息意识（information consciousness）、信息文化（information civilization）、信息技术自主创新能力等方面加以考察，以便给读者一个更加清晰的轮廓。

（一）信息素养

信息素养是信息化能力的一种重要表现形式。信息素养是指对信息的获取、加工整理、分析、评价、管理、表达与交流的能力，这种能力既涉及信息内容本身，也涉及信息活动的过程、方法和结果。1974 年，美国信息产业协会主席保罗·泽考斯基（Paul Zurkowski）率先提出"信息素养"这一概念，认为"信息素养就是利用大量的信息工具及主要信息资源使问题得到解答的技术和技能"。1989 年，美国图书馆协会指出："要想成为具有信息素养的人，应该能认识到何时需要信息，并拥有检索、评价和有效利用所需信息的能力。"根据上述理解，一个有信息素养的人，应当具备如下能力：知道何时需要信息；知道解决特定的问题需要什么样的信息；知道如何获取所需要的信息；知道如何组织、分析处理、管理和评价信息；掌握运用信息有效地解决问题的技能。伴随着科学技术的发展，社会信息化浪潮席卷全球，信息技术应用日趋普遍，信息素养已成为当今社会国民素质的重要内容，对于实现国民经济和社会信息化具有十分重要的意义。

（二）信息意识

信息化能力在一定程度上还表现在信息意识的形成上。信息意识是指人脑对信息在社会发展中的性质、地位、作用、价值等的认识和反应。信息意识属于意识形态范畴，包含着人们对信息和信息工作的感觉、知觉、情感、意志等。信息意识决定了人们捕捉、判断和利用信息的自觉程度。一个具有强烈信息意识的人，通常对信息具有敏锐的感受力和持久的注意力，对信息价值具有良好的判断力和洞察力。信息意识是信息行为的前提条件。强烈的信息意识可以及时、有效地帮助信息人员从信息中引出概念、思维和计划，用以指导自己或他人实施相应的信息行为。在充满竞争的现代社会，信息具有十分重要的经济和社会价值，谁最敏捷、最有效地掌握有价值的信息，谁就掌握了控制事物的主动权。因此，强烈的信息意识是竞争取胜的关键。

（三）信息文化

信息文化建设情况也是衡量信息化能力的又一表现。信息文化是人类在社会历史发展过程中所形成的一种文化形态，人类思维方式和观念的变革、社会文化的结构性变革主要是由信息技术和网络技术的应用而形成的全新的社会基础结构所导致。如同农业时代以农业文化为象征，工业时代以工业文化为象征一样，信息文化是信息时代特有的文化表现形式。按照文化形态一般的分类法，信息文化在社会形态表现上可分成物质层面的信息文化、精神层面的信息文化和制度层面的信息文化三个层次。当前，作为一种崭新的文化形态，信息文化正主导着人类文明，推动着社会快速前进，标志着人类文化革命性的变迁。其典型表现是：信息和信息技术大量介入人类的生产、生活、娱乐、管理与决策等领域，不仅成为国民经济和社会发展最重要的资源和财富，而且强烈地影响着人们的世界观，促进人类文明的巨大进步。

（四）信息技术自主创新能力

信息技术自主创新能力是信息化能力的又一种重要表现形式。信息技术创新有多种实现途径。在新信息技术的形成和扩散中，一般可分为技术领先者（leaders）、技术追随者（followers）和技术后来者（late comers）。其中，技术领先者和追随者主要是指信息化程度较高的经济发达国家或地区（如美国、西欧等），它们在信息技术创新方面走在世界的最前沿；技术后来者主要是指在信息化方面起步较晚的发展中国家或地区，也包括一些新兴的工业化国家或地区。技术领先者和追随者通常可以尝到先行者的甜头，从中获取巨大的利益。以美国为例，美国之所以能在 20 世纪后半期有史以来低失业率的情况下，仍然能惊人地控制通货膨胀和保持低利率，按照美国商务部发表的"浮现中的数字经济Ⅱ"报告的说法，主要在于迅速壮大的信息技术产业发挥了巨大的作用——自 1995 年到 1998 年，虽然信息技术生产者的产值仅占美国 GDP 的 8%，但是，它们对美国经济的实际增长贡献却达到了 35%。技术后来者不能获取因先行而产生的利益，但仍可从另外一个层面获利。用美国著名经济史学家格申克龙（Alexander Gerschenkron）在《经济落后的历史回顾》一文中的话来说，就是"后发优势"。[1] 我国在信息技术自主创新上成效显著。在集成电路、计算机、网络与通信、软件、数字音视频等领域的研发工作取得一批新成果。以中央处理器"众志"和

① Alexander Gerschenkron. Economic backwardness in historical perspective. Harvard University Press, 1962.

"龙芯"系列为标志的集成电路技术获得较大进展；曙光4000A超级计算机位列全球超级计算机500强前列；新型高速路由器在我国下一代互联网建设中得到应用；具有自主知识产权的第三代移动通信TD-SCD-MA行业标准已经发布，正在走向产业化。网络通信、信息安全、信息家电等领域的片上系统（SoC）芯片开发和应用取得突破，"星光数字多媒体芯片"成功占领视频图像输入芯片40％以上的市场份额。[①] 信息技术的自主创新使得我国能够在某些领域成为技术领先者，极大地提升了我国在信息经济社会中的国际竞争力。

第三节　信息化能力和竞争力

一、竞争和竞争力

竞争是当今世界普遍存在的社会现象，政治、军事、经济、科技、文化等社会生产、生活乃至娱乐的各个领域，竞争几乎无所不在、无时不有。从某种程度上讲，人类社会发展的历史，就是不断竞争的历史。竞争这一概念具有极其广阔的外延，本书所说的竞争，主要是指经济领域的竞争，如国家与国家之间综合经济实力的较量、企业与企业之间市场地位的争夺等。不论是哪个方面的竞争或者哪个领域的竞争，竞争的基本运行机制是优胜劣汰，其实质是通过经济实力和智慧的较量，强者被保存、发展和壮大，弱者则被削弱、淘汰。竞争通常是由经济活动内部的矛盾、差异、不平衡所引起的。

在经济领域的竞争，最突出的体现是市场经济条件下各个企业之间的竞争，即在市场经济条件下，企业作为商品生产者和经营者为了争取实现企业自身的经济利益，并获得有利的产销条件而发生争夺、较量、对抗的经济关系。在企业竞争中，竞争力，即生产者以比竞争对手更具

---

① http://www.china.com.cn/chinese/PI－c/1254090.htm.

吸引力的价格和其他参数生产和销售自己的产品和劳务的能力，或者企业争取用户和争夺市场的能力，决定了企业之间竞争的基本格局和最终结果。传统的观点认为，企业竞争力一般是由品种、质量、价格、信誉和服务 5 个要素构成。①

企业的一般竞争力，如营销竞争力、研发竞争力、理财竞争力、产品竞争力等，只是企业某一方面的竞争力，而企业核心竞争力（core competence）却是处在核心地位的、影响全局的竞争力，是一般竞争力的统领。核心竞争力是指企业在市场竞争中所拥有的独特的获取利润、谋求生存、持续发展的能力。核心竞争力的概念是由布罗哈德和哈默在 1990 年《哈佛商业评论》的一篇论文中提出的，即"核心竞争力首先是在一组织内部经过整合了的知识和技能，尤其是关于怎样协调多种生产技能和整合不同技术的知识和技能"。核心竞争力表现在：一是对最终产品中的顾客利益有突出贡献，创造顾客价值；二是竞争对手难以模仿，具有独特性。核心竞争力理论认为，企业是一个能力系统或能力的特殊集合，企业竞争优势的差异是由于企业能力不同造成的。企业各种能力中的核心部分，可以通过整合和外向辐射等，作用于企业的其他各种能力，影响着其他能力的发挥和整体能力效果。

企业核心竞争力与其他类型竞争力之所以不同，是因为它具备有如下三个主要特性②：一是价值性。核心竞争力富有战略价值，它能为顾客带来长期的关键性利益，为企业创造长期的竞争主动权，为企业创造超过同业平均利润水平的超值利润。二是独特性。企业核心竞争力为企业独自拥有。它是在企业发展过程中长期培育和积淀而成的，蕴育于企业文化，深深融合于企业内质之中，为该企业员工所共同拥有，难以被其他企业所模仿和替代。三是延展性。企业核心竞争力可有力地支持企业向更有生命力的新事业领域延伸。企业核心竞争力是一种基础性的能

---

① 缪其浩主编. 市场竞争和竞争情报. 北京：军事医学科学出版社，1996.
② 仲大军. 中国产业竞争力状况及国际标准. http://www.dajun.com.cn/jzl.htm，2007-12-20.

力，是一个坚实的"平台"，是企业其他各种能力的统领。企业核心竞争力的延展性保证了企业多元化发展战略的成功。

20 世纪对企业市场竞争能力的判别，有一种说法是："60 年代看成本、70 年代讲质量、80 年代强调产品投入市场的速度、90 年代突出服务。"进入 21 世纪的知识经济时代，创新成为发展进步的灵魂，于是企业核心竞争力的评判与创新连在了一起。

二、信息化能力对竞争力的影响

社会信息化的出现给人类带来了新的资源、新的财富和新的社会生产力，也带来了国际社会新的竞争方式、竞争手段和竞争内容。随着信息技术的高度发展，尤其是因特网的普及和利用，信息已渗透到人类生产、生活、娱乐的各个领域和各个方面，社会信息化使人们普遍感觉到信息的不可或缺，对信息的相关研究散布到科技、经济、社会、政治、法律、健康等领域，信息的内在含义、外在形式和效用价值变得更为丰富多样，信息本身也成为当代社会重要的资源，不断影响着社会经济的发展。美国经济学家霍肯（P. Hawken）在《未来的经济》一书中，从微观角度考察，认为信息经济是指减少产品和劳务中的物质消耗，提高其中的智能和信息比重的经济。他还指出，每件产品、每项服务都包含物质和信息两种成分：在传统的"物质经济"中，物质成分大于信息成分的产品和服务占主导地位；而在"信息经济"中，信息成分大于物质成分的产品和服务占主导地位。信息经济作为一种新型的社会经济形态，有别于传统经济形态的根本特征表现在：第一，信息成为主导资源。信息的地位和作用随着社会经济的发展日益重要，成为信息社会的主导资源。信息资源的使用价值（效用）表现在：既可以作为经济活动的投入要素，替代物质资源或能源资源发挥经济催化作用；又可以寓于经济行为者的管理和决策活动之中，减少或消除经济活动中的不确定性，优化管理和决策行为，提高管理和决策工作的效率。在信息经济时代，产品和服务的成本构成中信息资源与非信息资源的关系以及非信息资源之间的关系得到改善，各类生产性资源和非生产性资源的综合使用效果得到提高。第二，信息成分大于物质成分的产品和服务占主导地位。在各种类型的产品和服务中，信息成分大于物质成分的产品和服务逐渐占据主导地位，信息产品和信息服务的消费日益成为社会消费的主要潮流。第三，信息市场成为市场体系的重要组成部分。相对于其他市场如金融市场、劳动力市场、房地产市场、产权交易市场等而言，信息市场所占的份额逐渐加大，成为市场体系的重要组成部分。第四，信息产业成为国民经济中的主导产业。信息经济时代，信息产业成为国民经济中的主导产业。其标志体现在信息部门的产值在国民生产总值中所占比重和信息劳动者在从业人数中所占比重高于其他产业。

从企业的角度来考察，我们发现，所谓的竞争，实际上是指企业竞争力大小的较量。当企业间的竞争力彼此相当时，竞争常常表现得异常激烈，有时甚至演变为一场你死我活的市场争夺战。可见，设法创造企业的竞争优势是极其重要的。企业竞争优势有多种表现，如人才优势、资金优势、技术和设备优势、经营方式优势、原材料优势、信息优势等，但在信息时代里归根结底表现为通过推进信息化建设所营造的信息优势。也就是说，谁取得了信息优势，谁就获得了在市场上生杀予夺的主动权。信息优势是企业在信息时代市场竞争中生存和立足的根本，企业应当充分利用信息技术开发利用与提升竞争力有关的信息资源以便提升企业竞争力。例如，为了创造客户价值，需要对客户进行分析。在实际应用中，可以以客户为主题构建数据仓库。该数据仓库除了包括客户的基本信息如年龄、职业、收入外，还可以从企业内部的各个业务系统中提取，如从财务系统提取客户的信用信息，从销售系统提取客户购买自己产品的数量信息、客户最后购买自己产品的时间信息，从企业外部的中间代理或市场处提取客户购买竞争对手产品的信息。对客户主题的数据仓库进行分析，可以关注客户利益，根据客户的需求设计、开发产品，从而创造客户价值。

下面我们以信息分析为例，进一步探讨信息化能力如何提升企业竞争力。

从总体上看，关于企业内部和外部的一切与提高企业竞争力有关的信息主要涉及竞争对手、竞争环境、竞争战略等方面。显然，这些信息是为竞争目的而专门采集来的，并且经过深加工发生了增值。充分分析和利用这些信息是企业信息化能力的一个重要体现，有助于企业在信息化社会赢得和保持竞争优势，提升竞争力。

（一）竞争对手信息

"对手"是指势均力敌、相互争胜的双方。企业竞争对手主要是指限制和影响本企业竞争优势发挥的企业外部组织或个人，即凡在与本企业有共同目标的市场上与本企业有利益冲突且构成一定威胁的组织或个人，均为竞争对手。这些竞争对手除一部分是旗帜鲜明的现实对手外，还有为数不少的潜在对手，而且后者在很多情况下对信息优势构成的潜在威胁相当巨大（有时甚至是致命的）。可见，识别现实对手和即将走上舞台的潜在对手意义都很重要。现实对手一般容易识别，如观察其是否在明争暗夺与本企业相同的目标市场，是否在采取某种（些）方式排挤或报复本企业等。但预测潜在对手并非是一件容易的事，一般可以参考其他信息从下述各类企业中辨识出来[①]：不在本产业但不费气力便可进入的企业、进入本产业可产生明显协同效应的企业、其战略的延伸必将导致加入本产业竞争的企业、可能前向整合或后向整合的客户或供应商、可能发生兼并或收购行为的企业。

要想对竞争对手实力进行实事求是的评估，通常要采集竞争对手在产品定价、扩展计划、竞争计划、促销战略、成本数据、销售统计、研究与开发、产品设计、生产工艺、财政管理、知识产权管理、网络建设和使用等方面的信息。这些信息通常还可以进一步细分。为了获取这些信息，企业必须建立有关竞争对手的经营状况、主要负责人、主要产品营销情况、经营组织规划、技术开发、广告及优惠措施、内部管理方

---

① 王超主编. 竞争战略. 北京：中国对外经济贸易出版社，1999.

式、企业文化等方面的追踪监测网。[①]

需要指出的是，在辨识竞争对手、了解和掌握竞争对手信息之前，透彻掌握有关企业自身的实力信息是极其重要的。有关企业自身实力的信息很多，如本企业在市场中的地位、产品的市场占有率、产品质量和品种结构、技术性能、经营方式、管理模式、人力资源配置、原材料来源及价格、商品流通渠道、用户构成及其分布、要害部门或工序的设置、网络建设和使用情况等。

（二）竞争环境信息

竞争环境是指竞争各方所处的自然和社会环境。对一个企业来说，竞争环境的影响作用是巨大的，其中的任何变化都可能对企业的利益乃至生存产生重大影响。在市场经济条件下，企业竞争环境是大范围、多角度、全方位的。不论是外向型企业还是内向型企业，也不论是单一型的中小企业还是多目标、综合性的大型企业集团，企业竞争环境信息都从时间上涉及过去、现在和未来，从地域范围上涉及国内和国外，从内容上涉及自然、科技、经济、政治、政策、法律、文化、管理以及用户、竞争对手、供应商、中介商等各个方面。特别是政策环境，它可以直接或间接地起到约束和规范企业行为、保护和促进企业发展的作用。在竞争机制发生作用的条件下，谁对竞争环境的变化反应迟钝，谁就会被淘汰。美国的一位管理学家曾对企业的生命周期做过研究，结果发现长寿企业（有的可以多达几个世纪）的共同特征之一就是对竞争环境的变化具有高度的敏感性，这些企业尽一切可能搜集信息，当战争爆发、经济衰退或者技术革命到来时，它们都能准确地把握住变化的脉络，从而迅速地做出反应。了解和掌握竞争环境信息对企业避免"吃惊"、识别机会和威胁具有十分重要的意义。

1980 年，波特（M. E. Porter）教授发表了《竞争战略》一书。在这本书里，作者提出了 5 种决定企业竞争的强度和企业利润率的竞争

---

① 　查先进．论企业竞争对手．情报科学，2000（2）．

力，即现存企业的竞争、新进入者的障碍、买方的谈判能力、供方的谈判能力、替代产品或服务的威胁。① 竞争环境信息的了解和掌握情况原则上可以用这5种竞争力逐一核查。

在竞争环境分析中，环境扫描是一种重要的信息分析能力。环境扫描指管理者研究和监测企业相关环境的方法和手段，环境扫描允许管理者快速识别那些严重影响企业及其战略方向的环境因素；环境扫描是组织良好的适应环境的系列活动的第一步。环境扫描的目标在于识别寻找企业新方向的早期机会，以及有关企业战略决策障碍的威胁；环境扫描的目的在于战略控制和保障战略实施的有效性。②

（三）竞争战略信息

竞争战略是指企业在把握了外部环境和内部条件的基础上，为在竞争中求得生存和发展而作出的长期的、总体的、全局的谋划和对策。竞争战略制定的目的是为了在激烈的市场竞争中寻找并建立一个有利可图且能持之以恒的竞争地位。

按照波特教授的研究成果，竞争战略可分为总成本领先战略、产品差异性战略和聚焦战略三种基本类型。总成本领先战略要求企业抓紧成本与管理费用的控制，最大限度地减少研究与开发、服务、推销、广告等方面的成本费用，使价格低于外部竞争对手的产品价格；产品差异性战略要求企业努力发展差异性大的产品线和营销项目，使企业的产品及其营销服务等别具一格，成为同行业中的领先者；聚焦战略要求企业集中力量于某几个细分市场，而不是将力量均匀地投入整个市场。一般地，总成本领先战略是在全产业范围内通过低成本谋求竞争优势，差异性战略是在全产业范围内通过产品的标新立异谋求竞争优势，聚焦战略着眼于在某一特定的细分市场上通过低成本或产品的标新立异谋求竞争优势。

① Porter, M. E. Competitive strategy. New York: The Free Press, 1980.

② Preble, J. F. Towards a comprehensive system of strategic control. Management Studies, 1992, 29 (4).

思考题

1. 什么是社会信息化？它包括哪三个层次？
2. 简述信息化能力的含义及其表现形式。
3. 什么是企业核心竞争力？它具备哪三个主要特性？
4. 为什么说信息化能力能够提升企业竞争力？

第二章 信息系统开发与管理

第一节 信息系统的结构和功能

一、信息系统及其类型

信息系统是信息资源存储、开发和被利用的主要工具。信息系统应用十分广泛，各行各业都有专门为之服务的不同功能的信息系统。[①] 目前，信息系统主要是指由计算机硬件和软件、网络和通信设备、信息资源、信息用户等组成的人机系统。实际上，信息系统不仅能管理信息，而且能搜集、存储、处理、检索和传输信息，必要时还能向有关人员（特别是决策者）提供有用信息。

（一）信息系统的层次

信息系统具有层次性。R. N. Anthory 从管理过程出发，将信息系统分为战略计划、管理控制、操作控制三个层次。R. V. Head 在 R. N. Anthory 三层结构模型的基础上，又进一步提出了信息系统的"金字塔"型四层结构模型（图 2-1）。其中，金字塔的底部表示明确且结构化的规程和决策，顶部代表着非结构化的处理和决策。信息存在于信息系统的

图 2-1 信息系统的"金字塔"型结构

---

① 张维明主编. 信息系统建模. 北京：电子工业出版社，2002.

各个层次中，并发挥相应的作用。

1. 战略计划层

战略计划层信息主要是通过定量分析和预测得到的用于管理与决策活动的综合性信息，而不是具体、详细的信息。战略计划层的信息系统在管理方法上通常是建立以数据库、模型库为基础的计算机决策支持系统。

2. 管理控制层

根据战略计划层的要求，管理控制层及时给出所需要的带有统计或预测性质的各种管理信息。这一层要求能为各级管理人员的管理活动提供用于制定、组织、控制等活动所需要的信息。

3. 操作控制层

操作控制层信息用来显示天天要重复的操作过程，通常利用事务数据处理模块、报表生成模块和查询模块来产生事务活动的单据、统计报表和查询应答。

4. 事务数据处理层

信息系统的前述三个层次主要是辅助不同层次的管理活动，第四个层次即事务数据处理层，则侧重于为其余所有内部信息辅助活动提供基础。

（二）信息系统的类型

从系统特点和发展趋势来看，信息系统还可以分为数据处理系统、管理信息系统、决策支持系统、专家系统、办公自动化系统、信息检索系统等。

1. 数据处理系统

数据处理系统（Data Processing System，简称 DPS）产生于 20 世纪 50 年代，是信息系统的早期表现形式。它主要用于操作层的天天重复、变化不大的各种过程处理和事务处理，如工资计算、账务处理中的原始凭证录入等。它所处理的问题结构化程度高、处理步骤固定。该系统多为一项一项地处理各种信息，各项处理之间的联系很少。

2. 管理信息系统

管理信息系统（Management Information System，简称 MIS）是 20 世纪 70 年代在 DPS 基础上发展起来的信息系统形式，是为实现系统的整体管理目标，对各类管理信息进行系统、综合处理，并辅助各级管理人员进行管理决策的信息处理系统。MIS 能够加快企业资金周转，减少企业储备资金，因此，在相当长一段时期，MIS 的建设被认为是企业现代化的重要标志。它通常以职能信息系统的形式出现于各个应用领域，满足相应的职能领域的用户信息需要，如用于营销领域的营销信息系统，用于人力资源领域的人力资源信息系统，用于高层管理和决策领域的经理信息系统等。MIS 主要由信息搜集、信息存储、信息加工、人机对话与输出以及信息管理者组成，可根据功能划分为若干个相互关联的子系统。MIS 只是一种辅助管理系统，它所提供的信息需要由管理人员去分析、判断和决策。

3. 决策支持系统

决策支持系统（Decision Support System，简称 DSS）是 MIS 和运筹学相结合的产物。20 世纪 70 年代初，美国 M. S. Scott Morton 在《管理决策系统》一文中首先提出 DSS 的概念。对于那些目标明确，具有固定规则和程序的决策问题（即结构化决策），MIS 可以有效地支持决策中各个阶段的活动。但是，对于现代管理决策中面临的目标含糊不清、多个目标相互冲突、方案的比较和选取没有固定规则和程序可循、所需信息不全且比较模糊等问题（即半结构化决策问题），MIS 就显得无能为力。DSS 增加了模型库和模型库管理系统，它把众多的模型（包括数学模型、数据处理模型等）有效地组织和存储起来，并且建立了模型库和数据库的有机结合，从而有效地解决 MIS 不能解决的半结构化决策问题。R. H. Bonczek 等人认为，DSS 与 MIS 相比，至少有三个特点[①]：

---

① R. H. Bonczek, etc. . Foundation of decision support systems. New York: Academic Press, 1981.

（1）把模型并入信息系统软件中。

（2）为高级管理决策人员提供了解决非结构化决策问题的有用信息。

（3）为用户提供了一种功能很强且使用方便的问题求解语言。

4. 专家系统

专家系统（Expert System，简称 ES）的实质是一种试图以启发式教育方式将人类专家的知识呈现出来的计算机程序系统。ES 内部含有大量的某领域专家的知识和经验，能够运用人类专家的知识和解决问题的方法进行推理和判断。根据专家系统处理问题的类型，ES 可分为解释型、诊断型、调试型、维修型、教育型、预测型、规划型、设计型、监测型和控制型 10 种类型。[①] ES 由用户界面、知识库、推理引擎和开发引擎组成。其中，知识库和推理引擎最具有特色：知识库存储了描述问题的规则和事实，推理引擎可以向前或向后推理检验规则。

5. 办公自动化系统

办公自动化系统（office automation system）是办公自动化技术与管理科学、行为科学、组织理论等相融合，不断使人们的一部分办公业务借助于各种技术设备并由这些设备和办公人员构成服务于某种目标的人机信息处理和管理系统。办公自动化技术兴起于 20 世纪 80 年代初，主要应用于以下几个方面：第一，文档管理。包括各类公文的准备、起草、修改、汇报、下达、审批、批转、打印、复印、传真、存储、查询等。第二，文本数据处理。包括日常办公文本信息的管理以及人事、文档、财务、人口、气象等业务统计数据的定性或定量化处理。第三，声像信息处理。包括语音合成的识别、可视电话会议、图表处理、公文签名、印鉴存档处理、声像信息存储和监控等。第四，通信。包括通过计算机、网络、卫星、微波等通信技术进行政府办公系统内的各种信息的单向或双向传送。第五，计划安排与提醒。包括编排办公业务程序、工

---

① 尹朝庆等编著. 人工智能与专家系统. 北京：中国水利水电出版社，2002.

作计划、日程或时间安排等，具有自动提醒功能。第六，辅助决策。通过提供现代化的信息流通和处理手段支持政府部门的高层管理决策或战略规划。

6. 信息检索系统

信息检索系统（information retrieval system）是为满足信息用户的信息需求而建立的、存贮经过加工了的信息集合的人机信息系统。在进行信息检索时，通常以描述信息内容特征或外部特征的检索标识（如分类号、主题词等）为检索突破口、以检索工具的利用为检索手段。信息检索包括需求分析、检索策略制订和信息获取三个步骤。其中，需求分析包括检索的目的、语种、范围、类型、数量等方面。检索策略是为实现检索目标而制订的全盘计划或方案，是对整个检索过程的谋划和指导。一般包括检索的目的、语种、范围、类型、数量等方面。检索策略是为实现检索目标而制订的全盘计划或方案，是对整个检索过程的谋划和指导。一般包括检索工具、检索途径和检索标识的选择，检索表达式的拟定，具体查找程序的编排等过程。检索策略的构造技巧性很强，其成功与否是影响信息检索效率的关键。信息获取是指根据所构造的检索策略从检索工具中获取信息或信息线索。信息检索经历了手工检索、脱机检索、联机检索、网络检索四个发展阶段。

二、信息系统的结构

信息系统的结构是指信息系统内部各组成要素之间相对稳定的分布状态、排列顺序和作用方式。它既可以是逻辑结构，也可以是物理结构。

信息系统的逻辑结构由信息源、信息处理器、信息用户和信息管理者构成（图2-2）。其中，信息源泛指各类原始数据的来源。信息系统以这些原始数据为搜集和处理对象；信息处理器承担信息的加工、存贮、检索、传输等任务；信息用户是信息系统服务的对象，经过加工处理后的信息提供给信息用户后，往往可以有效地帮助其进行决策和选择；信息管理者负责信息系统的设计实现，以及系统实现后的系统运行、协调和维护工作。

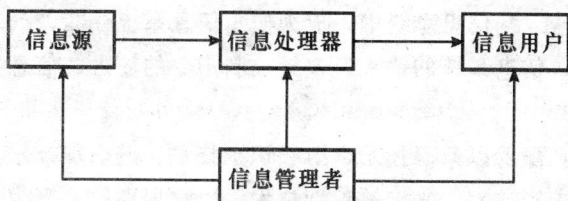

图2-2　**信息系统的总体结构**

如果从信息要素来考察，输入数据，经过加工处理后输出各种信息的系统，就是信息系统。换句话说，信息系统就是对信息进行搜集、处理、存储、管理、检索和传输，在需要时能向用户提供有用信息的系统。信息系统是信息利用者所在系统中的一个子系统，它为特定组织的目标服务，满足组织的信息需求，人是这个系统中最活跃的因素。信息系统虽在特定的组织内，但它是一个开放系统，与外界有物质、能量、资金和信息的交换。信息系统同时也是一个多层次、多变量、多因素、多功能的复杂系统，受多种因素的制约，信息系统的发展与现代信息处理技术的进步密切相关。

信息系统的物理结构由基础部分和功能部分组成。其中，基础部分包括组织制度、信息存贮、硬件系统和软件系统，功能部分是针对组织的各项业务而建立的信息处理系统，对企业而言，可能包括质量管理、产品销售、经营管理、生产管理、财务会计等方面。

三、信息系统的功能

结构决定功能。特定结构的信息系统在一定的约束条件下形成了相应的功能。根据上述对信息系统结构的考察，可以看出，信息系统主要具有输入、存储、处理、输出、管理和控制等功能。

（一）输入

信息系统的首要功能是根据相关性原则，将分布在各处的原始数据搜集起来，输入到信息系统中，成为便于信息系统存储、处理和输出的形式。此外，信息系统的输入还包括控制指令的输入、信息检索条件的输入等。

近年来，随着以条码技术、射频识别技术、磁识别技术、声音识别技术、图形识别技术、光字符识别技术、生物识别技术等为代表的自动识别技术的发展，原始数据的输入正在发生革命性的变化。以条码技术为例，它不仅具有录入速度快、采集数据量大面广等优点，而且可靠性极高。例如键盘输入数据出错率为三百分之一，利用光学字符识别技术出错率为万分之一，而采用条码技术误码率低于百万分之一。

（二）存储

原始数据被输入到系统之后，可以以某种方式存储起来，以便多次使用和实现不同子系统之间的资源共享。原始数据经过加工处理成为对管理有用的信息之后，更需要存储起来，以便在适当的时间提交给用户利用。当组织相当庞大时，需存储的信息量是很大的，这就得依靠先进的存储技术。这时有物理存储和逻辑组织两个问题。物理存储是指将信息存储在适当的介质上；逻辑组织是指按信息的逻辑内在联系和使用方式，把大批的信息组织成合理的结构。

（三）处理

大量的数据进入到信息系统后，需要及时地进行加工处理，使之成为有用的形式。对进入信息系统的数据进行加工处理，可得到管理所需的各种综合指标。数据处理的数学含义是：排序、分类、归并、查询、统计、预测、模拟以及进行各种数学运算。现代化的信息系统都是依靠规模大小不同的计算机来处理数据的，并且处理能力越来越强。

（四）输出

信息系统的输出有中间输出和最终输出。中间输出是指输出的信息或数据供计算机和其他系统进一步处理，最终输出直接面向用户需求输出信息。信息系统的输出包括经过信息系统加工处理后的信息、信息系统运行状态过程中状态的反馈信息，以及需要人工干预时的提示信息。

（五）管理和控制

为了保持信息系统的输入、存储、处理、输出等环节均匀连续地进行，系统必须具有进行管理和控制的功能。一个系统中要处理和存储的数据量很大，如果不管重要与否、有无用处，盲目地采集和存储，将成为数据垃圾箱，因此，加强管理和控制工作是十分必要的。管理和控制的主要内容是规定应采集数据的种类名称和代码，规定应存储数据的存储介质、逻辑组织方式，规定数据处理范围和方法，规定数据传输方式、保存时间等。

第二节　信息系统分析、设计和实施

信息系统开发一般分为三个阶段：系统分析、系统设计、系统实施。系统分析阶段的主要任务是进行需求调查，提出新系统的逻辑方案；系统设计阶段的主要工作是根据系统逻辑方案完成系统软、硬件的设计；最后通过系统实施将设计阶段的成果转化为实际运行的系统。

一、系统分析

系统分析阶段的主要活动有：初步调查、可行性分析、详细调查、提出新系统逻辑方案。

（一）需求调查

需求调查也称作系统调查，是系统分析工作中重要的基础工作，通常分为初步调查和详细调查。初步调查的目的是从整体上了解企业信息系统建设的现状，结合用户提出的系统建设要求进行可行性分析，论证建立新系统的必要性和可能性，主要考虑经济上、技术上以及运营管理上的可行性。初步调查的主要内容包括：现行系统的目标和任务；现行系统概况，包括企业的规模和组织机构等；现行系统的环境和约束条件；新系统的开发条件，包括管理基础、原始数据的完整和准确性、计算机方面的设备和人员情况、开发新系统的经费来源等。而详细调查的目的是在初步调查的基础上，完整地掌握现行系统的现状，发现问题和薄弱环节，广泛地搜集资料，为系统需求分析、组织结构和功能分析、业务流程分析、数据流程分析等各种分析活动提供资料。主要调查内容包括：组织目标和发展战略；组织机构和功能业务；业务流程与工作形式；数据和数据流程；决策方式和决策过程；管理方式和方法；现行系统存在的问题和改进意见等。

（二）业务流程分析

业务流程分析能够帮助我们了解一个业务的具体处理过程，发现和处理系统调查工作中的错误和疏漏，修改和删除原系统的不合理部分，在新系统基础上优化业务处理流程。[①] 一般采用业务流程图进行业务流程分析，即根据系统调查得到的资料，使用一些简单的图形符号清楚地描述业务处理过程的每一个步骤。

业务流程图的基本图形符号及图例如图2-3、图2-4所示。

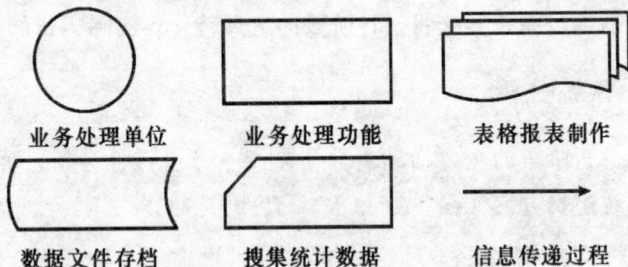

图2-3　业务流程图基本符号

---

① 薛华成. 管理信息系统（第四版）. 北京：清华大学出版社，2003.

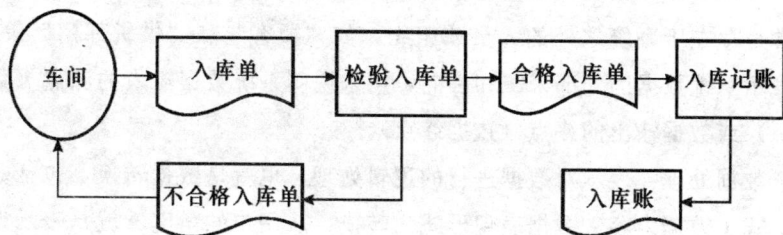

图 2-4 业务流程图举例

(三) 数据分析

数据分析的主要工具是数据流程图和数据字典。

1. 数据流程图

数据流程图也称数据流图 (Data Flow Diagram，简称 DFD)。它是一种全面描述数据在系统中流动、存储和处理的逻辑关系的图形工具，是信息系统逻辑模型的重要组成部分。利用 DFD 进行数据流程分析只关注数据在系统中的流动过程，包含数据输入、传递、处理、存储、输出等，以此来考察和分析数据处理模式，发现和解决数据流程中的问题，并不涉及任何具体的组织机构和处理工作。

(1) 数据流程图的基本组成成分

数据流程图包含 4 个基本成分：外部实体、数据处理、数据存储和数据流。其基本符号如图 2-5 所示。

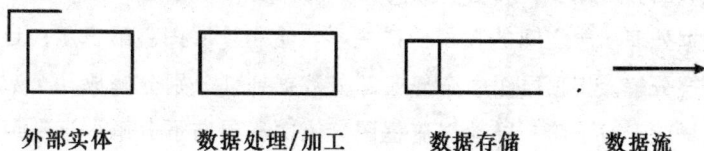

外部实体　　数据处理/加工　　数据存储　　数据流

图 2-5 数据流程图基本符号

外部实体：也叫外部项，指位于系统之外的信息提供者或使用者，通常是存在于系统之外的人员或组织，如"顾客"和"供货部门"等。它表示系统数据的外部来源和去向，用来说明系统数据输入的源点（数据源）或数据输出的终点（数据终点）。

数据处理：表示对数据进行的逻辑处理，也就是数据转换，包括数据格式、数据内容、数据表现形式的转换，从用户的角度看就是表示系统能够"做什么"，如"处理订货单"、"产生发票"等。

数据存储：表示逻辑意义上数据流动的暂停或永久保存的地方，不涉及物理存储介质，只是数据处理功能需要的逻辑意义上的存储环节，如："顾客档案"、销售数据表"、"产品销售账"等。

数据流：表示数据和数据流向，由一组固定成分的数据组成，是各个数据处理环节处理和输出的数据集合。箭头表示数据流向，数据流名称可以在箭头上方标明。

（2）数据流程图的绘制过程

绘制 DFD 的基本原则是自顶向下，逐层分解。即按照数据流程分析的思路先将整个系统看作一个整体的功能，确定为了实现这个功能，系统的输入和输出数据；然后分析系统内部必然发生的数据处理和存储过程；再将这些处理看作整体功能逐层分析。第一步：确定系统边界，绘制关联图。[①] 将所开发的系统看作一个整体，确定外部实体以及外部实体与系统之间的数据联系，即系统输入数据及其来源，输出数据及其去向，绘制关联图。第二步：确定系统内主要的综合性的信息处理功能，以及内部数据处理功能之间的数据传递关系，绘制顶层图。第三步：自顶向下，逐层分解。将顶层图中全部或部分数据处理分别分解成几个数据处理，这样就形成了第一层数据流程图。依次逐层向下分解，直到最底层的数据流图表示了所有具体的数据处理和输入输出关系。在分解过程中，

① 甘任初．管理信息系统．北京：机械工业出版社，2001．

我们把被分解的上一层图称为父图，分解得到的下层图称为子图。第四步：检查草图，合理布局。在合理布局方面，一般遵循"左进右出，均匀分布，尽量避免交叉"的原则。"左进右出"是指表示数据来源的外部实体安排在左边，表示数据去向的外部实体安排在右边，中间是数据处理和存储环节，系统输入数据从左方流入数据处理环节，而数据处理环节的输出数据向右方输出。同时尽量避免线条交叉，必要时可用重复的外部实体（数据源、终点）和数据存储符号。第五步：与用户交流，进行修订。数据流图的绘制过程，就是系统逻辑模型的形成过程，必须始终与用户密切接触，详细讨论，同时和其他系统建设者共同商讨不断修改。

（3）绘制数据流程图的注意事项

命名和编号：为了清楚地反映 DFD 上各个成分的真实含义，一般采用容易理解的、无歧义的名称分别命名。数据处理的名称要明确反映数据处理的逻辑功能。若遇到难以命名的情况，则很可能是分解不恰当造成的，应考虑重新分解。此外，为了便于管理，在分解过程中，DFD 及图上各个环节需要统一编号，保持一致。一般用 P 标识数据加工/处理，用 D 标识数据存储，用 F 标识数据流，外部项较少时一般不编号。子图的编号就是父图中相应加工的编号，而子图中加工的编号由子图号、小数点和顺序号组成，如 P1.1。

分解过程中保持"父子平衡"：即子图的输入输出数据流必须与父图中对应加工的输入输出数据流相同。但子图的输入输出数据流可以比父图中对应加工的输入输出数据流表达得更细。

分解的程度：如果一个数据处理的逻辑功能能用一张 A4 规格的纸描述清楚，或只有单一的输入输出数据流时，则分解到此为止。经验表明，数据流图分解最多不要超过 7 层。

（4）数据流程图举例

如图 2-6 所示。

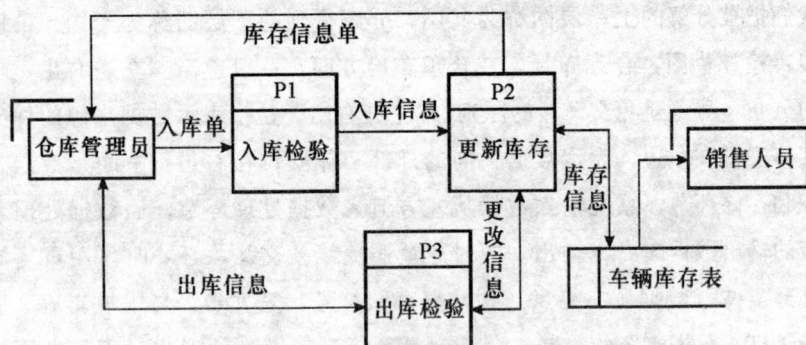

图 2-6　数据流程图举例

2. 数据字典

DFD 只能描述系统逻辑功能的总体框架，数据流程中有关数据的其他详细信息需要利用数据字典进行定义。数据字典就是对数据流图上所有成分的定义和解释。主要条目包括：数据流、数据元素、数据结构、数据存储、数据处理（加工）、外部实体（项），其中数据元素是组成数据流的基本成分。不同类型的条目有不同的属性。

数据元素：具有独立逻辑含义的最小数据单位。在数据字典中对其定义包括：数据项的名称、编号、别名、简述；数据项的取值范围；数据项的长度。

数据流：表明系统中数据的逻辑流向，可以是数据项或数据结构。包括：数据流的名称及编号；简述；数据流的来源；数据流的去向；数据流的组成；数据流的流通量；高峰期流通量。

数据结构：由若干数据项构成的数据组合称为数据结构，它描述了某些数据项之间的关系。在数据字典中对其定义包括：数据结构的名称、编号；简述；数据结构的组成。

数据处理：仅对数据流程图中最底层的数据处理加以说明。包括：数据处理名称及编号；简述；输入；处理过程；输出；处理频率。

数据存储：数据存储的编号；名称；简述；组成；关键字；相关的处理。

外部实体：外部实体编号；外部实体名称；简述；输入的数据流；输出的数据流。

编写数据字典时，对数据流图上各种成分的定义必须明确、易理解且唯一；命名、编号要与数据流图一致，必要时可增加编码。

（四）描述处理逻辑

数据字典可以定义 DFD 上简单的处理逻辑，复杂的处理还有必要进一步说明，描述复杂处理逻辑的工具主要有：结构化语言、决策树、决策表。

1. 结构化语言

由"IF""THEN""ELSE"组成的规范化语言。如某商店折扣政策。IF 客户类别＝会员

THEN   IF   积分＞＝200 分

THEN   折扣率 20％

ELSE   IF   积分＞＝100 分

THEN   折扣率   15％

ELSE   折扣率 10％

ELSE   IF   一次消费＞＝500 元

THEN   折扣率 5％

ELSE   不打折

2. 决策树

也叫判断树。是一种图形工具，左边结点为树根，称为决策结点。与决策结点相连的成为方案枝（或称条件枝）。最右方的方案枝（条件枝）的端点（即树梢）表示决策结果，即所采用的策略。中间各结点为分段决策结点，如图 2－7 所示。

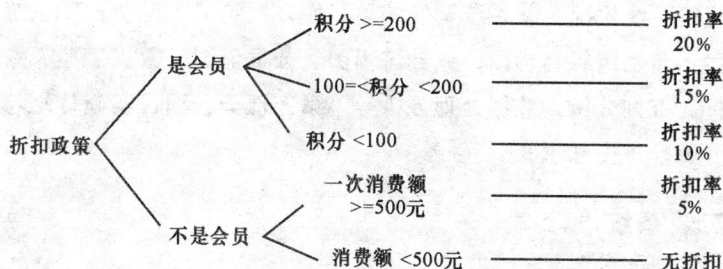

图 2－7   决策树举例

3. 决策表

又称判断表。采用表格的形式描述处理逻辑。当判断条件多且相互组合，相应的决策方案较多时，决策树的结构就会变得复杂。决策表为描述这种复杂逻辑提供了表达清晰、简洁的手段。例如，表 2-1 所示的决策表共分 4 大部分：条件、决策方案、条件组合、相应条件组合下采取的策略。

表 2-1　决策表举例

	决策规则	1	2	3	4	5
条件	是否会员	Y	Y	Y	N	N
	积分＞＝200	Y	N	N	—	—
	积分＜100	N	N	Y	—	—
	一次消费额＞＝500 元	—	—	—	Y	N
决策方案	折扣率 20％	√				
	折扣率 15％		√			
	折扣率 10％			√		
	折扣率 5％				√	
	无折扣					√

说明：表中"—"表示不考虑该条件。

（五）系统分析报告

系统分析报告的主要内容包括：第一部分：开发项目概述。第二部分：现行系统概况；新系统开发的可行性；系统需求说明；新系统的逻辑方案，包括组织结构图、业务流程图、数据流图、数据字典、数据存储分析、查询分析、数据处理分析等。第三部分：项目实施计划，包括工作分解、进度和预算。

二、系统设计

系统设计的主要任务是：在系统分析的基础上，按照逻辑模型的要求，科学合理地进行系统的总体和详细设计，实现物理模型，为系统实施提供依据。

（一）系统总体设计

1. 系统总体布局方案的确定

系统的总体布局是指系统的硬、软件资源以及数据资源在空间上的分布特征，通常从信息资源管理的集中程度来看主要有集中式系统和分布式系统。从信息处理的方式来看，主要有批处理方式和联机处理方式。确定系统总体布局时应考虑系统类型是采用集中式还是分布式；处理方式是采用一种，还是混合使用；数据存储是集中存储还是分布存储，存储数据量有多少，采取哪种存储方式。

2. 软件系统总体结构的设计

软件结构是软件模块间关系的表示，表明了软件各个模块的组织情况。软件系统总体结构设计的主要任务就是根据系统总体目标和功能将整个系统合理地划分成几个大的功能模块（或子系统），每个大模块又分解成几个更小的模块，并正确地处理模块与模块之间的调用关系和数据联系、模块内部的联系，以及定义各模块的内部结构。一般采用功能结构图来描述系统的功能模块划分方案，如图2-8所示；采用模块结构图表示模块之间的调用和控制关系（如图2-9所示，依次表示模块间的直接调用、判断调用和循环调用关系）。

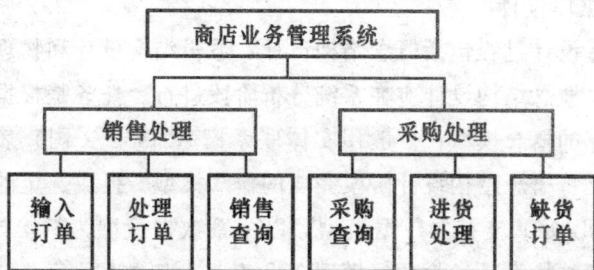

图 2-8 某百货商店业务管理信息系统功能结构图

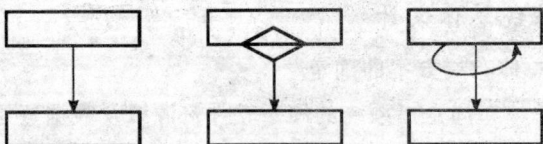

图 2-9　模块间的调用关系

3. 数据存储的总体结构设计

确定数据的总体结构，各类数据记录和数据项的逻辑描述、数据文件的组织方式、各类数据文件之间的逻辑关系；确定存储设备和存储格式；确定数据存储的空间分布；选择数据库管理系统。

4. 计算机和网络系统方案的选择

配置系统软、硬件环境，确定网络系统结构。

（二）系统详细设计

1. 代码设计

所谓代码就是用来表征客观事物的实体类别以及属性的一个或一组易于计算机识别的特定符号或记号，它可以是字符、数字、某些特殊符号或它们的组合。代码设计遵循以下的原则：唯一性、标准化与通用性、合理性、稳定性、可扩充性与灵活性、具有规律性、简洁性。

2. 数据库设计

数据库设计过程包括概念结构设计、逻辑结构设计和物理结构设计三个阶段。概念结构设计应在系统分析阶段进行。任务是根据用户需求设计数据库的概念模型，一般用实体联系模型（E-R图）表示。逻辑结构设计是将概念结构设计阶段完成的概念模型转换成选定的数据库管理系统（DBMS）支持的数据模型。以关系数据模型为例，如图 2-10 所示。物理结构设计是为数据模型在设备上选定合适的存储结构和存取方法，以获得数据库的最佳存取效率。物理结构设计的主要内容包括：库文件的组织形式，如选用顺序文件组织形式、索引文件组织形式等；存储介质的分配，如将易变的、存取频繁的数据存放在高速存储器上；稳定的、存取频度小的数据存放在低速存储器上；存取路径的选择等。

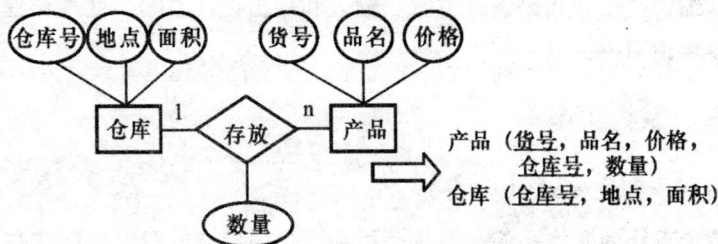

图 2-10　实体联系模型转换成关系数据模型

3. 输入输出设计

输入设计的内容包括确定输入内容、输入格式；用户界面设计；输入数据的正确性检验；输入方式设计；确定输入设备。目前常用的输入设备有以下几种：键盘、磁盘、光电阅读器、终端输入。常用输入方式有：键盘输入、模/数转换输入、网络数据传送、磁盘或光盘读入等。输出设计的内容有：确定输出内容，包括输出项目、精度、信息形式（文字、数字）；输出信息使用情况，包括信息的使用者、使用目的、信息量、输出周期、有效期、保管方法和输出份数等；输出方式设计，包括屏幕输出、打印输出，磁盘输出等；选择输出设备与介质，其中，设备包括打印机、显示器等，介质包括磁盘、磁带、纸张（普通、专用）等；输出格式设计（表格、报告、图形）等。

4. 处理过程设计

处理过程设计的关键是用一种合适的表达方式来描述每个模块内部的执行过程。常用方法有程序框图（流程图）、各种程序设计语言等。

（三）系统设计报告

系统设计报告是系统设计阶段的主要成果，是面向系统管理人员的技术手册，也是系统实施的重要依据。[①] 其着重点在于阐述系统设计的指导思想以及所采用的技术路线、方法和具体的技术措施。主要内容包括：系统总体设计方案，计算机硬、软件配置说明，系统功能模块结构

---

① 陈国青，李一军. 管理信息系统. 北京：高等教育出版社，2006.

图及详细说明书，代码设计方案，输入和输出设计方案，处理流程图及程序模块说明书。

三、系统实施

（一）系统实施的任务

信息系统的实施是信息系统分析和设计的后续阶段，是把信息系统分析设计的结果付诸于实际，实现具体软件系统的阶段。主要任务包括硬件准备、软件准备、人员培训、数据准备、系统测试、系统切换与试运行等几个方面。其主要步骤依次为：购置和安装设备、程序编制与系统测试、基础数据整理和录入、人员培训、系统切换与试运行、系统交付。

（二）系统测试

测试是为了发现错误而执行程序的过程。测试的目的是为了尽可能多地发现系统中存在的尚未发现的错误，一个成功的测试就在于它发现了迄今为止尚未被发现过的错误。设计测试用例时要以发现和暴露程序错误为目标，即在时间、经费允许的条件下尽可能多地使用一些容易暴露问题的测试数据。

1. 测试原则

（1）测试用例不仅要包括有效的合理的输入数据，还应该包括无效的不合理的数据；不仅应该包括确定的输入数据，还应该包括预期的输出结果。

（2）测试应该充分覆盖程序逻辑，不仅要检验程序是否能够正常执行应该执行的处理工作，还要检验程序是否做了不应该做的事情。

（3）程序员应尽量避免对自己设计的程序进行测试。

（4）测试工作应该贯穿于整个系统开发的全过程。

（5）测试应该从最小模块开始，先进行模块测试，再进行联调测试，最后进行系统测试。

（6）妥善保管测试用例和测试文档（包括测试计划和测试分析报

告）。

（7）必要时，要进行合理的回归测试。所谓回归测试就是在测试过程中，对于发现错误又经修正后的软件模块，再用原来发现错误的测试用例进行测试。

（8）对于发现错误较多的模块进行集中测试。

2. 测试内容

系统测试并不一定是在系统设计活动和程序编写全部完成后才开始，它可以和系统开发过程平行进行，包括整个开发过程中各阶段的复查、检测和评估。系统测试并不仅仅是程序的测试，还包括开发文档的测试。[①] 在测试开始之前，需要一些准备工作，如制定测试计划和大纲、拟定测试数据、选择测试工具等。总体的来说，系统测试的主要内容包括单元测试、集成测试、确认测试、系统测试和验收测试。

（三）系 统 切 换

系统切换就是用新系统代替旧系统的过程。

1. 系统切换前的准备工作

（1）数据准备。搜集和整理数据；进行数据转换，包括数据格式的转换、数据类型的转换等；将数据录入系统。在数据录入过程中输入人员要注意输入数据的校验，保证输入数据的正确性。

（2）文档准备。可行性研究报告、需求分析、系统分析说明书、系统总体设计说明书、详细设计说明书、程序设计说明书、系统测试计划书、测试说明书、测试分析报告、测试用例、系统使用说明书等。

（3）用户培训。需要进行培训的人员主要有系统操作人员、系统维护人员、管理人员等。

2. 系统切换的三种方式

（1）直接切换。直接用新系统取代旧系统。即确定新系统稳定可靠、可以正常运行后，立刻启动新系统，而同时废弃或终止旧系统的运

---

① 查先进，严亚兰．物流信息系统．东北财经大学出版社，2005.

行。这种方式切换费用较低、切换简单，但风险较大。大型信息系统不适宜采用。

（2）并行切换。新旧系统同时运行，通过一段时间的观察和比较，确定新系统可以正常运行后，再终止旧系统的运行。这种切换方式风险较小，且通过比较有助于系统评价，但切换成本较高，工作负荷较大。

（3）逐步切换。也称分段切换，是以上两种方式的结合。在新系统正式运行之前，一部分一部分地切换，逐步取代旧系统。这种方式综合了前面两种方式的优点，比直接切换风险低，比并行切换费用低。但切换接口复杂，切换顺序必须事先计划好。实践中，人们常常把以上三种方式结合起来使用。

第三节　信息系统的运行管理和维护

一、信息系统的运行管理

（一）系统运行管理的内容

为了确保信息系统的正常运行与信息畅通，实现信息资源共享和高效率利用，信息系统进入使用阶段后的任务是对信息系统的运行进行管理。信息系统运行管理的主要任务是对信息系统的运行过程进行控制、记录其运行状态，并在必要的时候对系统进行修改和补充，以使之真正符合管理决策的需要，为管理决策者服务。信息系统运行管理主要通过行政手段，并辅以技术手段进行。通过实施信息系统的运行管理，有助于保持信息系统的稳定性、先进性、实用性、高效性，避免系统混乱现象的发生。

信息系统投入使用后的运行管理工作通常是相当繁重的。下面对信息系统运行管理的主要工作进行分析。

1. 数据的搜集、校验和录入

数据搜集是信息系统运行过程中的日常性工作。信息系统需要通过各种人工或自动化手段从组织机构的内部或外部搜集各种数据。例如，通过条码技术、射频识别技术等自动识别和采集技术搜集物流活动过程中的数据，销售人员在和中间商、客户打交道的过程中搜集与产品、竞争对手、市场环境有关系的数据等。数据搜集是运行管理的重要内容，数据搜集工作常常分散在各个业务部门，不同的业务人员协调一致地展开工作并不是一件简单的事情。系统主管人员应该努力利用各种方法，提高这些人员的技术水平和工作责任感，对他们的工作进行评价、指导和帮助，以便提高所搜集数据的质量，为系统有效地工作打下坚实的基础。

通过搜集模块得到的数据是信息系统日常运行过程中被处理的"原材料"，其质量直接影响着整个信息系统运行的成效和对外的形象。信息系统中一切软、硬件资源或其他资源功能的发挥均依赖于可靠、新颖、适用、完整、及时的数据。所谓可靠，是指所搜集的数据应当是客观的、真实的、准确的，是没有夹杂搜集人员主观意志和个人情感因素的；所谓新颖，是指相对于特定的应用而言，数据内容是新的，而不是陈旧的；所谓适用，是指所搜集的数据相对于数据处理子系统而言是可以被处理的，相对于系统用户而言是可能有利用价值的；所谓完整，是指所搜集的数据应当是全面、系统的，而不是残缺不全的；所谓及时，是指所搜集的数据应当体现出时效性。由于所搜集的数据量通常很大，所以数据校验工作总是显得繁琐，但为了保证系统运行的有效性，应当对这项工作给予高度重视。

经过校验的数据可以往计算机系统中录入。在录入过程中，要求迅速、准确。与校验工作类似，录入工作虽然繁琐但却十分重要，需要录入人员有高度的责任心、耐心和细心。数据录入工作有时与校验工作交替进行。

2. 数据处理

常见的工作包括例行的数据更新、统计分析、各种报表的生成、数据的复制及保存、与外界的定期数据交流等。这些工作一般来说都是按照一定的规程，定期或不定期地运行某些事先编制好的程序。这些程序可通过图形界面的功能调用而得到执行。系统的工作规程应该是在系统研制中已作好详细规定，操作人员应当经过严格的培训，清楚地了解各项操作规程，了解各种情况的处理方法。数据处理依赖于系统已有的各种资源如系统功能和搜集到的数据。

另外，很多企业的后台都具有数据仓库。信息系统中的很多数据如产品销售量、销售地点、销售时间、客户信息等都可移植到数据仓库中，再利用联机分析处理（On－Line Analytical Processing，简称OLAP）和数据挖掘（Data Mining，简称DM）对数据仓库中的数据进行处理。这样的数据处理不是服务于某个具体的业务交易，而是为企业长远性的战略性计划提供决策支持。

3. 系统硬件的运行和维护

为了完成上述的数据录入、处理等工作，要求计算机、网络等各种硬件设备始终处于正常运行的状态之下。如果没有专人负责，这些设备就很容易损坏，从而使整个系统的正常运行失去物质基础。为此，需要配备一些系统硬件工作人员，负责各种硬件设备的运行与维护。对于大型计算机，这一工作需要有较多的专职人员来完成。系统硬件的运行和维护工作主要包括设备的使用管理、定期检修、备用品和配件的准备及使用、各种消耗材料的使用及管理、电源及工作环境的管理等。

4. 信息系统的安全管理

信息系统安全是系统运行保障机制的重要内容。信息系统的安全威胁不仅来自系统外部，还包括内部用户对系统的恶意破坏、对敏感和关键数据的非法篡改以及非法越权操作等。常见的不安全因素主要来自以下几个方面：物理部分，如机房不达标、设备缺乏保护措施、存在管理漏洞；软件部分，如操作系统安全、数据库系统安全、应用系统安全；网络部分，如内部网安全和内、外部网连接安全。信息系统安全管理的目标是：保证系统在有充分保护的安全环境中运行，由可靠的操作人员按规范使用计算机系统、网络系统、数据库系统和应用系统，系统符合安全标准。信息系统安全涉及数据安全、网络系统安全、计算机安全、个人隐私权等方面，系统应当在功能上达到保密性、一致性、可用性、真实性和责任追究性 5 项要求。

（二）系统运行情况记录

信息系统运行情况的详细记录对系统管理和评价来说是十分重要和宝贵的资料。利用这些资料，有助于不断探索和总结经验，提高信息系统的质量。如果缺乏系统运行情况的详细记录，则无法对系统运行情况进行科学的分析和合理的判断，无法进一步优化信息系统的性能。

1. 工作数量

工作数量主要包括：开机的时间，每天、每周或每月搜集数据的数量，每天、每周或每月提供报表的数量，系统中积累的数据量，修改程序的数量，数据使用的频率，满足用户临时要求的数量等。这些数据反映了信息系统的工作负担及所提供的信息服务的规模，是反映信息系统功能的最基础性数据。

2. 工作效率

工作效率主要是指系统为了完成既定的工作任务所耗费的人力、物力及时间的情况。例如，使用者提供一个临时的查询要求，系统花费了多长时间才给出所要的数据；系统在日常运行中所花费的人力是多少，消耗性材料的使用情况如何等。

3. 信息服务质量

信息系统为用户提供报表生成、数据交流等各种信息服务，和其他服务一样，信息服务质量的高低直接决定了系统的成败。如果一个信息系统生成的报表，使用起来也不方便，甚至根本不是用户所需要的，那么这样的报表生成得再多再快也没有任何意义。另外，用户对于所提供的服务方式是否满意，所提供信息的精确程度是否符合要求，信息提供得是否及时，临时提出的信息需求能否得到满足等，也是评价信息服务质量的重要指标。信息系统必须在系统分析阶段充分掌握用户的信息需求，并在后期的系统维护中不断完善系统功能以满足用户更多的信息需求。

4. 维护修改情况

系统中的数据、软件和硬件都有一定的更新、维护和检修的工作规程。这些工作都需要有详细、及时的记载，包括维护工作的内容、情况、时间、执行人员等。

5. 系统的故障情况

无论大小故障，都应该有所记录。记录内容包括故障的发生时间、故障的现象、故障发生时的工作环境、处理的方法、处理的结果、处理人员、善后措施、原因分析。这里所说的故障不只是指计算机本身的故障，而且包括整个信息系统。例如，由于数据搜集不及时，使年度报表的生成未能按期完成，这是整个信息系统的故障，而不是计算机的故障。同样，搜集来的原始数据有错，也不是计算机的故障。各种有关错误类型、数量等的统计数据都是非常有用的资料。

在运行管理工作中，人们往往重视故障情况的记录，那些在正常情况下的运行数据很容易被忽视。但仅有故障记录是无法全面掌握系统运行情况的。所以，必须十分重视正常运行时的情况记录。例如，设备发生故障，需要考察它是在累计工作了多长时间之后发生的故障；平均无故障时间如果没有正常运行时的日常工作记录就无从计算。

为使系统运行情况记录记载得完整准确，要坚持在事情发生的当时当地，由当事人记录。此外，还要尽量采用固定的表格或本册进行记录，记录时用词确切，尽可能给予定量描述。

二、信息系统的维护

（一）系统维护的内容

信息系统投入运行后，需要不断地对系统进行各项修改和维护，以改正潜在的错误，扩充和完善功能，延长系统寿命。信息系统维护一般包括系统的软件维护、数据维护、代码维护、硬件维护等内容。

1. 软件维护

软件维护是指在软件已经交付使用之后，为了满足用户的要求或改正系统中隐含的错误或扩充部分程序的过程。软件维护的目的是保证软件系统能持续地与用户环境、数据处理操作、政府或其他有关部门的请求取得协调一致。

（1）正确性维护。改正在系统开发阶段已发生的而系统测试阶段尚未发现的错误。

（2）适应性维护。为适应软件的外界环境变化而进行的修改。

（3）完善性维护。为扩充系统的功能和改善系统性能而进行的修改。

（4）预防性维护。为减少或避免以后可能需要的前三类维护而对软件配置进行的工作。

2. 数据维护

包括对数据文件或数据的结构、内容的修改、增删、更新以及异常现象的处理等操作。数据维护工作一般是由数据库管理员来负责，主要负责数据库的安全性和完整性以及进行并发性控制。用户在向数据库管理员提出数据操作请求时，数据库管理员要负责审核用户身份，定义其操作权限，并负责监督用户的各项操作。同时数据库管理员还要负责维护数据库中的数据，当数据库中的数据类型、长度等发生变化时，或者需要添加某个数据项、数据库时要负责修改相关的数据库、数据字典，并通知有关人员。另外，数据库管理员还要负责定期出版数据字典文件及一些其他的数据管理文件，以保留系统开发和运行的轨迹；当系统出现硬件故障并得到排除后要负责数据库的恢复工作。

3. 代码维护

如果系统的应用范围或应用环境发生了变化，就有必要订正、重新设计、添加或删除代码。代码维护的困难不在代码本身的变更，而在于新代码的贯彻。为此，除了代码管理部门外，各业务部门都要指定负责代码管理的人员，通过他们贯彻使用新代码。

4. 硬件维护

包括专职的硬件人员对系统设备日常的保养性维护和对突发性故障进行的维护。硬件人员应加强主机及外围设备的保养和定期检修，做好检验记录和故障登记工作，为适应软件的要求更换一定的设备，做好应付突发性故障的有关准备。

（二）系统的可维护性

系统维护工作直接受到系统可维护性的影响。可维护性是对系统进行维护的难易程度的度量，影响系统可维护性的主要因素有以下几个①。

1. 可理解性

即理解系统的结构、接口、功能和内部过程的难易程度，包括对功能、性能的分析与理解，对原设计的分析与理解，以及对源程序的分析与理解。在信息系统中，采用模块化方法、建立详细的设计文档、保证原程序内部文档的规范与完善、设计结构化、选择较好的高级程序设计语言等，都可以提高系统的可理解性。

2. 可测试性

即对系统进行测试和诊断的难易程度。系统中具有良好的系统文档、可用的测试工具和调试手段是十分重要的，特别是开发阶段的测试方案尤为重要，是进行回归测试和证明修改正确性的基础。

3. 可修改性

即对系统各部分进行修改的难易程度。系统的模块化程度、模块之间的耦合、内聚、控制域与作用域的关系和数据结构的设计等都直接影响系统的可修改性。这些问题需要在系统分析、设计验收时给予充分重视。

4. 可扩充性

即对系统进行扩充的难易程度。目前，基于 Web 服务的信息系统构建可极大地提升系统的可扩展性。Web 服务的产生受到电子商务 B2B 集成应用的拉动，这种集成是指在用于多种业务活动的计算机之间，通过 Web 来直接通信，且通信时很少需要人工干预或不需要人工干预。Web 服务是开发下一代分布式应用的重要技术之一。分布式体系结构可分为内部分布式体系结构和外部分布式体系结构，内部分布式

---

① 林自葵. 物流信息系统. 北京：清华大学出版社，2004.

体系结构涉及企业如何通过其内部网络来部署应用程序，而外部分布式体系结构则涉及企业如何将其应用程序和业务过程与外部机构相集成。内部分布式体系结构带来的挑战之一是要与新加入的组织相集成，而该组织可能采用的是完全不同的技术解决架构。Web 服务能够简化这样的集成，因为它不需要强迫任何人来使用任何特殊的技术，开发人员可以在不中断所需要的正常操作过程的前提下提供和使用相关的信息。另外一个挑战是要扩充当前的应用程序，在扩充时，用户在一定程度上可以不考虑如何使新添加的内容适应已有的基础结构，因为不论添加什么，Web 服务均能够简化在全异设备之间的通信。与此类似，在分布式处理的外部体系结构中，只要两个公司都使用 Web 服务语言，则公司之间业务关系将得到简化并能形成真正的无缝集成。①

　　从上述因素可以看出，系统的可维护性是很难量化的，但是可以通过能够量化的维护活动的特征来间接地定量估算系统的可维护性。例如，国外有研究者提出把维护过程中各项活动所消耗的时间记录下来，用以间接衡量系统的可维护性，其内容包括：识别问题的时间、管理延迟的时间、维护工具的搜集时间、分析和诊断问题的时间、修改设计说明书的时间、修改程序源代码的时间、局部测试的时间、系统测试和回归测试的时间、复查的时间以及恢复的时间。

思考题

1. 试述信息系统的类型、结构和功能。
2. 信息系统分析包含哪些内容？
3. 信息系统设计和实施的主要任务是什么？
4. 在信息系统实施中，系统切换有哪些方式？各有何特点？
5. 试述信息系统运行管理和维护的主要内容。

---

①　Joseph Bustos，Karli Watson 著，耿艳楼等译．NET Web 服务入门经典．北京：清华大学出版社，2003.

第三章　信息组织与检索

第一节　概　述

数据采集、计算机数字化、卫星遥感、生产和经济运行、办公和管理等系统每天都在产生大量的信息。尤其是随着信息技术在全球迅猛的发展，人们每天都在与世界上最庞大的资源库——因特网打交道。我们被"淹没"在信息的海洋中，为此需要有效地从大量的信息集中检索出所需信息的方法和工具，这就是信息检索的任务。所谓信息检索，广义地说是信息存储与检索，是将信息按照一定的方式组织和存储起来，并能根据信息用户的需求找出其中的相关信息的过程。因此，从本质上讲，信息检索是一种有目的和组织化的信息存取活动，其中包括了"存"和"取"两个基本环节，即信息检索系统由信息组织和信息检索两大部分组成。

作为一种有目的和组织化的信息存取活动，信息组织和信息检索之间存在着密不可分的关系。一方面，两者是相互依存的。不进行信息组织，则无从检索；不进行检索，则信息组织将失去意义。另一方面，两者之间又是相互矛盾和制约的。从信息组织的角度来看，越简单越好；但过于简单的存储，势必影响到检索的质量与效果，即有效的信息检索需要以增加信息组织的工作成本为代价。信息组织与信息检索之间的这种互动关系在实际检索系统的开发与设计中，需要给予某种合理化的兼顾与平衡。

我们首先通过一个 Web 网站的设计和使用的例子来说明信息组织和检索中的问题。

Web 网站的设计，首先涉及到各类材料的组织问题，它们包括内容设计、导航设计和表现设计。内容设计就是内容的结构和分类组织。设计人员要确定分类的准则，然后根据分类准则，划分信息内容。例如一个大学的网站，可能按照学校概况、管理机构、院系设置、招生信息、信息资源、图书馆、科学研究、教师队伍、学生活动等主题分类。导航设计涉及到信息单元的浏览、用户与 Web 内容及结构的交互。Web 的两个基本元素是网和链，链把页面关联起来，构成巨大的"蜘蛛网"Web。Web 设计者要仔细进行表现设计，例如颜色、表现结构布局、表现顺序、表现方式等，目的是提供一个易于获取信息的 Web 环境。

　　Web 网站设计与数据库是不同的。Web 网站包含文本、表格、图像、视频、音频等类型的数据，而不仅仅是常规数据库管理的数值字符数据。最重要的是，它们的初始设计目的不同。Web 设计目的是用于资料和信息的交流（当然，随着因特网的发展，Web 的应用已经超出了原来的科学研究用途，向着更广泛的应用发展，例如电子商务、娱乐、教育等），而常规数据库系统的设计一般用于企业的数据管理。另外，它们采用的模型不同，Web 用的是超文本型，而数据库目前所采用的主要是关系模型或对象模型。因此对于 Web 设计来说，是对内容进行组织和分类，进行交互导航设计，而内容的表示和描述用于信息检索。而在数据库设计中，用二维表格表示实体及其属性，通过严格的代数关系和约束关系提供数据库的查询。

　　设计的 Web 网站仅仅提供分类目录和链的浏览是不够的，尤其是对大中型的 Web 网站来说，用户在浏览过程中容易迷航或在信息查找中花费太多的时间，而又难以得到相关的信息内容，因此对 Web 的检索就是必不可少的信息检索手段。

　　继续以企业或单位的 Web 网站为例。因特网搜索引擎（search engine）提供对一个企业或单位内部信息内容的搜索。例如，大学的主页提供的搜索引擎，可以对各校各学院、系、教师、学生、实验室、研究小组的网页内容进行搜索。设计的检索系统能够为任何水平的用户，包括专业用户和一般用户提供有效的信息检索服务。

为了对因特网的内容进行搜索，查找出有用的信息，搜索系统首先要做的事就是定期地到因特网内各网页上搜集数据，通过特殊的算法，去掉冗余的链和节点，然后为这些网页构造出元数据，并建立索引。在这里，元数据是关于 Web 页的信息，例如标题、页的长度、内容链、外部链、从根到本页面的最短路径等。索引是文件、文档或资料的一种目录表，其中包括定位和查找这些内容的关键词和引用标志。也可以把索引看成是一种数据库对象，能够实现对数据行的快速、直接地存取而不必扫描整个数据库表。对于数据库表的被索引字段的每个值，索引中都有一个人口，该人口包含指向具有该值的数据行的指针。

对于网页文档中的文本，通过提取词和词干，建立倒排索引。根据用户输入的词，搜索引擎搜索倒排索引，查找出相似的一系列结果，以 html 的形式向用户呈现。

对于网页文档中的图像、视频和音频，可以结合基于内容的多媒体信息检索技术，由此用户不仅可以通过关键字进行检索，还可以根据多媒体数据的视听、语义和时空逻辑特征等内容进行多媒体信息的检索。

以上典型的因特网环境下的 Web 设计例子说明了信息组织和信息检索的一个基本轮廓：从内容的组织到向用户提供内容的使用（信息检索和浏览等）过程中的基本处理方式。也就是说，为了向用户提供信息存取服务，需要两大部分的工作：一是信息组织，二是信息检索。

第二节　信息组织

一、信息组织的原理、目的和要求

(一) 信息组织的基本原理

1. 信息组织的本质依据

信息组织是一种普遍的社会活动，是一切事物有条不紊地运行的前提。"信息组织是将处于无序状态的特定信息，根据一定的原理和方法，使其成为有序状态的过程。其目的是将无序信息变为有序信息，方便人们利用信息和有效地传递信息。"① 它是基于事物属性的一种序化方法，事物具有多少种属性，就可能形成多少种序化方法。据古希腊哲学家亚里士多德的分析，事物一般都具有 10 种属性，即本质（substance）、数量（quantity）、质量（quality）、关系（relation）、作用（operation）、过程（process）、状态（state）、空间（space）、时间（time）和位置（position）。这些属性都可作为信息组织的依据。具体说，信息组织的过程就是依照事物属性的同一性、包容性、交叉性和排斥性等关系对信息实施序化的过程。

信息组织本质的依据是事物的属性，事物的多种属性又可归纳为形式、内容和效用三种类型。以服装为例，款式、大小、生产厂家、生产时间和地点等属于形式特征；服装原料的物理和化学结构属于内容特征；御寒、防雨、防晒等属于效用特征。

2. 信息组织过程的阶段划分

信息组织的过程是一个序化信息的过程。这个过程通常可分为两个阶段，即序化阶段和优化阶段。信息的序化是按照一定的方法将无序的信息组织成有序的信息的过程，它包含两层含义：一是为了利用和管理上的方便，对没有必然内在联系的信息加以组织；二是对本质上有必然内在联系的信息，按照其自身的客观逻辑结构加以组织。前者融入了更多的主观因素，后者则依据更多的客观因素。信息的优化是在信息序化的基础上进行的，是针对某种目的，依据结构功能优化原理对信息进行再序化的过程，是信息序化的继续和升华。在信息组织的实际操作过程中，信息的序化和优化之间并没有十分明确的界限，二者是辩证统一的。

上述信息组织的本质依据、组织层次及阶段划分是信息组织的一般

---

① 宋彩萍，霍国庆. 信息组织论纲. 中国图书馆学报，1997（1）.

工作原理。在信息组织的实际操作过程中，人们更多地采用信息综合组织方法，即将不同层次的不同信息组织方法综合起来加以运用，如文献分类法、主题组织法、分类主题法等。在文献分类法中，分类表通常由类目、号码、正表、附表、说明和索引等部分组成，其中，类目和正表展示了事务的本质特性及其相互关系，属于语义信息组织；号码（类号）、附表（复分表）和索引则属于语法信息组织，它们具有易检易用的功能。主题分类法属于另一种语义信息组织和语法信息组织的综合。以我国的《汉语主题词表》为例，它是由主表（字顺表）、附表、词族索引、范畴索引和英汉对照索引组成的。主表本身是以语法信息组织为主、以语义信息组织为辅的一种综合信息组织体例；词族索引和范畴索引分别展示主题词之间的等级关系和学科关系，属于语义信息组织；附表和英汉对照主要属于语法信息组织。为了放大分类法和主题法优点，克服其不足，人们经过多年研究，推出了分类主题合一的《分类主题词表》，这是一种更为复杂的综合信息组织方法。

（二）信息组织的目的和要求

1. 信息组织的目的

日益复杂的社会信息现象与人们特定的信息需要之间有着尖锐的矛盾。为了解决这一矛盾，控制信息的流速、流向、数量、质量，提高社会信息的吸收率，社会上出现了众多的信息服务组织部门，如广播影视等大众传播媒介、编辑出版发行机构、文献信息部门、数据库开发者、网络内容提供商（Internet Content Provider，简称 ICP）、信息中心等。尽管它们的信息服务侧重点不同，但其组织信息的目的是统一的，具体表现为：

（1）减少社会信息流的混乱程度。杂乱无序的社会信息流极可能妨碍人类对信息资源的开发利用，干扰人们正常的决策活动。信息组织使传递中无序的信息变得相对有序，控制信息的流速和流向，以便信息能够在适当的时机有针对性地传递给需要者，并对信息的数量和质量进行控制，使需要者能够获得不超过其吸收能力的高质量信息。

（2）提高信息产品的质量和价值。信息序化过程就是信息产品的开发过程。通过整序活动，不仅可以加深信息揭示的层次，开发出新的信息产品，而且能使原有信息产品的质量进一步提高，从而使信息产品大大增值。

（3）建立信息产品与用户的联系。信息组织是按照信息使用者的要求进行的。因此，序化工作必须根据用户的需要排除信息障碍，疏通信息渠道，在用户和信息产品之间建立联系，并最终形成面向用户问题的信息产品，提高信息资源开发利用的针对性。

（4）节省社会信息活动的总成本。通过建立专门的信息管理机构开展信息序化工作，实现信息产品开发的分工协作，节省广大信息用户查寻、吸收与利用信息的时间和精力，从而提高整个社会信息活动效果。

2. 信息组织的基本要求

不同信息组织机构进行的信息组织活动的深度、精度都不尽相同，然而无论是哪一种层次上的信息组织，都有一些共同要求。具体表现为：

（1）信息内容有序化。这种有序化表现在三个方面。一是要将内容相同或相关的信息集中在一起，将内容无关的信息区别开来；二是集中在一起的信息要有系统、有条理，按一定标识呈现出某种秩序，并能表达某种意义；三是相关信息单元之间的关系要明确化，并做出某种关联效应，或能给人以某种新的启示。

（2）信息流向明确化。信息组织通过研究用户的信息需要和信息行为来确定信息流向，并根据信息环境的发展变化不断调整信息流动的方向，提高信息作用力。

（3）信息数量精约化。现代社会信息浩如烟海，超过了人们的吸收能力，因此信息组织应达到内容精练、简明扼要的要求，尽量降低信息的冗余度，在解决问题的前提下筛选出最精约化的信息产品，方便人们吸收利用。

二、信息组织的发展及研究意义

信息组织采用一定的方式，将某一方面大量的、分散的、杂乱的信息整序、优化，形成一个便于有效利用的系统，起着"承上启下"的作用。"承上"指在信息搜集的基础上进行；"启下"指为信息检索创造条件，也就是提供可供检索的信息组织成果。信息组织是信息资源建设的中心，是建立信息系统的重要条件，是信息检索与咨询的基础，是社会信息交流的保障。信息组织这一概念是随着社会信息化而出现的一个趋于规范的术语，然而作为一种使信息受控流动的方法，它在人类社会中有着悠久的历史，并对社会信息交流的方方面面产生了重大影响。

(一) 信息组织的历史发展

从古代的藏书楼、近代的图书馆到现代的信息中心，人类的信息组织活动源远流长。由于在人类社会早期，人们对信息的认识是模糊的，信息获取主要依靠人与人之间的交流，几乎谈不上任何形式的信息组织活动，信息的传递通常是不正规的、自发的。因此，我们将信息组织的发展分为三个阶段：古代信息组织阶段、近代信息组织阶段和现代信息组织阶段。值得说明的是，信息组织发展阶段的演化并不是一个阶段对一个阶段的全面否定，而是一种扬弃，是一种理论和方法的完善和扩展。正是这种扬弃和扩展，使信息组织从原始、古老、自发的状态走到了今天的系统化、网络化、集约化的境地。

1. 古代信息组织阶段

在古代的信息管理中，信息组织的目的不是为了"用"，而是为了"管"；不是为了"传播"，而是为了"收藏"。信息管理活动并不要求完备、科学的信息组织给予支持。这一时期的信息组织具有这样一些特征：

(1) 信息组织活动逐步向社会活动过渡，组织信息不再是个别人的专利。

(2) 以图书管理和档案管理为代表的信息组织活动的发展，是这一时期信息组织活动最主要的特征。

（3）图书馆目录是最主要的信息组织成果。

（4）信息组织活动开始受到社会关注，在社会日常管理、道德约束和文化教育等活动中发挥着一定的作用。

2. 近代信息组织阶段

近代工业革命的兴起极大地促进了社会信息活动的发展。工业规模更加扩大，科学技术日益迅速地转变为社会的直接生产力，人们迫切需要获取信息解决生产、生活中的种种问题。此外，近代科学的发展，也为信息组织活动开辟了广阔的舞台，提供了丰富的内容。科学研究活动从科学家个人的自发研究成长为有组织的社会事业，科学交流从自发组织的各种科学团体、学会发展到国立科学院等正规的学术管理机构，致使科学劳动的成果成倍增加，文献信息的数量和需求也在急剧增长，信息组织活动在解决海量信息与特定需求的矛盾中得到了极大的发展。文献资料的加工整理方法，如编目法、分类法、文摘索引法等，成为这时期信息组织的主要方法。在这一时期，信息机构存在的目的不再是仅仅侧重收藏和保管，利用成为其最终目的。要促进信息的利用就必须以完备、科学的信息组织活动为基础。信息组织活动的目的不仅是告诉人们有什么信息，而是告诉人们如何找到信息。

这一时期信息组织的理论、技术和方法已有很大发展，虽然对信息的概念单元分析远远没有今天深入，但对信息外在特征和内容特征的描述和揭示都得到不同程度的重视。信息组织不仅能够为用户提供更多的检索点；同时，索引和文摘的出现使二次信息体系中书目形式一统天下的局面被打破。文摘型、索引型信息序化成果成为这一时期信息组织发展的特色。在信息组织活动中，主题语言的发展是这一时期最令人瞩目的成果。科技的发展，学科划分的趋细，交叉学科不断出现，极大地促进了人们从主题的角度组织、查找信息。近代信息组织时期，信息组织的发展主要呈现出以下特点：

（1）信息组织与社会大生产紧密相联，与科学研究相结合，发挥了巨大的作用。

（2）主题揭示语言冲击分类揭示语言，在检索界占据着越来越重要的地位。

（3）文摘型和索引型序化成果打破了书目型序化成果一统天下的局面。

人们获取利用信息的方式趋向多样化，从而加大了社会对信息组织的适量投入。

3. 现代信息组织阶段

20 世纪 50 年代，计算机在数据处理技术上的突破，把计算机应用从单纯的数值运算扩展到数据处理的广阔领域，为计算机在信息管理方面的应用奠定了基础。60 年代末，美国国防部的高级研究计划署 ARPA 队建立起一个由 4 台计算机互连的分组交换试验网络 ARPAnet，成为因特网试验期的主干网。80 年中期，美国国家科学基金会建造了全美五大超级计算中心，并将它们与各科研教学机构相互连接为高速信息网络 NSFnet，成为因特网发展期的主干网。1992 年以后，因特网步入商业化阶段，迅速地在全世界扩展开来。截至 2007 年 6 月，我国上网人数为 1.62 亿，上网计算机 6710 万台，大陆地区域名总数 918 万个。①因特网页面的剧增及上网人数的不断上涨，使因特网成为一个可供人们利用的海量信息库和文档资料库，也使人们的信息选择更加困难，从而凸现出网络环境下的信息组织的重要作用。

计算机的应用及网络的发展，将信息组织推上了一个新的发展水平。众多以计算机为核心的信息系统纷纷建立，每一种信息系统的建立，都对信息组织提出了更多更高的要求；网络的发展，使因特网成为一个等待开发利用的信息海洋，所有这一切，将信息组织引入了一个新境界。在现代信息组织阶段，信息组织出现了一些显著的特点：

（1）信息组织有历史上从未有过的良好的政治、经济、文化等综合

---

① http：//www.cnnic.cn/index/0E/00/11/index.htm.

发展条件，特别是高新技术条件和强有力的社会投入。

（2）社会对信息组织提出了全新的要求，信息成为社会发展的资源和推动力。

（3）信息组织与社会整体前进和发展互相依存、不可分割。

（4）信息组织融智能化、人文化、系统化、集约化为一体，成为社会性的活动。

（二）研究信息组织的重要意义

信息组织与信息交流之间有着密切的联系。信息交流指借助于某种符号系统，利用某种传递通道，在信息发送体和信息接收体之间实现信息传输、交换。这种信息交流是人类社会最基本的活动，是一切人类交流的实质，是信息运动的方式和形态。这种交流同信息一样，广泛存在于社会生活的方方面面。而信息组织则采用一定的方式，将某一方面大量的、分散的、杂乱的信息整序、优化，形成一个便于有效利用的系统。信息组织的作用是将无序、散乱的信息集中和有序化，它的目的是为了满足社会信息交流的需求，是信息无障碍交流的有力保障。因此，加强信息组织的研究对保障社会信息无障碍交流具有举足轻重的影响，具体表现为：

1. 信息组织是解决信息数量绝对激增和信息质量相对贫困的矛盾的关键环节

从整个社会的发展来看，人们认识世界和改造世界的伟大实践、人们完善自我和全面发展的强烈愿望都带来了一个基本事实——人类社会信息量的急剧增长。它包含量的增长和质的增长两个方面。从量的角度来说，信息数量呈现绝对增长的势头，并成为信息组织的重要对象；从质的角度来说，信息的质量虽然也在增长，但相对于其数量的增长来说，信息质量的增长凸现出相对贫困。表现为：虽然信息数量总是在不断积累，然而，信息的老化使得信息总量中有效信息的比率并不随着信息数量增长而绝对地同步上升；信息数量增长的过程中，有用信息和无用信息都在增长；即使在有用信息中，不同质量级别的信息也有不同的增长速度。因而,漫天飞舞的信息并非对每一信息接收体都有同等重要的价值,要在漫漫信息海洋中找到真正有用的信息有如"大海捞针"一样。急剧增长的信息在成为信息组织对象的同时,也成为了信息组织沉重的负担。如何使信息快捷、准确地达到信息接收体,满足不同信息用户的要求,这一直是信息组织所要解决的问题,信息组织也正是在解决信息数量绝对激增和信息质量相对贫困这一对矛盾中生存和发展起来的。"知识的一半就是知道在哪里去寻求它",这反映出了信息组织存在的根源。正是信息数量的急剧增长及信息质量的相对贫困,为信息组织提供了赖以生存和发展的必要条件。

2. 信息组织是解决信息饥饿与信息相对过剩的最有效手段

在信息化社会,信息借助图书、报纸、电视、网络等传播媒介向信息受众传播信息。在人类社会里,信息交流可以说无处不在。然而,即便在信息有多种交流途径的信息化社会里,人们仍然感觉到存在着大量的无法满足的信息需求。这就是所谓的"信息饥饿现象"。与此同时,人们又不难发现,大量的信息闲置在图书馆、档案馆及其他信息收藏机构中,与灰尘和书架为伍;许多现代化信息数据库的使用率也非常低,大量的信息并不为信息用户所用。这就是所谓的"信息过剩现象"。信息饥饿和信息过剩相伴产生、同时存在,这一现象非常令人困惑。就其实质而言,二者都是由信息受控率问题造成的。信息失控或受控率低都会造成许许多多的有用信息石沉大海无人知晓,使人们的信息需求无法满足;这些"石沉大海无人知晓"的信息,并不是真正的"无用",也不是真正的"无人知晓",只是没有到达需要这些信息的用户的手中。

因此,这种由信息受控率问题带来的信息过剩,显然是一种虚假的过剩,是信息相对过剩。因为人们的信息需求并未得到满足。人们渴求信息,信息对于需求而言并未饱和也不可能饱和。要解决信息饥饿和信息相对过剩这一对相伴产生同时存在的矛盾,必须加大信息的受控率。而信息组织的目的是将分散、杂乱的信息有序化,使散乱的信息在受控的情况下向信息受众发送,因而,信息组织是解决信息饥饿和信息相对过剩的最有力手段。只有加大信息的受控率，全面有效地描述一切有用信息，使信息得到有效的组织，才能缓解信息饥饿和信息相对过剩的矛盾，使社会信息交流达到"广、快、精、准"的要求。

3. 信息组织是沟通信息分布无序性和信息利用有序性矛盾的桥梁

从信息分布的角度来看，信息的分布是非常广泛的。信息不断产生于社会的各个角落，产生于不同的人，产生于不同的学科和领域，产生于不同的信息形态。在信息产生之初，这种广泛性同时意味着一种无序性。如果信息不经过有效的组织和控制，信息与信息之间将缺乏内在联系，各种内容和形式具有极大相似性的信息得不到集中，无法对比；信息和利用它的人的联系是随机的，这就是信息分布的无序性。从信息利用的角度来看，信息的利用呈现出有序的特征。具体表现为：人们总是易于理解和运用高度组织和系列化的信息，人们的信息需求总是集中于一定学科或领域的范围，常受一定时间和空间的约束，因而人们的信息获取行为一般来讲是理性的而不是漫无边际的，是具体的而不是杂乱无章的。这种信息需求的有序性特征与信息分布的自然无序状态成为社会信息交流的又一尖锐矛盾。信息组织的作用是对来源不同、形态不一、水平不齐、内容不等的各种信息进行科学的信息整序活动，以精化信息、序化信息、组织信息，有效地连接"特定信息"和"特定用户"，因而信息组织是解决信息分布无序性与信息利用有序性这一对矛盾的根本途径，也是沟通这一对有序与无序矛盾的唯一桥梁。

三、信息组织的方法

(一) 信息组织的基本方法

信息是事物运行的状态和方式，而任何事物运动的状态和方式都具有形式、内容和效用三个基本方面。依据这三个基本方面，信息可分为语法信息、语义信息和语用信息。对这三种信息进行组织，构成了信息组织的基本方法。

1. 语法信息组织方法

语法信息组织是以信息的形式特征为依据序化信息的方法。语法信息组织最重要的特征是标准化，因为语法信息一般不涉及信息的含义和用途，必须用标准加以约束；而标准形成和应用的过程，也就是语法信息的优化过程。语法信息的组织需要遵循方便性、标准化等原则。常见的语法信息组织方法有以下几种：

（1）字顺组织法

这是历史最悠久、使用最广泛的一种信息组织方法，其实质是从字、词的角度集约有关信息，又有音序法、形序法、音序和形序并用三种形式，诸如书名的排序、著者姓名的排序和主题词的排序等均属于字顺组织法。

（2）代码组织法

即以代码表征信息和集约信息的方法，其突出的优点是简便易用，尤其适合计算机等现代化手段的管理，诸如专利代码组织法、商务条码组织法、身份证代码组织法、军队番号组织法和电话号码组织法等均属于代码组织法。

（3）地序组织法

即以信息的空间特征为依据序化信息的方法，它的最大特点是能反应地域特色。它又有行政区划组织法和地名字顺组织法之分。行政区划组织法能反映地区之间的隶属关系和横向联系；地名字顺组织法则仅反映地区之间的形式关系。诸如各种地图、地理文献和风景名胜介绍等所采用的就是地序组织法。

（4）时序组织法

即以信息的时间特征为依据组织信息的方法，它的优点是能反映事物的发展规律，它的结构多为线性结构，诸如史书、年表、日记、传记、档案和连续出版物等多采用时序组织法。

（5）其他组织法

包括颜色组织法（如绿色代表邮政）、形状组织法（如以书刊的开本大小为依据的组织法）、重量组织法（如拳击手的分类）等。

2. 语义信息组织方法

语义信息组织是以信息的内容或本质特征为依据序化信息的方法。语义信息组织需要遵循客观性原则。常见的语义信息组织方法有以下几种：

（1）逻辑组织法

根据信息之间的逻辑关联组织信息是科学研究和正常思维的基本功能，诸如政策的制定、研究报告的撰写、文学作品中人物性格的发展等都属于逻辑组织方法的应用范围。

（2）分类组织法

分类组织法也属于一种逻辑组织法，常见的分类组织法包括科学分类、文献分类、专利分类、商品分类、职能分类等，它能反映事物之间内在的、本质的联系和区别，便于人们系统地认识和了解信息。以文献分类为例，它通过对科学知识的层层划分，使每一种文献都能在其中找到唯一的位置，而读者则能从事物某方面的属性出发系统地了解某一学科的所有文献。

（3）主题组织法

主题组织法是从事物内含的主题（或问题）属性出发，以词语作为概念标识，并通过概念标识的字顺排列和参照方法等间接地揭示概念之间相互关系的一种信息组织法，包括标题法、单元词法、叙词法、关键词法等几种类型。主题组织法以事物为中心集约信息，便于人们了解事物之间的联系和区别，不仅具有序化的功能，还兼具引导和认识的功能。

3. 语用信息组织方法

语用信息组织是以信息的效用特征为依据序化信息的方法，能反映和满足用户的信息需求，属于一种应用性信息组织方法，在实际工作中运用极为广泛和多样化。语用信息的组织需要遵循目的性原则、适用性原则和个性化原则。常见的语用信息组织方法有以下几种：

（1）权值组织法

即赋予不同信息以不同的权重值，然后通过复杂的计算，以权值大小组织信息的方法，诸如决策方案的选择、教学质量的评估等都涉及权值组织法。

（2）概率组织法

即根据事件发生的概率大小序化信息的方法，诸如预测体育比赛的胜负、期货交易等都涉及概率组织法。

（3）特色组织法

即根据用户某一方面的特殊需求组织信息的方法，例如，根据用户的兴趣组织球迷信息、摄影信息、旅游信息等就属于特色组织法。

（4）重要性递减组织法

即依据信息的重要程度序化信息，通常的做法是突出重要信息使其处于醒目位置，而将其他信息置于相应位置，如大众传播的栏目设置就属于这类信息组织。

上述三种信息组织方法基本上能够涵盖所有的信息组织方法，但在实际操作过程中，人们很少简单地运用某一种信息组织方法，通常的做法是将不同信息组织方法综合起来加以运用。

（二）网络信息组织

目前，随着各种先进的网络技术以及因特网的发展和应用，信息网络化已经成为现实。在信息网络环境下，随着信息量、信息种类及信息传递速度的发展，信息组织方式也发生了深刻的变化。以往的信息组织多采用手工编制的目录、索引、文摘、综述等形式，局限于文献信息的组织方式。即使采用计算机技术，所处理的主要还是二次文献信息，并需要事先进行人工著录、标引。而在网络环境下，数字化信息占主导地位，信息组织的对象逐渐多样化，范围也随之扩大，不再停留于对文献特征的描述，而深入到知识单元、信息单元，致使传统的信息组织方式已不能满足人们的各种信息需要。我们可以依从于信息组织的定义来对网络信息组织进行定义。即：网络信息组织就是根据网络信息的特点和属性，采用科学的方法，将大量的、分散的、杂乱的信息经过搜集、筛选、整序、优化，形成一个便于有效利用的整体的过程。具体来说，网络信息组织主要有以下几种方式：

1. 一次网络信息组织方式

（1）文件方式

传统的文献信息组织是采用文件方式，把文献组织成线性结构，既简单又方便。文件是存储非结构化信息的天然单位。但在网络环境下，由于文件本身需要作为对象来管理，对结构化信息组织显得软弱无力，文件方式只能是一次网络信息组织的辅助形式。

（2）超媒体方式

就是将超文本与超媒体技术相结合以组织利用网络信息资源的方式，它将文字、表格、声音、图形、图像、视频等多媒体信息以超文本方式组织起来，人们通过浏览的方式搜寻所需信息，避免了检索语言的复杂性，使人们可以通过高度链接的网络在各种信息库中自由航行。

（3）网站方式

这种方式通过标记语言，将信息组织成一个个页面，页面对某机构、个人或专题作全面介绍，用主页将这些信息集中组织到一起，通过浏览器浏览。

2. 二次网络信息组织

二次网络信息组织主要采用主题树方法和数据库方法。

（1）主题树方法

所谓主题树方法，就是将所含这一学科的所有已获得的信息资源按照某种事先确定的概念体系结构，分门别类地逐层加以组织，用户通过浏览的方式逐层加以选择，层层遍历，直至找到所需要的信息线索（即相关站点链接），并通过信息线索直接找到相应的网络信息资源。网上许多著名的网络检索工具如 Yahoo、Sohu 等都采用这种方式组织网络信息资源。利用主题树方式组织网络信息资源的优点比较突出，它拥有基于数据浏览的简单易用的网络信息检索与利用界面，信息检索遵循范畴分类体系，目的性强，查准率高，具有严密的系统性和良好的可扩充性。不足之处在于：必须事先建立一套完整的范畴分类体系，而体系的结构不能过于复杂，每一类目下的信息索引条目也不宜过多，因此对其所能容纳的网络信息资源的数量有所限制。

（2）数据库方法

数据库方法就是将所有已获得的网络信息资源以固定的记录格式存储，用户通过关键词及其组配查询，就可以找到所需要的信息线索（即相关站点链接），并通过信息线索直接找到相应的网络信息资源。这种组织方式利用数据模型对信息进行规范化处理，利用关系代数理论进行数据查询的优化，从而大大提高了数据操作的灵活性，因此成为广泛的网络信息资源组织方式。

第三节　信息检索

一、信息检索的目的和类型

信息检索是指将信息按一定方式组织和存储起来，并针对信息用户的特定需求查找出所需信息内容的过程。

（一）早期分类方法

按照检索对象的不同，早期信息检索一般分为文献检索、事实检索、数据检索、概念检索等类型。

1. 文献检索

文献检索是目前信息检索的主要形式，它是通过二次文献，包括传统的以纸张为存储介质的手工检索工具和大量的以光、电、磁为存储介质的现代计算机检索系统，找出所需的一次文献或三次文献。典型的文献检索行为多见于以下情形：为了编写教材或撰写综述性论文，某作者需要对论述相关问题的大量文献进行搜集和阅读；为了审查某项专利发明的新颖性和先进性，审查员需要在规定的"新颖性调查范围"内查阅有关的专业说明书及其他资料；或者，为了了解某一理论、方法的具体内容或技术细节，研究人员都需要查找能提供相关知识的文献等。

2. 数据检索

数据检索是以数据为对象的检索，如查找某一数学公式、数据、图表、某一材料的成分和性能等都属于数据检索的范畴，是一种确定性检索。

3. 事实检索

事实检索是以特定的事实为检索对象。事实内容包括大量的科学事件和社会事件。

4. 概念检索

概念检索就是查找特定概念的含义、作用、原理或使用范围等解释性的内容或说明。

（二）　新分类方法

作为一个学术概念，信息检索的内涵始终处于不断的丰富和发展中。随着信息处理技术的不断发展，尤其是计算机技术与网络技术的不断进步，上述传统的几种信息检索方法已经无法适应信息检索发展的现状。除了文献、事实、数据、概念这些传统的文本、数值信息以外，图形、图像、音频、视频等新型多媒体信息急剧增加，并开始逐渐纳入到信息检索的研究视野之内，信息检索的内涵也随之变得丰富起来。当前，信息检索类型出现了一种新的分类，即：文本检索、数值检索、音/视频检索。

1. 文本检索

文本检索是以各种自然语言符号系统所表示的信息为主要检索对象的信息检索活动。文本检索是传统（文献）检索方式的延续，目前在信息检索领域仍占据主要地位并不断获得新的发展。例如从早期的结构化书目信息检索到当前的无结构或半结构化的自由文本检索、从关键词检索到概念检索甚至语义检索等。

2. 数值检索

数值检索主要是针对数值型数据的查询而发展起来的一类较有特色的信息检索。数值检索不仅能检索出符合特定需求的数据信息，而且还可以在此基础上提供一定的数据运算能力和推导能力。由于数值信息的不断丰富和在某些领域（例如财经、金融、统计等）的广泛应用，自20 世纪 70 年代起，数值检索逐步获得了独立发展的空间。

3. 音/视频检索

音/视频检索是主要针对各种数字化音频和视频信息而进行查询的一类新兴的信息检索操作。目前，有关这类信息的检索技术和检索方法正在研究和探索之中，属于信息检索研究的前沿领域。

相对于早期对信息检索概念的细化方法，新的分类法更全面地反映了信息检索概念的基本内涵和最新发展。

二、信息检索的原理

在现实生活中，用户的信息需求千差万别，获取信息的方式与途径也各式各样，但如果仔细分析基于不同信息检索设施或工具的检索处理过程，其基本原理却是相同的。从本质上讲，信息检索就是对信息集合与需求集合的匹配与选择，如图 3 - 1 所示。[①]

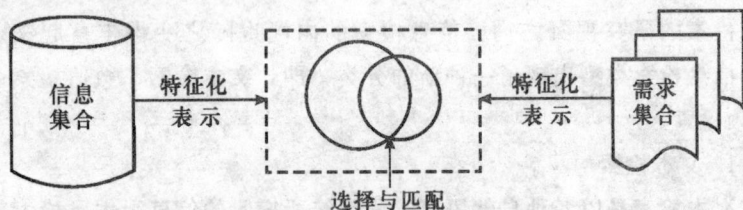

图 3 - 1　信息检索基本原理

要实现匹配与选择，首先要对信息集合进行特征化表示，即通过人工或计算机的方法对信息集合进行加工处理，将原来隐含的、不易识别

---

① 祈延莉，赵丹群. 信息检索概论. 北京：北京大学出版社，2005.

的特征显性化。这种加工处理工作被称为内容分析与标引，其中，用来表示文档特征的词条被称为特征项。另一方面，在检索时，也要对用户所提出的信息需求进行分析，提取概念或属性，并利用与标引过程相同的标识系统（检索语言）来表达需求中所包含的概念和属性。然后再通过匹配和选择机制，对需求集合与信息集合进行相似性比较，最后根据一定的标准选出符合需要的信息。

手工检索和计算机检索是当前常见的两种检索方式。虽然从信息检索的上述基本原理上来说，它们并不存在本质上的区别，但是由于两者采用了不同的检索设备、选择了不同的匹配动因等，在检索形式上仍呈现出巨大的差别。由于计算机能存储大量的信息和数据资源，同时又具有快速、准确的计算能力和较高的可靠性，计算机检索对于具有大海捞针式的苦恼的手工检索来说，无疑拥有着无法比拟的优越性。因此可以说，计算机与信息检索的结合，开辟了信息检索发展的新纪元。

三、网络信息检索

网络信息检索是指通过网络信息检索工具检索存在于因特网信息空间中各种类型的网络信息资源。本节主要介绍搜索引擎和多媒体信息检索。

（一）搜索引擎

搜索引擎是指根据一定的策略、运用特定的计算机程序搜集 Web 上的信息，并在对这些信息进行组织和处理后为用户提供检索服务的系统。

Web 以其丰富的信息资源和强大的功能吸引着越来越多的用户，网络应用真正走进机构和个人。在用户眼里，搜索引擎为他们提供了一个友好的检索入口，用户只需提供检索式（关键词列表）便能搜寻到包含这些关键词的相关网页。搜索引擎通常包括 Crawler（爬虫）模块、索引模块、数据集分析模块、检索引擎模块、排序模块和用户模块，以及索引数据集和/或网页数据集。下面对主要模块进行分析：

（1）搜索引擎依赖于 Crawlers 进行网页爬行，Crawler 模块中一个 Crawler 就是一个能自动爬行 Web 网页以供生成本地索引和/或本地网页数据集的程序。首先，Crawler 从一个初始 URLs 集（称为种子 URLs）出发，从中获取一个 URL，下载网页，从网页中抽取所有的由链接指向的 URLs，并将新的 URLs 添加到 URLs 列队中以等待扫描。然后，Crawler 从列队中获取另一个 URL，重复刚才的过程直到 Crawler 停止为止。有的搜索引擎中的 Crawler 同时将爬行到的网页存储在网页数据集中，旨在永久保存大规模的网页；大部分的搜索引擎没有网页数据集，Crawler 将爬行到的网页保存在缓存中足够长的时间，以保证索引模块完成网页所有词条索引的建立。

（2）索引模块对缓存（或网页数据集）中的每一个网页进行全文扫描，抽取所有的词条，并记录 URL 信息，形成一个巨大的能提供检索所有词条所在页面的索引库，并将数据存储在索引数据集中。除了传统的文本索引外，索引模块在数据集分析模块帮助下，还能产生反映网页间链接的结构索引和其他的功能索引（如对给定长度、给定重要度或给定图片的网页进行存取的索引）。

（3）检索引擎模块通过索引模块负责接收和满足来自用户的每一个请求。由于网页非常多，而用户往往只输入一个或两个关键词，导致检索结果总是很大，因此搜索引擎利用排序模块对检索到的结果进行排序。用户模块负责为用户检索提供友好的界面。

在搜索引擎运行中，面对快速增长和变化的链接网页，Crawler 模块最先也最直接影响到搜索引擎对 Web 信息空间的组织效能，并进一步影响搜索引擎的整体效能。Crawler 的功能需求包括网页选择和更新、动态网页爬行、并行爬行等。Crawler 在网页爬行中应充分考虑到各方面的功能需求，使有限的 Crawler 资源在爬行中得到有效配置，最大程度地满足用户需求。Web 上功能强大的搜索引擎已经或正在将这些功能投入到实践之中。

1. 网页选择和更新①

---

① 周宁，严亚兰，张芳芳. 网络信息资源构建与维护方法研究. 图书情报知识，2003（10）.

网页之间的链接为 Crawler 的随机爬行提供了基础，Crawler 从种子 URLs 集出发，从爬回的网页中抽取所有链接指向的 URLs，并将新的 URLs 放入 URLs 列队中。由于很多网页中常常存在几十甚至上百个链接，经过一段爬行，URLs 列队中的地址数量必将急剧增长。根据 URLs 列队，Crawler 随机地爬行网页，每次自动爬回期望数量的网页后便停止爬行。这样随机爬行构建的搜索引擎在一定程度上满足了用户的需求，但难以满足特定领域用户对特定主题及在其他方面的个性化需求。另外，在更新方面，Crawler 通常采用的是同频率模式，即每隔一段时间，对所有已索引或存储的网页重新进行爬行以达到对索引数据集和/或网页数据集的更新。随着用户对 Crawler 需求和 Crawler 管理者对有限资源进行有效配置需求的增加，人们对 Crawler 的功能提出了更高的要求。

（1）网页选择

Web 巨大的网页数量使每一个搜索引擎都不可能涉及所有的网页，而只能是其中的一部分。这使得 Crawler 不可能停留在随机爬行基础之上，而应对网页的主题、重要性等因素进行分析。在主题分析方面，专业类搜索引擎只对某个专业领域如生物化学主题感兴趣，Crawler 应能对等待爬行的网页进行主题分析，并在分析的基础上只对与主题相关的网页进行爬行，而不爬行与主题不相关的网页。这不仅节约了 Crawler 爬行资源，而且会提高用户的满意度。在重要性分析方面，Crawler 应能对等待爬行的网页进行重要性分析，并进行优先级排序，保证 Crawler 总是最先爬行重要性最大的网页，再爬行重要性次之的网页，依此类推。在期望爬行网页数范围内，Crawler 要善于捕捉重要性大的新网页进行索引和/或存储，并去掉重要性较小的旧索引和/或网页。

（2）网页更新

下载完指定数量的网页意味着 Crawler 只完成了部分任务。网页信息与纸质媒体信息在更新上表现出不同的情形：纸质媒体信息一经印刷，在内容上就无法更改，其更新通常表现为另一个纸质媒体的增加；

而分布在处于不同地理位置服务器上的网页在大小和内容上很容易也经常发生变动，且不同网页存在不同的变动频率。Crawler 应能对已下载网页的变动更新情况进行跟踪分析，如每个网页的变动频率是多少？每个网页的生命周期有多长？整个 Web 网页的 50％发生变动需要多长时间？并在此基础上决定以什么样的频率重访哪些网页，保证索引数据集能够真实和动态地对站点网页进行索引（如果有网页数据集，则网页数据集中的网页应对应地与站点中的最新网页保持一致）。

2. 动态网页爬行

Crawler 目前爬行的基本上都是静态网页，即能简单地通过链接便能访问的已存在的网页。所建立的静态网页索引数据集和/或静态网页数据集为搜索引擎提供了丰富的数据资源，并使搜索引擎呈现出强大的功能。然而，Web 上除了静态网页以外还存在大量的动态网页，据统计，Web 上大约 80％的内容是动态生成的，随着网页动态生成技术的不断推出，这个数据还将不断增长，因此，Crawler 对动态网页的爬行功能必将日益对搜索引擎的整体效能产生影响。

（1）动态网页的含义

对于网页 P，如果其部分或全部内容是通过在服务器端执行某个（段）程序而生成的，则称 P 是动态网页。这种动态网页的生成基本上可分为两种形式，一是服务器端执行程序形式，在这种形式下，某个程序在服务器端得到执行以生成完整 HTML 页面，再传输到客户端。二是服务器端执行嵌入代码形式，在这种形式下，服务器端动态网页同时包含静态 HTML 文本和嵌入的代码脚本，当接收到对该页的请求时，代码脚本在服务器端得到执行并生成替代这段代码脚本的输出，与服务器端执行程序形式相比，这种形式只生成部分 HTML 页面。动态网页的生成依赖于客户端输入机制（通常通过表单输入），其典型代表是浏览器、Web 服务器和数据库服务器三级模式。在这种模式下，信息在数据库服务器中进行组织，当用户通过浏览器发出检索请求时，Web 服务器将检索请求传递给数据库服务器，并将数据库服务器返回的检索结果转变成 Web

页面，再传递给浏览器。这种模式下生成的 Web 页面是在用户的请求下动态生成的。

（2）动态网页爬行功能分析[①]

一般情况下，通过表单检索数据库中的信息是依靠人工进行的，爬行动态网页对 Crawler 提出了更高的功能要求。为了更清楚地对动态网页爬行功能进行分析，下面先给出一段 HTML 网页的表单代码，该表单中含有两个具有代表性的元素，其中 select 具有有限值，input 具有无限值。

【例1】

```
<h3>信息检索</h3>
<form method＝"post" action＝"http：//localhost/form－
process. asp">
<table><tr>
<td>信息类型<td>
<select name＝search item>
<option value＝news>新闻</option>
<option value＝patents>专利</option>
<option value＝trademarks>商标</option>
<option value＝census>统计</option>
</select></tr>
<tr><td>公司名称<td>
<input name＝search word></tr>
</table></form>
```

表单元素识别。爬行动态网页的 Crawler 与传统 Crawler 之间的根本差异在于前者对包含表单的网页进行相应的处理，而后者不作处理。表单为用户提供了一个友好界面，表单的基本元素有 INPUT（INPUT 的 TYPE 属性值可以是 TEXT，CHECKBOX，RADIO 等），SELECT，OP-

---

[①]　严亚兰．面向动态网页爬行的 Crawler 架构．图书情报知识，2003（8）.

TION，TEXTAREA 等。Crawler 首先应能识别并罗列出网页中所有的表单元素，如例 1 中的表单元素 select，option 和 input。

语义词识别。动态网页是存储在数据库中的数据经用户检索后动态生成的 HTML 页面，这赋予用户提交的检索词（即元素值）具有一定的语义信息。如例 1 中的信息类型和公司名称。Crawler 应能识别出这类语义词，并提供所有语义词对应的值。

元素值确定。通常情况下，用户选择进入某个站点后，通过键入文本、选择下拉菜单选项等方式确定元素值并提交表单以获取所需动态网页。Crawler 应能模拟人的智能，不管是对具有有限值的元素，还是对具有无限值的元素，都能填写或选择表单元素值，并通过表单提交爬行动态网页，保证用户只需通过搜索引擎便能同时获取静态和动态网页，而不必对大量不同的站点数据库资源进行选择和检索。另外，Crawler 在对同一表单进行处理并爬回一定数量的重要性较高的动态网页后，能够停止而进入对下一表单的处理。

结果分析。Crawler 应能对提交表单后返回的页面进行存在性分析，并以此调整元素值的确定，进而优化动态网页爬行。

3. 并行爬行

对并行爬行的需求至少体现在以下两个方面：第一，巨额的存量网页和网页数量的剧增趋势迫使 Crawler 必须在尽可能短的时间内爬行更多的网页；第二，以数字形式存储在服务器上的网页在大小和内容上很容易也经常发生变动，为了保证爬回的网页与实际存储在各个服务器上的网页的一致性，对网页的爬行不可能是一次性的，而需要 Crawler 定期或不定期地重新爬行同样的网页以满足更新需求。庞大的网页数量和不断重新爬行的需求使得 Crawler 很难基于串行爬行来高效率地完成爬行任务，这势必导致对并行爬行的需求。并行爬行是指多个爬行进程同时在地理位置不同的多个服务器上并行运行和下载网页。[①]

---

① 严亚兰. Web 网页并行爬行研究. 计算机应用研究，2005（4）.

（1）并行爬行的优势

并行爬行的优势体现在以下几个方面：

节省爬行时间。面对拥有 10 亿级数量网页的 Web，串行爬行无法在可接受的时间段内爬回所需要的网页；而并行爬行是多个爬行进程同时运行，可极大地改善 Crawler 在爬行时间上的效率，大大缩短爬行时间。

分散网络负担。并行爬行的多个爬行进程可以同时在地理位置上距离不同的地方运行，每个爬行进程下载"地理上邻近"的网页。例如，在美国的爬行进程可以下载所有北美洲的网页，而在中国的爬行进程则可下载所有亚洲的网页。这种方法能够将网络负担分散到多个地区，当网络难以承受来自一个大规模爬虫的沉重带宽负担时，采取这种分散措施是非常有效的。

减少网络负担。除分散网络负担外，并行爬行还可减少网络负担。例如，假设一个处于北美的爬虫接受来自欧洲的网页，爬虫在下载这个网页时，该网页必须先穿越欧洲网络，然后穿越欧洲到美洲的洲际网络，最后穿越北美网络。相反，在并行爬行中，利用一个在欧洲的爬行进程爬行所有欧洲的网页，另一个处于北美的爬行进程爬行所有北美的网页，则所有的网络负担将减少，因为所有被爬行的网页只须穿越"本地"网络。

另外，下载的网页可能在后续过程中需要传输到中央地区，以便建立中央索引。在这种情况下，可采取如下措施以减少网络负担。第一，网页压缩。一旦网页被搜集和存储，可以很容易地在将它们发送到中央地区之前进行数据压缩。第二，差异传输。因为同一站点的不同网页之间在风格上存在很大的相似性，所以可以在传输之前，提取网页间的差异，然后仅仅传送差异的部分。第三，对网页进行处理。有些应用（如搜索引擎）只需要中央索引而不需要原始网页本身，此时，可以在当地抽取原始网页中必要的信息以构建索引，然后再传输这些抽取出来的数据。

（2）并行爬行的问题

在分析了以上并行爬行所带来的优势后，下面对并行爬行可能面临的问题进行分析。

下载网页的交叉。在并行爬行中，如果一个爬行进程并不知道另一个爬行进程已经下载了哪些网页，那么它只会扫描自己的 URLs 列队，依次地爬行相应的网页。由于网页之间存在大量的链接，并且这种链接不受地理位置的限制，所以当多个爬行进程并行地下载网页时，不同的爬行进程难免多次地下载同样的网页。如此重复地下载同样的网页肯定会浪费 Crawler 的爬行资源，并增加不必要的网络负担。如何在不同的爬行进程之间进行协调以尽量减少下载网页的交叉是并行爬行面临的问题之一。

爬行质量的降低。Web 巨大的网页数量使每一个 Crawler 都不可能涉及所有的网页，而只能是其中的一部分。这使得 Crawler 不可能停留在随机爬行基础之上，而应对网页的主题、重要性等因素进行分析。实际操作中，主题相关度的计算存在一定困难，因为在网页 P 下载之前并不了解 P 的具体内容，无法确切知道 P 中含有哪些主题词。根据对已下载网页进行全文词条分析，可以获取已下载网页中链接到 P 的链接词，通常链接词可以反映被链接网页的主题。因此，通常根据已下载网页中所有链接到 P 的链接词进行主题相关分析。在网页重要性分析方面，从某个角度来说，某个网页被其他网页链接的数目（backlink count）越大，则该网页就越重要。在实际操作中，获取 P 网页所有被链接数 B（P）是不现实的，B（P）通常是一个近似值。对于等待爬行的 URLs 列队，在下载这些网页之前，并不确切知道它们的具体内容，但通过已下载网页的反映网页间链接的结构索引，能很好地计算出已下载网页对等待下载网页的链接情况，并由此决定 URLs 列队的优先级别。由此可以看出，对网页主题和重要性进行分析都强烈地依赖于已下载的网页情况，串行爬行是根据已下载的全部网页进行分析；并行爬行中不同的爬行进程所依赖的已下载网页范围较窄，它们可能并不了解整个网页的情况，而只能根据自己所掌握的情况做出决定，即它们只是依赖于各自已经下载的网页，而不是全部已下载的网页，这必然影响到主题和重要性分析质量，进而影响 Crawler 的爬行质量。如何在不同的爬行进程之间进行协调以保持 Crawler 的爬行质量是并行爬行面临的另一个重要问题。

网络负担的增加。这看起来与前面所论及的网络负担的减少相矛盾，但增加和减少是针对不同的情形而言的。为了减少网页交叉或改善网页爬行质量，并行爬行的每个爬行进程之间必须定期地进行通信以求得协调，而这种通信会随着爬行进程数量的增加而急剧增加。爬行进程之间应该交换哪些信息？如何交换？这些都是并行爬行中应考虑的问题。

（3）并行爬行模式

并行爬行的目的是为了提高 Crawler 的爬行效率，但这并不意味着只要采用并行爬行就一定会带来效率。为了解决并行爬行所带来的问题，充分发挥并行爬行的优势，下面介绍并行爬行的模式。

当多个爬行进程并行下载网页时，不同的进程可能会多次下载同一个网页。为了避免这种交叉，并同时提高或保持网页下载质量，并行进程之间应该进行充分的通信，在网页下载上达成协调，以便并行一致地高效率下载网页。根据并行爬行不同进程间通信协调的方式，可将并行爬行模式分为独立型、动态分配型和静态分配型。

独立型。这是一种极端的情况，并行爬行的爬行进程完全独立地下载网页，相互间没有任何通信和协调。也就是说，每一个爬行进程从种子 URLs 开始，在没有任何协调下独自地抽取链接、爬行网页。在这种情况下，下载的网页会存在交叉，如果不同的爬行进程从不同的种子 URLs 开始爬行，也有可能这种交叉并不明显。这是一种不考虑网页交叉和网页爬行质量的最简单的并行爬行模式。

动态分配型。在这种模式下，存在一个中央协调器，它从逻辑上将 Web 分成较小的区域（用一种分区函数），并动态地为每一个爬行进程分配待爬行的网页。例如，一种简单情况是中央协调器通过 URL 的站点名称对 Web 进行分区，即在同一站点的网页属于相同的分区，而不同站点上的网页属于不同的分区。在这种情况下，爬行进程下载网页并从中抽取链接，当抽取的链接指向属于同一分区的网页时，则该爬行进程跟踪这个链接；当链接指向属于另一个分区的网页时，该爬行进程就向中央协调器报告，协调器通过协调，可能将这些链接分配给相应分区内的爬行进程，也可能利用这些链接作为新分区的种子 URLs。在并行爬行中，中央协调器必须不断地动态决定下一个待爬行的分区，并将分区内的 URLs 发送给爬行进程作为种子 URLs。

Web 可以按不同的粒度进行分区。一种极端情况是，中央协调器可能将每一个网页作为一个独立分区，并将独立的 URLs 分配给爬行进程以便下载。在这种情况下，由于不同的网页属于不同的独立分区，爬行进程不跟踪任何链接，它只简单地向中央协调器报告所有抽取的 URLs，此时，爬行进程与中央协调器之间的往返通信频繁，带宽需求达到最大。爬行进程和中央协调器的通信会根据分区函数粒度的不同而发生较大的波动。

在动态分配型模式中，中央协调器将会成为整个爬行过程的瓶颈，因为它必须平衡从爬行进程处传来的大量的 URLs，并动态地协调所有的爬行进程，如此繁重的任务可能造成中央协调器本身也需要作并行处理。因此，动态分配型模式是一个能够充分考虑网页交叉和网页爬行质量的非常复杂的过程。

静态分配型。不同于动态分配型，在这种爬行模式下，Crawler 在开始爬行之前，先对 Web 进行逻辑上的分区，并为每一个爬行进程分配好相应的分区。同样，分区函数会决定分区粒度和不同的分区结果。此时，每一个爬行进程在爬行前已清楚地知道自己在整个爬行中所负责爬行的区域，整个爬行过程不需要中央协调器的协调。静态分配型模式介于简单和复杂之间。

（二）网络多媒体信息检索

在网络信息中，多媒体信息极为典型，它打破了语言的障碍，克服了信息交流长期以来依赖单一的文本形式的缺陷（如难以理解、不准确、呆板等），体现了人类最朴实的信息交流需求。与一般的文本信息相比，多媒体信息不仅直观、形象、内容丰富，而且在某种程度上相当于实物信息，例如，科研人员可能从一段实验过程的视频信息中挖掘出一个科学的原理或理论，技术人员可能从一条产品生产线的视频信息中琢磨出加工、制作的技术和诀窍，艺术工作者可能从一个图像或一段音频信息中发现出美学思想……这些信息满足了各种类型和层次用户的需要，是单一的文本信息无法替代的。

网络多媒体信息包括了文本、图形、图像、视频、音频等几乎所有非网络环境下的多媒体信息形式。随着这类信息的迅速膨胀以及伴之而来的信息生产与利用之间矛盾的日益突出，人们迫切希望能拥有新型的信息检索技术。正是在这种情况下，随着多媒体技术和网络技术的发展，在扬弃了单一的文本信息检索基础上的网络多媒体信息检索技术开始受到人们的普遍关注，并逐渐成为各国研究的重点课题。

信息检索服务的基本任务是根据用户的需求提供相关信息并最大限度地满足用户的需求。由于在很多情况下，用户或者由于缺乏检索专业知识而无法表达自己的需求，或者由于不了解检索系统而不愿提出更细致的要求，并且往往对于检索结果的相关性难以做出正确的判断，因此有关这方面的研究焦点主要集中在如何提高效率上。鉴于多媒体信息本身的特点和对提高信息检索效率的要求，人们已经研制成功了基于文本（text-based）方式和基于内容（content-based）特征的两种多媒体信息检索方式。[①]

1. 基于文本方式的多媒体信息检索技术

由于计算机技术及其他相关技术的限制，早期的多媒体信息检索是

---

① 严亚兰．因特网多媒体信息检索探析．图书情报工作，2001（6）．

基于文本方式的检索。在因特网发展起来后，这种技术被直接引入到因特网的多媒体信息检索领域。这种方式的基本做法是，首先对多媒体进行人工分析和抽取反映该多媒体物理特征和内容特征的关键词，然后对这些关键词进行文字著录或标引，建立类似于文本文献的标引著录数据库，从而将多媒体信息检索转变成对上述关键词的检索。在这种检索方式中，多媒体信息与数据库中的特定字段（如 VFP 中的通用字段、ACCESS 中的 OLE 对象等）建立链接，从而可以通过检索这些数据库中的文本关键字段来获取多媒体信息。这是目前组织多媒体信息常用的方法。这类方法的检索关键字段主要有：

（1）文件扩展名。如图像文件常以 gif、jpg 作为扩展名，影像文件以 mpeg、avi 等作为扩展名，声音文件常用 wav 等作为扩展名。

（2）多媒体标题和文字解说。

（3）其他检索关键字段，如某些 Web 页的页标题、由人工选择或指定的某些标引多媒体信息内容的关键词等。

2. 基于内容特征的多媒体信息检索技术

基于文本方式的多媒体信息检索缺乏直观性、带有一定的主观性，并且无法充分揭示多媒体信息的内涵，从而影响检索效果。基于内容特征的多媒体信息检索正是为克服这一缺陷应运而生的，其主要依据是图像画面、声音和影像的内容特征。其中，图像画面的内容特征主要包括颜色（如不同色彩之间的比例、主体与背景颜色）、纹理（如木纹、布纹）、形状（如某产品的轮廓）、结构（如目标的空间位置关系）；声音的内容特征主要包括音频、响度、频宽、音色和节奏；影像的内容特征主要包括对象运动特征（如某生产流程线上产品的制作过程）、颜色和光线的变化等。在组织多媒体信息时，组织者根据媒体的上述内容特征进行分析，建立基于内容特征的标引信息，将其存储在特征信息索引库中，并与实际多媒体数据联系起来。当用户检索时，系统一方面接受用户规定的图像画面、声音和影像的内容特征信息（即用户的检索提问），另一方面接受特征信息索引库中的特征信息，然后进行二者之间的匹配，以找出符合用户需求的多媒体信息。这一过程与一般的信息检索在本质上是相似的。

四、信息检索效果评价

目前，得到普遍认同的检索效果的评价标准主要有：查全率、查准率、收录范围、输出格式，其中以查全率和查准率最为重要。[①]

（一）查全率、查准率

查全率（recall ratio）是指系统在进行某一检索时，检出的相关文献量与系统文献库中相关文献总量的比率，即：查全率＝检出相关文献量/文献库内相关文献总量。查准率（precision ratio）是指所检出的相关文献占所有检出文献的比率，即：查准率＝检出相关文献量/所有检出文献总量。

查全率和查准率是衡量检索系统检索效果的两个最重要的指标，两者结合使用能够反映一个检索系统的基本检索效果。

在网络环境下，查准率的重要性有所提升，这主要是因为网络资源如此庞大，没有过滤作用的检索系统是起不到其应有的参考作用的。

（二）收录范围

在传统检索效果评价中，数据库收录范围指标用以揭示数据库的涵盖范围。它的计算公式为："给定时间内系统收录的文献总量"/"同期相关领域中的实际文献量"。网络环境给收录范围带来的最大挑战是"同期相关领域实际文献量"的确定难度更加大了，同时，信息技术的发展也为收录范围提出了更多的挑战。首先，网络所带来的新型资源是多媒体、多语种、跨地域的，因而一个优秀的网络检索系统，其收录范围应随网上信息资源的变化而及时变化，而且应该为利用网络特色资源提供方便手段。其次，一些新型检索工具也为这一指标提出了新的问题，如元搜索引擎，它是多个单一搜索引擎的集合，没有独立的数据

---

① 孙昊，刘玉照．网络环境下检索效果评价标准浅析．情报杂志，2003（1）．

库，主要依靠系统提供统一界面，构成一个一对多的分布式且具有独立功能的虚拟逻辑机制。这使得系统内外的范围划定更加模糊。

由于收录范围其实是查全率、查准率等一系列评价标准的基础，所以它的改变，也会相应地引起查全率、查准率等的变化。

（三）输出形式

输出形式是指系统所检出的信息的表达形式，通常有文献号、题录、文摘或全文等。输出的信息越多且便于浏览，用户就越容易做出相关性判断。由于人机交互过程中，不可避免地会出现理解上的偏差，而输出形式可以提供更详细的检索反馈，使用户能够在系统所提供的检索结果的基础上作更进一步的筛选，或及时调整自己的检索策略。所以，输出形式应该成为网络信息检索性能评价的一个重要指标，检索工具应该能够灵活地定义检索结果输出格式。

思考题

1. 什么叫信息组织？
2. 信息组织的基本方法有哪些？
3. 试述信息检索的原理。
4. 试述搜索引擎的原理。
5. 试述基于内容特征的多媒体信息检索。
6. 网络信息检索效果评价标准有哪些？

第四章　信息分析与服务

第一节　信息分析的含义和作用

一、信息分析及其特点

信息分析是当代社会重要的信息处理活动之一。它在大量搜集原生信息的基础上，通过去粗存精、去伪存真、由此及彼、由表及里的分析处理和评价，形成对经济决策或其他社会活动有参考利用价值的信息成果。

早期的信息分析主要依靠直观分析和经验，借助于一些先兆信息加以推测而得。第二次世界大战以后，随着科学技术和生产力的高速发展以及新技术、新工艺、新材料的不断涌现，人类社会进入了一个崭新的发展阶段。与此同时，包括科技信息、经济信息等在内，各种信息开始呈现爆炸式增长的局面，形成了庞杂无序的"信息汪洋"，信息分析工作在这样的背景下应运而生。当代的信息分析已远远超出了个人经验的范围，而成为一项经常性、系统性、规范性的科学研究活动。

在国外，信息分析的提法多种多样。例如在日本，信息分析一般被称作"情报调查"或"情报分析"。其中，情报调查主要是面向专门领域进行信息搜集、管理、分析、评价和提供，如科学技术领域的代理检索、技术动向调查等；情报分析主要是指信息的搜集、选择、存储、检索、评价、分析、综合、提供等。在美国，从事信息分析工作的机构通常称为"信息分析中心"，是指以最可靠、及时、有效的方式为同行和管理人员编撰、归纳、整理、重组、显示适合的信息或数据，或者为了搜集、选择、存储、检索、评价、分析、综合一个明确规定的专门领域，或与特定任务相适应的大量信息而特别建立的正式组织机构。^① 除了日本和美国以外，在世界各国名目繁多的信息活动中，还存在着一些与信息分析的性质、对象范围和内容相同或类似的其他提法，如前苏联的信息分析与综合、联合国向发展中国家推广的信息浓缩 (information consolidation)、欧美国家工商企业中广泛存在的工商情报 (business intelligence) 以及近些年发展起来的技术跟踪 (technology tracking/scanning/scouting/watching/ monitoring)、数据分析 (data analysis)、数据处理 (data processing)、信息经纪 (information brokerage) 等。

在我国，信息分析又称作情报研究，早期主要应用于科技领域，后来进一步拓展到经济、文化等广泛的社会领域。其核心工作是根据特定需要，对情报信息进行定向选择和科学抽象。所谓定向选择，就是根据特定需要进行的情报搜集和信息整序工作；所谓科学抽象，就是透过现象，揭示研究对象的本质、规律和联系的思维过程。^②

可见，尽管信息分析在不同国家和不同时期有不同的提法，但其实质含义是一致或基本一致的。可以这么认为：信息分析是指为满足用户的现实需求或潜在需求，信息分析人员根据拟解决的特定课题的需要，广泛系统地搜集与之相关的文献、数据、实物等，进行定向的筛选、整序，通过逻辑思维过程对其内容进行去粗存精、去伪存真的鉴定，或者由此及彼、由表及里的推理，运用科学的理论和方法对有关数据进行计算和统计，以得出有助于解决问题的新信息，揭示研究对象的内在变化规律及其与周围环境的联系，了解其历史、现状，并预测未来的发展趋势，经过这样的分析鉴别、综合归纳、判断推理的研究加工过程，根据实际需要和工作深度，提出有依据、有分析、有评价、有预测性意见的分析研究结果或报告，最后提交用户，为生产、建设、科研管理决策服务的全过程。

---

① ［美］艾瑟顿著. 情报系统和服务机构手册. 北京：科学技术文献出版社，1982.
② 包昌火. 情报研究方法论. 北京：科学技术文献出版社，1990.

信息分析属于软科学研究的范畴。软科学研究以涉及科技、经济、社会协调发展中的战略、政策、规划、方法、管理为研究对象，以实现决策科学化为目的，以系统分析为主要方法，同时综合运用其他学科的研究方法，其成果大多以方案、规划、对策等形式呈现。[①] 信息分析过程的始末，都贯穿着软科学研究的上述思想，同时还存在着自身的一些特点。

（一）针对性

信息分析的目的是为各级各类科学决策、研究与开发、市场开拓等活动提供依据。不论是何种来源的信息分析课题，都必须针对上述某一既定的具体目标来进行，如针对国民经济和社会发展的宏观决策需要，针对企业生产、技术开发和营销管理的微观决策需要等。针对性是信息分析的重要特点，是其能否发挥作用，是否具有生命力的体现。信息分析的针对性还表现为信息分析成果对用户的适用性。

（二）系统性

信息分析的一项基础性工作是使大量有关研究课题的信息系统化，具体来说，就是使大量分散无序的信息集中化、有序化，使不同层面的信息关联化，使不同时空的信息整体化。实际上，这一过程是以分析为基础的信息综合和再创造的过程。信息分析的系统性还表现为所采用的方法和手段的系统性、所应用的学科知识的系统性、所需要研究的因素的系统性等。

（三）科学性

信息分析以事物过去的信息、现在的情况和经验等为根据，运用一定的程序和方法，分析研究对象及其与相关因素的相互联系，从而揭示出研究对象的特性和变化规律。在这一过程中，信息分析人员通常会自觉地以辩证唯物主义认识论为指导，并在大量搜集原生信息的基础上，

---

① 朱庆华. 信息分析：基础、方法及应用. 北京：科学出版社，2004.

以实事求是的科学态度和严谨缜密的科学方法进行。可见，信息分析具有科学性。

（四）近似性

在信息分析过程中，往往需要在事件发生之前对其未来状态的预计和推测，或者对已发生事件的未知状态的估计和推断。这些预（估）计和推测（断），尽管有科学的依据、科学的态度和科学的方法作基础，但毕竟是简约化后对事物发展变化实际情况的一种近似反映。由于受到各种不断变化着的因素的影响，同实际情况相比，信息分析结果往往会出现一定的偏差，只是一个近似值。

（五）局限性

信息分析人员对研究对象的认识，往往受到其学识、经验、观察分析能力的限制，受到所搜集到的原生信息的质和量的限制，受到信息处理方式的限制。因此，信息分析有时并不够深刻、全面，其结果往往具有一定的局限性。

正确认识信息分析的上述特点，有助于我们客观公正地看待信息分析成果。不加分析地怀疑和否定信息分析成果是错误的，过分迷信信息分析成果也是不正确的。在实际工作中，我们应采取既相信又不迷信的态度，具体问题具体分析。

二、信息分析的作用

（一）为科学决策服务

按照西蒙（H. A. Simon）的观点，科学决策的程序必须至少包含如下几个基本阶段，即：找到问题的症结，确定决策目标；拟定各种可能的行动方案以供选择；比较各种可能的方案并从中选优；对所选择的方案进行评价。这几个阶段又可称为参谋活动阶段、设计活动阶段、选择活动阶段和审查活动阶段，是任何一项科学决策活动都不能缺少的。信息分析在上述各阶段都担当着重任，是组织机构"软实力"的重要体现。例如在为国民经济和社会发展远景规划的制定服务的过程中，信息分析机构必须充分调查国内外国民经济和社会发展的历史和现状，研究和对比国内外国民经济和社会发展规划制定的依据和背景；分析研究国民经济各部门的内在联系和相互作用，努力找出影响全局的关键部门和薄弱环节；研究国内的资源、资金、技术、市场、环境条件等。这些活动可直接或间接地为决策目标的确定以及行动方案的拟定、选择和评价提供参考依据。

（二）为研究与开发服务

当前，研究与开发活动正日益成为企业、部门、行业乃至国家经济竞争力的焦点。许多发达国家和发展中国家都不遗余力地以提高科技生产力为目标，制定适合于本国的研究与开发战略。信息分析在研究与开发中的作用主要体现在为研究与开发提供背景性知识，使人们对某一研究与开发领域的历史、现状及发展方向有一个比较透彻的把握，帮助科研工作者寻找研究与开发的机会，避免重复研究或走弯路。例如，在为应用研究提供信息服务时，信息分析人员应提供有关该应用研究领域的历史概况、当前水平及动向、相关的基础研究进展及其走向应用的可能性、存在的问题及解决的办法等。

（三）为市场开拓服务

成功的市场开拓活动离不开四个"适当"，即适当的地点、适当的时间、适当的价格和适当的产品。要想做到这四个"适当"，必须要有充分的市场信息保障。这些信息通常包括两方面：一是市场系统内部产生的与经济活动有关的信息，如市场供求状况、价格水平、消费者偏好等；二是市场系统外部产生的对市场营销活动有影响的信息，如政治、法律、经济、文化、金融、科技、竞争等状况。信息分析在市场开拓中的作用主要体现在通过提供上述两类信息帮助用户寻找、识别和把握市场机会，选准市场开拓的突破口，规避潜在的市场风险。

第二节　信息分析的程序

信息分析是一个系列化的信息活动过程，包括"课题选择与计划"、"信息搜集和处理"、"信息分析和提炼"、"信息分析成果评价和推广应用"四个核心环节。具体来说，就是针对用户具体的信息需求和要求，选择研究课题，并制定相应的课题研究计划；通过文献调查或社会调查，全面、系统地搜集与研究课题有关的原生信息；对原生信息进行整理、评价、分析和提炼；通过前述工作，以合适的方式形成信息分析成果，并对其进行评价和应用推广。在信息分析过程中，需要经常性地搜集各种反馈信息，以不断修正研究工作中的误差，更好地满足用户的信息需要。

一、课题选择和计划

（一）课题选择

选题是指信息分析课题的选择，即明确信息分析的对象和目标。选题是信息分析工作的起点，选题准确、迎合了用户多样化的信息需求就等于信息分析工作成功了一半；反之，选题不恰当、定位不准确，则不仅不能满足用户的信息需要，使信息分析工作走偏方向，而且信息分析机构本身也不能取得良好的经济效益，不能在社会上树立良好的形象。

信息分析是一项应用性很强的工作。在实际工作过程中，我们会遇到各种各样的问题，并从不同角度反映着人们对某一事物的信息需要。但是，对于既定的信息分析机构而言，无论是其人力、物力还是财力，在一定的时期内总是有限的。另外，可供研究的课题尽管很多，但总有个轻重缓急之分、难易之分和效益大小之分。因此，任何一个信息分析机构都没有必要也没有可能将所有课题作为研究的对象，这样，如何明确用户的信息需求和要求，确定研究的题目便成了信息分析工作十分关键的步骤。

1. 自由选题

这类选题主要是靠信息分析人员根据长期积累和主动调查，针对国民经济和社会发展的实际需要总结出来的。由于信息分析人员长期从事信息分析活动，不仅积累了大量的原生信息，熟悉社会信息需求和要求，而且涉猎领域广、思路开阔，能在总体上把握某一学科或领域当前的动态、存在的问题、解决的办法和发展的趋势，因而由他们替代用户超前提出信息需求和要求并形成选题是完全可能的。实践证明，在大多数情况下，由信息分析人员通过主动跟踪而提出的选题，不仅具有很好的前瞻性，而且选题的后续研究工作也容易开展，容易取得丰硕的研究成果。

2. 为宏观管理决策服务的选题

国家宏观管理部门在制定规划、做出决策前，常常会遇到各种各样宏观性强、涉及全局影响的问题。为了有效地解决这些问题，国家宏观管理部门常会以课题的形式向下级信息分析机构下达。这类选题大多关系到国家重大规划和决策的制定实施，要求带有战略性和先导性，具有费时长、难度大、成本高的特点。这类选题有时完全由上级下达，有时通过上级下达与主动跟踪相结合的方式产生。

3. 用户委托

各级各类用户由于科研、生产、教学、管理、营销推广的需要，常会以各种形式提出信息分析课题，委托信息分析机构予以解决。这类选题在用户和信息分析机构之间注入市场机制，以经济杠杆平衡供求比例、品种和质量，具备灵活性、开放性、竞争性和高效性特点，是一种广受用户和信息分析机构青睐的课题形式。用户一般将这类选题以咨询委托书的形式提交给信息分析机构。咨询委托书的内容一般包括咨询内容和要求、形式、进度、经费等项。

（二）课题计划

信息分析选题确定之后就要制定研究计划。研究计划是行动的指南和纲领，是研究任务全面、系统的筹划和安排。有了研究计划，就有了工作目标，就可以把整个研究过程有机地组织起来，使课题组成员以及其他相关人员都能明确各自的任务及其与其他研究任务之间的协调关系，保证研究工作有条不紊地顺利进行。一般来说，课题越大、时间越长、参加的单位和人员越多，就越需要一个周密而详细的研究计划。

1. 研究计划的内容

（1）研究目的。如选题背景和意义、拟解决的关键问题、服务对象、预期效益等。

（2）调查大纲。包括调查方式、调查范围、调查步骤、调查的广度和深度等。

（3）研究方法和技术路线。为了提高信息分析工作的效率，应根据课题的性质和研究条件在研究计划中预计课题研究可能采用的研究方法和技术路线。

（4）成果形式和提交方式。为了合理使用人力、物力、财力和科学安排时间，应根据研究条件和用户的要求，初步确定预期成果的形式和提交方式。

（5）组织分工。组织分工一般先按单位进行，如主要承担单位应完成什么、协作单位应完成什么。在此基础上，还应当将分工进一步深入到每一课题组成员，即根据每一成员的能力和知识结构，分配其一些合适的、具体的工作任务，如谁是课题组组长、谁负责对外联络、谁负责翻译外文资料、谁采集数据、谁对数据进行计算机处理、谁撰写成果报告等。

（6）完成时间和实施步骤。为了便于检查计划执行情况，一般按照信息分析工作的程序将整个研究活动分为几个阶段，并提出各个阶段预计完成的时间和拟实施的步骤。

（7）其他。如完成研究任务所需要的人员、经费、技术、设备等条件。

2. 研究计划的组织实施与检查

研究计划拟定完毕后，就应该积极地组织实施。具体地说，就是根据人力、物力、财力和时间状况以及课题的特点和研究计划的要求合理调配各类资源，以保证课题研究按进度安排保质保量、有条不紊地进行。

对研究计划的实施情况进行检查和调整是促进和保证计划顺利实现的有效手段。通过检查，可以随时掌握情况，及时发现问题，并加以解决，从而推动课题计划和目标的实现。研究计划的检查主要是按照研究计划写明的项目逐一对照进行，内容一般包括：是否按进度实施计划，是否按课题的目的、内容和质量要求有条不紊地进行，各类资源调配是否恰当，经费使用是否有阶段性超支行为，课题研究中是否有新情况新问题出现，研究计划是否需要进行适当的调整和改进等。

二、信息搜集和处理

此阶段的主要任务是结合信息分析选题，通过文献调查或社会调查的方式，全面、系统地搜集与选题相关的各种原生信息，并利用合适的方法对这些信息进行处理。

（一）信息搜集

信息搜集是信息分析的基础。不论是何种类型的信息分析活动，都必须充分地占有信息"原料"。为了提高信息搜集效果，信息人员应遵循全面性、系统性、针对性、新颖性、可靠性、科学性、计划性等原则。信息搜集一般包括文献调查和社会调查两种途径。

1. 文献调查

文献调查主要用于文献信息的搜集。其流程为：进行课题分析，即通过课题内容分析明确课题研究的内容概貌、所涉及的学科和领域、所需信息的内容范围和重点，通过文献普查、地域分析和时域分析，确定文献信息搜集的重点、大致范围和方位；根据文献信息源的特点和自身的条件选取一种或几种比较合适的文献信息或文献线索查找方法，以获取较全面的文献信息或文献线索；如果是文献线索，则还应依据这些线索的轻重缓急有计划地通过采购、交换、复制、索取、下载等途径搜集原始文献。文献检索的方法主要有常规法、追溯法、顺查法、倒查法、纵横法等。文献调查的信息源很多，如根据编辑出版形式的不同，可分为图书、期刊、报纸、研究报告、会议文献、专利文献、标准文献、政府出版物等。

2. 社会调查

社会调查是一切以信息搜集为目的的社会实践活动的总称。它既包括对人的访问，也包括对实物、现场的实地考察，如现场调查、访问调查、问卷调查、样品调查等。社会调查是提高信息分析活动效果的一项有力措施。它通过接触实际，可以获得许多文献调查难以获取的信息，如不用或难以用文献形式反映的实物信息，包括新产品、新设备、新材料等；有关人员正在思考和设想的新思想、新方案等。社会调查是搜集非文献信息的主要途径。

网络调查是当前流行的信息搜集方式。与其他信息搜集方式相比，网络调查充分利用了日益发达的互联网络的优势，具有调查费用低廉、调查范围极其广泛、回收率高、调查效率高等优点，发展前景广阔。网络调查可通过电子邮件、讨论小组、聊天室、Web 站点等进行。

（二）信息处理

经过搜集而获取的原生信息通常繁杂无序、真假混杂，因此需要进行处理。信息处理包括整理和评价两个相辅相成、交替进行的环节。其中，信息整理包括形式整理和内容整理，目的是使信息从无序变为有序，成为便于利用的形式；信息评价则强调对整理出来的原生信息进行鉴别，一般依据可靠性、先进性、适用性等指标进行，目的是筛选出有用信息，淘汰掉无用或不良信息。这两个环节共同作用的结果是使所搜集到的信息不仅是有序的，而且是有用的。

三、信息分析和提炼

信息分析和提炼环节侧重于对信息进行精加工。该环节是一项综合性很强的思维活动，它直接或间接调用人脑的思维功能，采用科学的方法、手段和工具，以揭示、总结、提炼和运用研究对象本身固有的本质的规律。例如，在运用分析与综合的方法进行信息分析时，一方面要借助于思维的分析活动，把研究对象的整体分解成各个能反映整体特征的部分，从中舍弃掉偶然的、非本质的东西，抽取出必然的、本质的东西，并对其分别进行深入细致的考察；另一方面要运用综合的方法，超越时空的限制，将分解出来的无序、零散的各个部分的本质的认识进行重新的组合，研究其间的关系，并将蕴含于其中的各种隐含信息和关联关系揭示出来，达到重现整体、推断未知或预测未来的目的。又如，在运用回归分析的方法进行信息分析时，需要大量地采集样本数据，借助图形进行样本观察、抽象和提炼，选取恰当的回归模型；通过确定模型参数和进行回归效果检验，建立多个变量之间的定量相关关系。

　　信息分析和提炼环节的具体内容，既与研究对象有关，又与研究目标和任务相连。研究对象以及研究目标和任务的广泛性和多样性，决定着信息分析和提炼内容的丰富性和复杂性。信息分析包含着许多具体而实在的内容，其范围比一般的科学研究要广泛得多，大体上涉及科技、经济、军事、政治、文化、市场等广泛领域，带有明显的软科学研究性质。信息分析不像一般的科学研究那样可以根据研究对象进行严格的分类，而是出现了许多内容交叉和相互渗透的现象，如科技信息分析离不开对经济和市场的考虑，甚至与军事和政治情报研究相联系。

四、信息分析成果评价和推广应用

（一）信息分析成果的类型和特点

　　信息分析成果类型很多，有的学者将其分为综述、述评、专题报告、学科总结、情况反映类成果和系统资料类成果，有的学者将其分为综述性研究报告、述评性研究报告、预测性研究报告和数据性资料，还有的学者将其分为动态简报、水平动向报告、综述、述评、预测报告、可行性研究报告、专题调研报告、背景报告、专用数据集或数据库以及建议、对策与构想报告等。这里，我们将信息分析成果划分为消息、数据和研究报告 3 种类型。

1. 消息类成果

此类成果是最简单的一种成果形式。它侧重于跟踪监视和及时报道特定领域的国内外发展的最新水平、动向和趋势，具有明显的推荐性质。这类成果的特点是：内容简洁、新颖，报道迅速、及时。消息类成果常见的形式有快报和动态两种。

2. 数据类成果

此类成果是以有关课题的各种系统的资料或数据为主要对象，经过加工整理和分析研究所形成的一种成果形式，如"手册"、"汇编"、"指南"、"要览"、"年鉴"、"数据库"、"数据集"、"数据图表"等，具有密度高、系统性强、完整性和准确性好等特点。用户通过使用数据类成果，可以方便、清楚地了解有关课题的基本情况、水平、动向和趋势，是其他成果所不能替代的。

3. 研究报告类成果

通常所说的信息分析成果主要是指这类成果。它以分析说明、归纳提炼、论证推测为宗旨，具有结构严谨、分析深刻、结论明确等特点。此类成果主要有综述性、述评性、预测性、评估性、背景性等几种类型。其中，综述性研究报告是在一定的时空范围内对某一课题的大量相关信息进行综合分析和浓缩加工后所形成的一种信息分析成果，具有叙述性、综合性、浓缩性等特点；述评性研究报告是在综述性研究报告基础上的进一步发展，是在对一定的时空范围内的某一课题的大量相关信息进行综合分析和浓缩加工的基础上，对课题的内容、质量、水平、应用情况进行综合评价，并提出有关评论、观点或建议的一种信息分析成果；预测性研究报告是根据有关课题的大量已知信息，运用一定的科学方法和现代信息技术工具，对课题的发展前景及其对国民经济和社会发展的各种可能的影响进行分析研究和预测所形成的一种信息分析成果；评估性研究报告是在掌握有关课题的大量原生信息的基础上，运用现代评估技术，对课题的水平、方案、能力、效益等进行分析研究和评估所形成的一种信息分析成果；背景性研究报告是针对某项具体的专门任务而展开的相关背景信息的分析研究所形成的一种信息分析成果。

（二）信息分析成果的评价

信息分析成果的评价包括以下 5 个关键环节。

1. 成立评价小组

评价小组通常由信息分析人员、相关领域的评审专家、主管部门负责人、用户等组成。信息分析人员的主要任务是向评审专家、主管部门负责人和用户介绍信息分析成果的形成过程、主要性能指标、国内外同领域的研究状况、本成果的主要特色等。

2. 确定评价目标

评价目标决定了评价工作的方向。信息分析成果评价的基本目标在于确保成果质量合格，体现信息分析课题提出部门的意图。

3. 搜集资料，分析限制性条件

资料是分析评价的基础。在大量占有资料的基础上，需要对信息分析成果完成的各种限制性条件进行分析，以便进一步做出客观、公正、科学的评价结论。

4. 提出评价意见

一般包括概略性评价意见和详细评价意见两种。概略性评价意见是对信息分析成果总体上的理解和评价。详细评价意见是在对信息分析成果各部分进行详细分析之后，给出的具体的评价意见。

5. 形成评价报告

信息分析成果在经过认真评价后，通常要形成评价报告。评价报告一般要求以简洁的文字交代评价的目的、背景、时间、地点、专家、内容等，并详细地介绍评价的方法、过程及主要结论。

信息分析成果评价包括即时评价和最终评价。即时评价是指成果交付用户使用或以某种方式面世后，随即或稍后进行的一种评价。这种评价的依据主要是成果本身的质量、所提供内容的内在价值和可使用价值以及用户对成果的初步反映，而不要求考察成果可能产生的最终效果。

最终评价是对成果使用后产生的最终效果进行的一种长远评价。这种评价的重点不是成果本身的质量、所提供内容的内在价值和可使用价值以及用户的初步反映，而是成果使用后给科技、经济、社会和环境带来的最终影响和后果。一项完整的信息分析成果评价应包括即时评价和最终评价。即时评价为最终评价奠定基础，最终评价又为即时评价提供验证。在处理即时评价与最终评价之间的关系时应注意具体问题具体分析。

信息分析成果评价的具体方法很多，应用较广的有专家定性判断法、综合评分法、德尔菲法、层次分析法和模糊综合评价法。[①] 其中，专家定性判断法是凭借专家个人判断定性描述成果的一种主观评价方法，可通过选择、推荐，以评委寄出评语和回收总结的方式进行。综合评分法是用评分来反映评委对各项指标的评价，并通过数据的综合处理，用一个量化的结果来表达评价结论的方法。德尔菲法是一种在专家个人判断和专家会议调查的基础上，集诸多专家的专业知识、经验和主观判断能力于一体并加以整合和改进的方法，具有匿名性、反馈性和统计性等特点。层次分析法强调把复杂的问题结构化，然后根据对一定客观现实的判断就每一结构层次的相对重要性给予定量表示，并通过排序来分析和解决问题。它体现了人类思维活动的基本特征和发展过程，在信息分析成果评价中应用广泛。模糊综合评价法是指借助于模糊数学中模糊变换和综合评判方法对信息分析成果进行评价的方法。它在解决信息分析成果评价中的各种模糊问题方面发挥着重要作用。

（三）信息分析成果的推广应用

信息分析成果的推广应用是一个极其复杂的过程。信息从信源传递过来以后，用户首先要考虑的是如何理解、消化和吸收信息内容，在此基础上还要进一步考虑如何将其应用于科学决策、研究与开发、市场开拓等社会实践中去。在信息分析成果推广应用过程中，信息分析机构对

---

① 查先进. 信息分析与预测. 武汉：武汉大学出版社，2000.

成果的宣传力度和解释透彻程度，用户本身已有的知识结构、经验、信息意识、消费心理、习惯偏好、经济承受力以及对信息内容的理解、消化和吸收能力等都会对推广应用的效果产生影响。

第三节 信息分析方法和技术

信息分析是一门综合性很强的学科，它与自然科学、社会科学、管理科学、决策学、科学学、系统工程等诸多学科相互联系和交叉。信息分析是在吸收、移植其他学科的研究方法中不断发展起来的。

"工欲善其事，必先利其器。"对方法的合理选择和应用是决定信息分析水平和效率以及信息分析质量和效益的重要因素。[①] 在信息分析中，大量的原生信息正是通过方法的合理选择和应用被深加工成对科学决策、研究与开发、市场开拓等活动有支撑作用的新信息的。信息分析方法一般可分为定性方法、定量方法和半定量方法三大类。其中，定性方法以认识论及思维科学领域的有关理论为基础，根据有关课题的原生信息及其各种相关关系，对研究对象进行比较、评价、判断、推理、分析、综合，从而揭示出研究对象本身所固有的、本质的规律。定性方法具有定性分析、推论严密、直感性强等特点。定量方法以基础数学、数理统计、应用数学以及其他数学处理手段为基础，通过分析研究揭示出研究对象本身所固有的、内在的数量规律性。定量方法具有定量分析、结论具体、高度抽象等特点，在信息分析中有十分广泛的应用，例如利用文献增长模型判断文献内容的新颖性和适用性，利用投入产出模型进行经济分析、经济预测和经济政策模拟，利用马尔科夫链对产品或服务的市场占有率和利润期望值进行预测等。半定量方法是一种定性和定量相结合的方法。其主要做法是在定性方法中引入数学手段，将定性问题

---

① 朱庆华. 信息分析：基础、方法及应用. 北京：科学出版社，2004.

按人为标准打分并做出定量化处理，具有数理统计的特征。在信息分析中经常采用的半定量方法主要有德尔菲法、层次分析法、交叉影响分析法等。

　　信息分析方法是一个庞大的体系，对于一个具体的信息分析课题而言，可采用的方法往往并非是唯一的，而是有多种现实的方案可供选择或组合，它与课题的内容、性质、研究阶段、研究目标等具体情况相关。

　　随着现代信息技术特别是计算机、远程通信、数据库、网络等技术的迅速发展和广泛应用，使信息的搜集、分析处理和传递方式发生了革命性变化。特别是在分析处理信息方面，定量分析以及定性与定量相结合的半定量分析占据了主要地位。当前，信息分析正在进入计算机辅助阶段，各种信息技术的应用会使信息分析方法体系产生重大的变化。

一、逻辑思维法

（一）比较

　　比较就是对照各个事物，以确定其间差异点和共同点的逻辑方法。比较是人类认识客观事物、揭示客观事物发展变化规律的一种基本方法。有比较才能有鉴别，有鉴别才能有选择和发展。比较通常有时间上的比较和空间上的比较两种。在信息分析中，比较的应用是非常广泛的，如政策、规划的比较，科学技术发展历史、现状和走势的比较，科学技术发展条件的比较，企业技术经济指标的比较，技术经济方案的比较，市场营销状况的比较，人口、教育、城市化、生态环境、社会基本结构等的比较，竞争态势的比较，竞争潜力的比较等。这些比较既可以是在时间上的动态、纵向比较，也可以是在空间上的静态、横向比较；既可以是宏观比较，也可以是微观比较；既可以是定性的描述性比较，也可以是定量化色彩较浓的数据比较或图表比较。在信息分析中，比较可用于揭示事物的水平和差距、认识事物发展的过程和规律、判定事物优劣或真伪。

（二）分析与综合

分析就是把客观事物整体按照研究目的的需要分解为各个要素及其关系，并根据事物之间或事物内部各要素之间的特定关系，通过由此及彼、由表及里的研究，来认识事物的方法。分析的基本步骤是：明确分析的目的；将事物整体分解为若干个相对独立的要素；分别考察和研究各个事物以及构成事物整体的各个要素的特点；探明各个事物以及构成事物整体的各个要素之间的相互关系，并进而研究这些关系的性质、表现形式、在事物发展变化中的地位和作用等。分析在信息分析中的应用十分广泛，如研究影响某项科学技术发展的主要因素及其关系，研究某个行业或企业的兴衰背景、发展历程和发展趋势，研究技术开发、引进或改造的适用性，研究企业在市场竞争中的优势、劣势、机会和威胁，研究市场供需状况和市场潜力，研究人口分布、构成、教育素质，研究科技、经济、市场、环境等政策实施和管理的效应等。

综合是指人们在思维过程中将与研究对象有关的片面、分散、众多的各个要素联结起来考虑，以从错综复杂的现象中，探索它们之间的相互关系，达到从整体的角度把握事物的本质和规律，通观事物发展的全貌和全过程，获得新的知识、新的结论的方法。综合的基本步骤是：明确综合的目的；把握被分析出来的研究对象的各个要素；确定各个要素的有机联系形式；从事物整体的角度把握事物的本质和规律，从而获得新的知识和结论。在信息分析中，综合可以将各种来源的分散、片面、内容各异的有关信息按特定的目的汇集、整理、归纳和提炼，从而形成系统、全面、新颖的知识和结论。

在信息分析中，分析与综合总是结合在一起使用的。没有分析的综合，或者没有综合的分析，都很难保证信息分析成果的质量。

（三）推理

推理是由一个或几个已知的判断推出一个新判断的思维形式。具体来说，就是在掌握一定的已知事实、数据或因素相关性的基础上，通过因果关系或其他相关关系顺次、逐步地推论，最终得出新结论的一种逻辑方法。任何推理都包含三个要素：一是前提，即推理所依据的那一个或几个判断。二是结论，即由已知判断推出的那个新判断。三是推理过程，即由前提到结论的逻辑关系形式。推理在信息分析中有着广泛的应用。例如，通过推理，可以把与设想或假说有关的事物联系起来，从而达到证实或证伪的目的；通过对某些已知事实或数据及其相关性的严密推理，可以获得一些未知的事实或数据，如科技发展的动向、技术优势和缺陷、市场机会和威胁、人口素质、教育水平等；通过对科技、技术经济、市场等的历史、现状的逐步的推理，可以顺势推测出其未来发展趋势。

二、专家调查法

专家调查法的实质是凭借专家的知识和经验，对研究对象进行综合分析研究。专家调查法在科技、经济和社会发展各领域中有广泛的应用，其最大优点是简便直观，无需建立繁琐的数学模型，而且在缺乏足够统计数据和没有类似历史事件可借鉴的情况下，也能对研究对象进行有效的分析。专家调查法种类很多，常见的有德尔菲法、头脑风暴法、交叉影响分析法、层次分析法等。

（一）德尔菲法

德尔菲（Delphi）法是一种按规定程序向专家进行调查的方法，其特点是：

（1）匿名性。为了消除专家会议调查法中专家易受权威、会议气氛和潮流等因素影响的缺陷，德尔菲法采用匿名征询的方式征求专家意见，受邀参加预测的专家之间互不见面和联系。

（2）反馈性。经典的德尔菲法要进行四轮的专家意见征询。组织者对每一轮的专家意见进行汇总整理和统计分析，并在下一轮征询中将这些材料匿名反馈给每位受邀专家，以便专家们在预测时参考。

（3）统计性。德尔菲法采用统计方法对专家意见进行处理，其结果往往以概率的形式出现。这些结果既可反映专家意见的集中程度，又可反映专家意见的离散程度。

德尔菲法的预测征询过程包括：成立预测领导小组、明确预测目标、选择参加预测的专家、编制调查表、进行反馈调查和专家意见的汇总统计和分析预测、编写和提交预测报告。在德尔菲法运作中，专家的选择非常重要，一般来讲，专家的代表面应广泛，专家的权威程度要高，专家应有足够的时间和耐心填写调查表，专家的范围应有所限制，专家的人数不易过多，应事先约请专家对参与活动保密。

经典的德尔菲法存在一些缺陷，如缺乏严格的论证，容易在有限的范围内进行习惯思维，受专家的学识、评价尺度、心理状态及兴趣程度等主观因素的制约等。派生的德尔菲法力图对此加以改进和优化。它大体上可分为两大类：一类是保持德尔菲法基本特点的派生德尔菲法，如列出预测事件一览表、向专家提供背景材料、减少应答轮数、对预测结果进行自我评价、给出事件的多个可能实现时间的日期等；另一类是部分地改变德尔菲法基本特点的派生德尔菲法，如部分取消匿名性、部分取消反馈性等。

（二）头脑风暴法

头脑风暴（Brain Storming，简称 BS）法是借助专家的创造性思维来索取未知或未来信息的一种直观预测方法。这种方法的原意是指精神病患者在精神错乱时的胡言乱语，后转用来指无拘无束、自由奔放地思考问题。头脑风暴法一般用于对战略性问题的探索，例如，美国国防部曾邀请 50 名专家，就美国制定长远科技规划的工作文件，举行了为期两周的头脑风暴会议。其任务是首先向与会专家分发事先准备好的工作文件，然后由专家进行质疑和提出建议，最后通过讨论将工作文件变为协调一致的报告。通过这次会议，原有文件中的结论只有 1/4 左右被认为仍然有效，其他结论都被修改了。

在信息分析中，头脑风暴法一般通过头脑风暴会议进行。作为一种即兴的直观预测方法，头脑风暴法的优点是：通过信息交流，有利于捕捉瞬间的思路，激发创造性思维，产生富有创见性的思想"火花"；通过头脑风暴会议，获取的信息量大，考虑的因素多，所提供的计划、方案等也比较全面和广泛。头脑风暴法也有明显的缺陷：它是专家会议调查的一种类型，因而具备专家会议调查法的一些缺陷；由于是即兴发言，因而普遍存在着逻辑不严密、意见不全面、论证不充分等问题。由于头脑风暴法具有以上缺陷，因此在实际应用时要注意扬长避短，如在组织头脑风暴会议时应严格遵循有关原则、严格做好专家的遴选工作、提交必要的背景性材料、会后再走访专家了解详情等。此外，也可以将头脑风暴法同其他信息分析方法结合起来使用，这样可以达到相互印证的目的。

（三）交叉影响分析法

交叉影响分析（cross—impact analysis）法就是根据若干个事件之间的相互影响关系，分析当某一事件发生时，其他事件因受到影响而发生何种形式变化的一种方法。发展该方法的最初目的是为了弥补德尔菲法的不足。因为在应用德尔菲法对未来事件进行预测时，通常只是简单地要求专家估计各个事件在未来某个时间发生的概率或在规定的概率下事件发生的时间，而并没有考虑到各个事件之间可能发生的相互交叉影响。然而在实践中，经常会出现这样的情形，即在若干个相互联系的事件中，当其中的某一事件发生后，其他事件往往会受到程度不同的影响。例如，大气污染的扩大促进了无污染燃料的研制、铁道的发达延缓了汽车的普及等。可见，当求某事件发生的概率时，不能仅仅考虑该事件本身，还要考虑其他一些已经发生或者尚未发生的事件可能造成的影响。

在信息分析中，通常会遇到被研究的若干个事件之间存在某种影响关系的情形。例如，大规模的技术引进制约了技术开发的进程、商品供过于求时价格下降；科技的发展促进了生产和经济的发展。将交叉影响分析法引入信息分析领域，可以定量地考察被研究的各个事件之间的相互影响关系。从实践上看，主要在历史事件验证、未来事件预测、方案评价等方面发挥作用。应用交叉影响分析法进行信息分析的大致程序包括：确定事件之间的影响关系，评定影响的程度，计算影响值，分析并得出预测结果。

(四) 层次分析法

层次分析法 (Analytic Hierarchy Process，简称 AHP) 是美国运筹学家萨蒂 (T. L. Saaty) 于 20 世纪 70 年代中期提出来的一种实用的多准则评价方法。该方法根据人类的辩证思维过程，先依据问题的性质和要达到的总目标，将一个复杂的研究对象划分为递阶层次结构，同一层的各因素具有大致相等的地位，不同层次因素间具有某种联系；再对单层次的因素构造判断矩阵以得出层次单排序，并进行一致性检验；最后，为了计算层次总排序，采用逐层叠加的方法，从最高层次开始，由高向低逐层进行计算，推算出所有层次对最高层次的层次总排序值。对每一层的递推，都必须作相应的层次总排序的一致性检验。

1. 递阶层次结构

当人们对某个复杂现象的结构进行分析时，常常发现该结构中的各因素数目及其间的相互联系非常庞杂，超出了人们对全部信息清晰理解的能力。在这种情况下，人们往往将大系统分解为一些相互关联的子系统。递阶层次就是一种特殊形式的系统。它模仿了人脑的思维方式，即将一个复杂的问题划分为包括目标层、准则层、指标层的多层次的结构，每个层次中的因素具有大致相等的地位，不同层次的因素间具有某种联系。

2. 判断矩阵的构成

在一般的分析评估中，构造判断矩阵的方法是：先给定一个尺度，然后将每一个因素与该尺度对照，从而得出评价量值。但是，涉及到社会、经济、人文等因素的决策问题的主要困难在于，这些因素复杂多样，几乎找不到可以用以统一度量的尺度。层次分析法充分利用人类善于进行分析比较的优势，将各种因素之间的成对比较值作为判断矩阵的元素。显然，这在分析目前尚无统一度量尺度的经济、科技、人的行为以及科学管理等复杂问题时显得直观明了了。各专家在进行比较时一般以萨蒂专门设计的1～9 标度为依据。

3. 一致性检验

由于客观事物的复杂性和人们认识能力的局限性，人们在对客观事物进行判断时，难免会出现一些或大或小的差错。萨蒂认为，若差错很小并且在容许的范围之内，则可以考虑接受所得到的结论；但是，如果差错太大，超出了允许的范围，则所得到的结论不能被接受，专家的判断是无效的。为了保证利用层次分析法得到的结论基本合理，萨蒂设计了一套检验方法，对专家的判断进行严格的"是否一致"的定量检验。

三、内容分析法

20 世纪初，人们发现在常规性阅读文献以获得理解之外，还可采用量化的统计方法对文献内容进行系统、客观的分析和解释。内容分析法（content analysis）应运而生。

学术界有许多关于内容分析法的定义，如贝雷尔森（B. Berelson）、韦伯（R. P. Weber）、克里本道夫（K. Krippendorff）等人将内容分析法定义成一种基于清晰的编码规则，将文本中的众多词语压缩成少量内容种类的系统的、重复进行的技术；[①][②][③] 霍尔斯蒂（O. R. Holsti）认为内容分析法是一种通过客观、系统地识别消息中的特征来进行推理的一种技术。[④] 根据大多数专家的意见，定量化、统计性、系统性和客观性被公认为是内容分析法的主要特征。

在内容分析法中，信件、日记、报纸文章、会议记录、实况新闻报导、影片、电视广播节目、网上资料等，都可以作为分析的对象。[⑤] 内容分析法包括以下 6 个关键步骤：确定目的——明确内容分析的目的，

①　Berelson, B. Content Analysis in Communication Research. Glencoe, Ill: Free Press, 1952.

②　Krippendorff, K. Content Analysis: An Introduction to Its Methodology. Newbury Park, CA: Sage, 1980.

③　Weber, R. P. Basic Content Analysis, 2nd ed. Newbury Park, CA, 1990.

④　Holsti, O. R. Content Analysis for the Social Sciences and Humanities. Reading, MA: Addison-Wesley, 1969.

⑤　http://w2. laes. tp. edu. tw/rebecca/old _ index/U4/u4122. htm.

有助于合理选材和把握分析工作的方向。选择样本——样本一般通过抽样的方式获得。样本力求信息量大，连续性强，与分析目的对应性好，便于统计分析，并尽可能是分析人员所熟悉和方便获取的。定义分析单元——分析单元是内容的"指示器"。在工作量许可的情况下，分析单元应尽量细化。分析单元是不再细分的测度单位。如文字文献中的词，以及意义独立的词组、简单句、段、意群、篇等。其中，词是最小的分析单元。在复杂的内容分析中，可同时采用几种分析单元。制定分析框架——该环节是内容分析法取得成功的关键。要求分析人员根据分析目的和分析单元，确定有意义的逻辑结构。其基本出发点是使分析单元的测度结果能反映和说明实质性的问题。频数统计——频数统计是一种规范性、繁琐性的操作，包括计数和数据处理，需要通过大数量的统计反映统计意义上的相关性。这一环节通常需要计算机辅助，一般借助于专用软件（如 WordStat、DIMAP、Concordance 等）来进行。结论汇总——在统计处理和分析的基础上得出结论，并对结论的可靠性、适用性进行评价。

例如在奈斯比特（J. Naisbitt）撰写的《大趋势——改变我们生活的十个新方向》[①] 一书中，作为其基础的《趋势报告》大致是按下述方式完成的：

（1）样本选择。以美国地方报纸为分析对象，凡人口 10 万以上的城市及不足 10 万人口的州首府的报纸均入选，并考虑报纸质量，适当照顾左右翼平衡和少数民族。每月扫描约 6000 种报纸。

（2）分析框架确定。根据分析社会动态的目标，采用四层次的分析框架：一级主题共 10 个，反映了美国社会问题的 10 个主要方面，即教育、就业、环境、政府和政策、健康、住房、人际关系和经济联系、法律和正义、交通、福利和贫困。这些一级主题再分解为二级、三级和四

---

① ［美］约翰·奈斯比特著. 大趋势——改变我们生活的十个新方向. 北京：科学普及出版社，1985.

级主题。每一个一级主题大致分为 8～16 个小主题，总共有 117 个小主题。

（3）内容单元编码建库。以单篇报道作为分析单元，按主题框架将每篇报道归类编码，建立可供多途径检索的全文数据库，并完成各内容单元的篇幅指数统计。

（4）定性和定量分析。利用所建的数据库可以实现多方面的内容分析。如通过某一时点的剖面分析，可反映出各类主题的比例结构，发现社会关注的焦点问题；通过某个主题的篇幅变动分析，可以反映出某一主题篇幅的变化速度，追踪事物的发展趋势。

四、趋势外推法

趋势外推（trend extrapolation）法是基于历史数据的观察和分析方法。它认为未来是历史的延伸，可以找出一条误差尽可能小的函数曲线来描绘历史数据，根据此函数曲线预测未来的发展。[①] 趋势外推法可广泛地运用于科技、经济和社会发展问题的信息分析，如市场行情分析、产品销售趋势预测等。

趋势外推法最早由赖恩（R. Rhyne）提出并应用于科技预测领域。他将趋势外推法分为如下 6 个步骤：选择预测参数、搜集必要的数据、拟合曲线、趋势外推、预测说明、研究预测结果在制订规划和决策中的应用。趋势外推法通常建立在以下两个基本假设之上[②]：影响和决定事物过去和现在的发展因素，在未来也基本保持不变；事物的发展属于渐进变化，而不是结构性的突变。趋势外推法以时间为基本参数，通过归纳分析过去的情况和现在的状况，继而推测预测期内事物未来的发展趋势。为了研究各种不同的发展过程，人们构建了多种时间序列模型，如线性模型、指数曲线模型、生长曲线模型、包络曲线模型等。

---

① 朱庆华. 信息分析基础、方法及应用. 北京：科学出版社，2004.
② 卢泰宏. 信息分析. 广州：中山大学出版社，1998.

（一）线性趋势外推法

线性趋势外推法可用于研究随时间保持恒定增长率变化的事物。在以时间为横坐标的坐标图中，事物变化的某种参数的分布接近于一条直线。

线性趋势外推的一般数学模型是：

$$y = a + b \cdot t \tag{4-1}$$

式中，y 为描述事物发展变化的某一参数（时间序列数据），t 为时间序列的时间编号，a、b 为待定系数。该模型反映到坐标图上，就是一条直线，体现了描述事物发展变化的参数 y 随着时间而呈线性变化的规律。

（二）指数曲线外推法

指数曲线（exponential curve）外推法可用于研究随时间保持指数规律或近似指数规律变化的事物。在以时间为横坐标的坐标图中，事物变化的某种参数的分布接近于一条指数曲线。技术的扩散、文献的增长、网民的增加、经济的起飞、运输工具的速度、发动机的效率等都在一定程度上表现为指数增长的趋势。指数曲线外推法适合于拟合事物发展中的加速阶段的预测。

一次指数曲线的一般数学模型是：

$$y = a \cdot b^t \tag{4-2}$$

二次指数曲线的一般数学模型是：

$$y = a \cdot b^t \cdot c^{t^2} \tag{4-3}$$

修正指数曲线的一般数学模型是：

$$y = K - a \cdot b^t \tag{4-4}$$

上述各式中，y 为描述事物发展变化的某一参数（时间序列数据），t 为时间序列的时间编号，a、b、c、K 为待定系数。该模型反映到坐标图上，就是一条指数曲线，体现了描述事物发展变化的参数 y 随着时间而呈指数变化的规律。

（三）生长曲线法

生长曲线（growth curve）是描绘各种社会、自然现象的数量指标依时间而呈"S"型规律变化的曲线。在信息分析中，利用生长曲线模型来描述事物发生、发展和成熟的全过程的方法就是生长曲线法。

生长曲线法是基于对事物发展全过程的认识而发展起来的。人口的增长、信息量的增长、技术的发展等，开始几乎都是按指数规律增长，在达到一定程度后，由于自身和环境的制约作用，逐渐趋于一种稳定状态。生长曲线较好地描述了事物的这种发生、发展和成熟的全过程。生长曲线有两种，一种是对称型的生长曲线（图4-1a），又称逻辑曲线；另一种是不对称型的生长曲线（图4-1b），又称龚珀兹曲线。

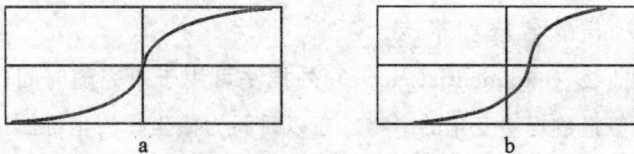

图 4-1　生长曲线

1. 逻辑曲线

美国统计学家珀尔（Pearl）通过对生物繁殖和生长过程的大量研究，提出了一个模拟生物生长过程的逻辑曲线模型。其数学表达式为：

$$y = \frac{k}{1 + ae^{-bt}} \tag{4-5}$$

式中，$k>0$，$a>0$，$b>0$。这个模型同样适用于人口增长、信息量的增长、技术的发展等过程，因而在信息分析中应用广泛。

2. 龚珀兹曲线

英国统计学家和数学家龚珀兹（B. Gompertz）提出了另一个生长曲线模型，即龚珀兹曲线模型。其数学表达式为：

$$y = ka^{b^t} \tag{4-6}$$

式中，$k>0$，$0<a<1$，$0<b<1$。

五、多元分析法

多元分析（multivariate analysis）法又称多变量统计分析法，是运用数理统计方法来研究解决多指标问题的理论和方法。在经济生活中，受多种变量共同作用和影响的现象大量存在。多元分析法通过对多个变量观测数据的分析，来研究变量之间的相互依赖关系以及揭示变量的内在统计规律。常见的多元分析方法有：回归分析、主成分分析、聚类分析、判别分析、因子分析、对应分析、典型相关分析、路径分析、多元标度法等。多元分析法出现于 20 世纪 30 年代，构成多元统计分析模型的数学方法并不新颖。然而，当随机变量较多时，多元分析的计算工作量很大，没有计算机辅助根本无法完成。近 20 年来，随着计算机辅助分析技术的发展，SAS、SPSS、STATA、SPLM、Statistica 等统计分析软件在多元分析中得到广泛应用，多元分析法被广泛地应用于信息分析领域。下面简要介绍回归分析、主成分分析和聚类分析方法的基本思想。

（一）回归分析

回归分析（regression analysis）是处理两个或两个以上变量之间依赖关系的一种数学方法。它不仅提供了建立变量之间依赖关系的数学表达式的一般途径，而且通过计算对所建立的经验公式的有效性进行分析，使之能有效地用于预测和控制。目前，这一方法已在信息分析领域获得广泛的应用。在多元分析中，比较有代表性的回归分析是多元线性回归分析。

信息分析的对象及其影响因素通常牵涉到许多变量，这些变量之间常常存在各种各样的相关关系。多元线性回归分析法主要用于研究两个以上变量之间的线性相关关系。

设 y 与 x_1, x_2, $\cdots$, x_k 有线性关系，通过观测或实验得到 n 组数据：

$$(x_{11}, x_{21}, \cdots, x_{k1}, y_1)$$

$$(x_{12}, \ x_{22}, \ \cdots, \ x_{k2}, \ y_2)$$

$$\cdots\cdots\cdots\cdots$$

$$(x_{1n}, \ x_{2n}, \ \cdots, \ x_{kn}, \ y_n)$$

则它们之间的线性关系可表示成：

$$\hat{y} = b_0 + b_1 x_1 + \cdots + b_k x_k \tag{4-7}$$

式中的 b_0，b_1，b_2，$\cdots$，b_k 为参数，可通过最小二乘法求解。求出的回归方程通常不能直接用于预测和控制，它是否符合客观实际，需要进行回归效果的检验。常用的检验方法有 F 检验、t 检验和 R^2 检验。

（二）主成分分析

主成分分析（principal component analysis）是由英国统计学家 Pearson 创立，并由 Hotelling 加以发展的一种在降维思想指导下产生的一种有效的处理高维数据的方法。在实际问题研究中，往往会涉及众多相关的变量。但是，变量太多不仅会增加计算的复杂性，而且也会给合理地分析和预测带来困难。在一般的实际问题研究中，虽然所涉及的每个变量都提供了一定的信息，但其重要性有所不同，且在很多情况下，变量间有一定的相关性，从而使得这些变量所提供的信息在一定程度上有所重叠。信息的重叠越大，变量间的相关性也越大。如何对这些变量加以"改造"，用为数较少的、互不相关的、不可直接测量的新变量来反映原变量所提供的绝大部分信息，并通过对新变量的分析达到解决问题的目的，这正是主成分分析法核心思想之体现。

以二元变量 $X = (X_1, X_2)$ 为例。对此二维变量进行了 n 次观测，得数据 $x_i = (x_{i1}, x_{i2})$ （$i = 1, 2, \cdots, n$），假设它们在二维平面 $X_1 O X_2$ 上的分布如图 4-2 所示。

一般地，将 OX_1 轴沿逆时针方向旋转一个角度 θ 到 OZ_1 轴，使得原观测数据 (x_{i1}, x_{i2}) 经过线性组合后所得的新变量 Z_1 具有最大的分散性，即该方向所含的数据间差异的信息最多。相应地，OX_2 转至 OZ_2 方向。在现实世界中，原变量 (X_1, X_2) 是可直接观测的变量，变量 (Z_1, Z_2) 是不可直接观察和测量的，它们通过原变量的线性变换而得

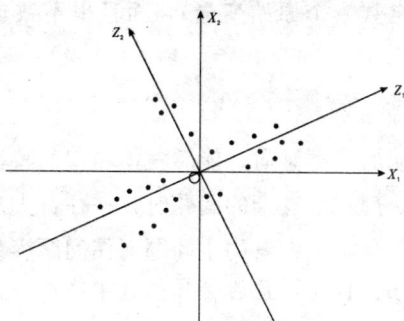

图 4 - 2　主成分分析示意

到。设转过角度为 θ，则观测点（x_{i1}，x_{i2}）在新坐标系下的坐标为：

$$\begin{cases} z_{i1} = x_{i1} \cos\theta + x_{i2} \sin\theta \\ z_{i2} = x_{i1} \sin\theta + x_{i2} \cos\theta \end{cases}$$

这时，（z_{i1}，z_{i2}）（$i=1$，2，$\cdots$，n）均是相应的原数据的线性变换，且线性变换系数满足条件：$\sin^2\theta + \cos^2\theta = 1$。（$z_{i1}$，$z_{i2}$）完全反映了原始数据的分布情况，并且各自反映的是彼此不相关的两个方向上的分散性。相应的变量：

$$\begin{cases} Z_1 = X_1 \cos\theta + X_{i2} \sin\theta \\ Z_2 = X_1 \sin\theta + X_2 \cos\theta \end{cases}$$

分别称为 X_1 和 X_2 的第一主成分和第二主成分。如果数据在 OZ_2 方向上的分散性很小，那么可用一元数据 z_{i1}，$i=1$，2，$\cdots$，n 反映原二元数据的绝大部分信息，即可近似地用 Z_1 的分布信息代替原二维变量（X_1，X_2）的分布信息。

实践中，反映某个问题的可直接测量的变量很多，并且这些变量之间存在相关性。因此，主成分分析法的应用极其广泛。通常，在主成分分析中，选取 m（$m<p$）个主成分，使前 m 个主成分的累计贡献率达到较高的比例（如 $80\%\sim90\%$）。这样，用前 m 个主成分 Z_1，Z_2，$\cdots$，Z_m 代替原始变量 X_1，X_2，$\cdots$，X_p，不但使变量维数降低（在原始变量反映信息重叠较多的情况下，主成分分析往往可以只取 $1\sim3$ 个主成

分来代替十多个甚至数十个原始变量），而且也不致于损失原始变量中太多的信息。

（三）聚类分析

人类有一种本能的分类倾向，能够根据相似的特征而对事物进行分组。人类的大脑在处理一个复杂的问题时，往往首先对被认识的对象进行分类，通过将问题分解为大量的小问题而使问题容易解决。但是，尽管分类是人类的本能，且人类具有较强的基于综合分析的分类能力，面对错综复杂的现实世界，面对庞大的变量和数据量，人们还是会感到束手无策。人们发现，现实社会中的许多问题，只凭经验或专业知识对研究对象进行定性分类，往往不能满足人们在处理问题时的需求。聚类分析正是在这样的背景下应运而生的。

聚类是把一组个体按照相似性归成若干个类别，即物以类聚。其目的是使得属于同一类别的个体之间的距离尽可能地小，而不同类别上的个体间的距离尽可能地大。聚类分析的基本思想是在样品之间定义距离，在变量之间定义相似系数。距离或相似系数代表样品或变量之间的相似程度。例如，在分层聚类中，按相似程度的大小，将样品或变量逐一归类，关系密切的样品或变量聚集到一个小的分类单位，然后逐步扩大，使得关系疏远的样品或变量聚集到一个大的分类单位，直到所有的样品或变量都聚集完毕，形成一个表示亲疏关系的谱系图，再对谱系图进行分析，并按照要求对样品或变量进行分类。

聚类分析并不是直观地使用独立的变量去得到指定的输出。在进行聚类分析以前，对总体到底有几个类并不知晓；聚类分析中具体的计算方法很多，不同问题下的数据对象应该采取哪种方法需要根据计算和分析进行不断地探索和调整。在计算机等技术协助下，聚类分析看起来只是简单地将所有的数据提交给系统并让其"魔术"般地将数据进行整齐的堆积，但事实上，聚类分析是一个复杂的过程，它具有完备的理论基础，旨在寻求现实世界中客观的分类规律。

六、数据仓库和数据挖掘

数据仓库是近年来应用得较多的信息分析技术。被誉为"数据仓库之父"的 W. H. Inmon 认为，数据仓库是"一个面向主题的、集成的随时间变化的非易失性数据的集合，用于支持管理层的决策过程"。[1] 数据仓库可从不同信息源中提取大量历史及现时信息并将其转换成公共的数据模型集成起来，以满足复杂的信息分析和高层次决策的需要。

以数据仓库技术为基础，联机分析处理（On-Line Analytical Processing，简称 OLAP）和数据挖掘（Data Mining，简称 DM）正在成为信息分析的重要工具。其中，联机分析处理是一种在线的验证型工具，它建立在多维视图的基础上，根据已有的模式将直接源自数据仓库的不同信息源的大量相关信息联系起来，给分析人员一个清晰、一致的视图；数据挖掘是一种以预测为目标的挖掘型工具，它建立在各种信息源的基础上，重在发现隐藏在大量原始信息深层次中的对人们有用的模式。被抽取的模式即知识，具备可信、新颖、有效、易于理解的特点，是知识发现（Knowledge Discovery in Database，简称 KDD）的重要途径。

（一）联机分析处理

联机分析处理是针对特定问题的联机数据分析和处理。它通过对数据仓库中存储和管理的大量相关数据的快速、稳定、一致和交互式的存取，以及多层次、多阶段的分析和处理（如向上钻取、向下钻取、跨越钻取、旋转、切片和切块等），可获得高度归纳的分析结果，形成辅助决策的信息。联机分析处理主要有两个特点：一是在线性，即能够对用户的请求做出快速响应。二是可以应用多种统计分析工具、算法对数据进行多维分析，如二维或三维的业务综合统计分析、不同地区或范围之间的业务情况对比分析、反映各个时间段业务变化的历史数据分析、预测业务未来变化的预测分析等。

---

① W. H. Inmon. Building data warehouse. John Wiley, 1996.

（二）数据挖掘和知识发现

数据挖掘成功地借助人工智能、机器学习等实现了信息内容的自动化分析，高效率地解决了需要复杂算法才能实现的问题。数据挖掘的全过程可以进一步归纳为建立模型和预测未来结果两个方面。

数据挖掘为从海量数据中发现知识，解决知识获取这一难题提供了有效的解决方案。在数据挖掘和知识发现过程中，有多种方法和技术可以应用，如数理统计分析方法、神经网络技术、决策树方法、遗传算法、模糊论方法、覆盖正例和排斥反例方法、粗集方法、基于记忆的推理技术、可视化技术以及某些方法和技术的混合等。此外，在数据挖掘过程中还根据不同的要求选择和采用以下几种算法[①]：

（1）联合。根据信息的内在机理，揭示信息之间的关联。

（2）分类。目的是把新的记录分配到预先定义好的类中。

（3）聚类。按照类内相似性最大、类间相似性最小的原则，对数据集合进行分组。

当前，数据挖掘的一个重要发展方向是 Web 挖掘。按挖掘对象的不同，Web 挖掘可分为 Web 内容挖掘（Web content mining）、Web 结构挖掘（Web structure mining）和 Web 访问日志挖掘（Web usage mining）三种类型。Web 内容挖掘是对 Web 页面内容进行挖掘，从大量的 Web 数据中发现信息、抽取知识的过程。这些数据既有文本数据，也有图像、音频、视频等多媒体数据；Web 结构挖掘即挖掘 Web 潜在的链接结构模式；Web 访问日志挖掘是从服务器日志中访问者的交谈（session）或行动（behavior）中提取信息、发现模式。[②]

---

① Panl S. Cheng, Transforming corporate information into value through data warehousing and data mining. Aslib Proceedings，1998，50（5）.

② 唐建国，胡芒谷. Web 数据挖掘对 Web 数据检索的支持作用. 情报学报，2004（4）.

第四节 信息分析的内容

一、科学技术信息分析

现代科学技术活动涉及面广泛，影响因素错综复杂，因而反映科学技术活动的发展变化情况的科学技术信息分析的内容范围也是相当广泛、复杂的。在科学技术活动领域，大到国家宏观战略规划的制定，小到企业技术引进与开发，均离不开信息分析所产生的高附加值信息的支持。

科学技术是不断发展变化的。不同的科学技术课题，其本身及所属的领域和密切相关的领域，在不同的历史时期通常有不同的特点和内容。据此，我们可以按科学技术课题本身、课题所属领域和课题相关领域三方面的发展状况进行分析与预测。课题本身的发展状况，主要是指某一科学技术课题本身的意义、内容范围、目的、发展历史、当前水平及动向、存在问题及可能的应用领域等。课题所属领域的发展状况，是指某一科学技术课题所属的科学技术领域的历史演化、当前所取得的重大发现和进展、发展的趋势、存在的问题及可能的应用领域等。课题相关领域的发展状况，是指与某一科学技术课题密切相关的其他领域的历史演化、当前所取得的重大发现和进展、发展的趋势、存在的问题、可能的应用领域以及与该课题之间的内在联系等。

21世纪早期，韩国政府通过多方面战略研究与开发因素的分析发布了一项政策，建议韩国公共研究机构应当将其资源聚集在战略研究领域，认为这将直接提升韩国的国家竞争力。文献①利用层次聚类分析方

---

① Yong-Gil Lee, Yong-Il Song. Selecting the key research areas in nano-technology field using technology cluster analysis: A case study based on National R&D Programs in South Korea. http：//www. sciencedirect. com/science? _ ob=MImg& _ imagekey=B6V8B-4K4WMKB-1-9& _ cdi=5866& _ user=1555949& _ orig=search& _ coverDate=06％2F09％2F2006& _ sk=999999999&view=c&wchp=dGLbVtz-zSkWz&md5=dfd5d41de93f8ebb2d267d22b0d03a5d&-ie=/sdarticle. pdf.

法对韩国纳米技术领域中的研究与开发计划进行了分析。正如美国、日本和欧洲国家正在大规模地投资纳米技术，韩国政府在 2001 年 7 月推出了"国家纳米技术计划"，并正在推动其研究与开发项目。根据这个计划，仅对能保证世界竞争力的纳米技术领域的高潜能研究与开发进行选择和投资。

在韩国有 3 个纳米技术分类表。第一个是由科学技术部、产业和资源部及其他相关政府部门于 2001 年 7 月联合推荐的"国家纳米技术计划"。第二个是由科学和技术部以及韩国科学和技术评估和计划机构于 2001 年 12 月共同推出的，目的在于将 110 种技术精简到 56 种高优先级的技术。最后一个是国家技术指南中的纳米技术分类。该研究选择了第二个列表中的 56 种技术作为测试样本。这 56 种高优先级的纳米技术根据"战略重要性、技术发展水平、技术发展可行性、多功能性、经济效果、技术和社会效果"标准加以选择。这些标准具有不同的权重，依次为 30、15、20、5、20、10，其中"战略重要性"被分配以最高的权重。基于来自 180 个专家的调查数据，这 56 种纳米技术在分析之后被分成 3 大组。层次聚类谱系图描述了每个技术之间的距离和相关性，并发现了韩国纳米技术领域的三个主要类，它们是纳米材料、纳米设备、纳米生物。这三个类将成为韩国纳米技术的核心技术簇。通过仔细观察每个簇的结构和内容，研究者可以获取有关特定纳米技术之间相似和不同的重要信息。政策制定者也可利用这些信息来选择和管理纳米技术领域中的研究与开发。

与其他任何事物一样，科学技术的发展除了主要决定于内部因素外，还不可避免地受到外部条件因素的影响和制约。外部条件因素是科学技术发展的外部条件，可以起到加速或延缓科学技术发展进程的作用。通过对科学技术发展外部条件的信息分析，可以掌握科学技术发展的规律，变被动为主动，推动科学技术研究课题的顺利完成。影响科学技术发展外部条件因素种类繁多，内容复杂，但归纳起来不外乎自然条件和社会条件两个方面。其中，自然条件包括自然状况、资源状况、生态环境状况等；社会条件包括经济状况、社会状况、政治状况等。

二、技术经济信息分析

技术经济信息分析是一项对技术信息及与其密切相关的经济信息进行综合分析的技巧性很强的工作。其主要目的是为技术经济活动出谋划策。它一方面可以加速先进技术的推广应用，提高技术的经济效果；另一方面又有助于克服技术发展的盲目性，把技术应用可能带来的危害减小到最低限度。

从宏观上看，技术经济信息分析涉及国民经济各部门的全局性的、长远性的、战略性的问题，如国民经济和社会发展总体规划或战略、国家技术和经济政策的制定、全国生产力的总体布局、国家产业结构和行业结构的调整、行业性生产建设的投资、重大技术项目的发展等。它一般要考虑国家、地区、行业和部门发展的远期效果和发展方向，目的是促进全民族的技术创新，实现整个国民经济的持续、快速和健康发展。由于宏观技术经济信息分析的研究范围广、涉及因素多，故综合性特别强，一般由国家或国家委派的有关部门进行。它要汇集各方面的专家学者进行广泛的研究，费时长，人力、物力和财力的投入也很大，产生的成果通常影响深远。

从微观上看，微观技术经济信息分析涉及一个（或几个）部门或企业的一些局部性的、短期性的、具体的技术问题，如企业的技术引进、新技术产品开发、技术革新和改造以及企业的新建、改建和扩建等。它一般主要考虑一个（或几个）部门或企业系统内部近期的经济效益，目的是推动企业技术进步，提高企业的市场竞争力。当然，这并不是说在进行微观技术经济信息分析时可以不顾及系统以外的影响。实际上，在现代市场经济体制条件下，部门或企业系统内外的信息联系是很紧密的，它们存在着相互影响、相互促进、相互制约的关系。因此，在具体实践时应注意两者兼顾。与宏观技术经济信息分析相比，微观技术经济信息分析研究的范围要小，对象比较具体，涉及的因素也比较少，故综合性弱一些，但针对性却很强。它一般由有关部门或企业系统进行，费时短，人力、物力和财力的投入也比较小，产生的成果主要为部门或企业解决具体的技术难题。

无形资产是指可以确认的非货币的资产，它们没有具体的物质形态，不能用于产品的生产或供应，或租给他人，或用于管理。无形资产是企业控制的一种资源，具有以下特征：无形；是经济交易的结果；在未来能够创造收入；比财政年具有更长的周期；阻挠了与市场价值的比较。国际上有关无形资产的处理正在受到重视。虽然传统的无形资产如R&D、商誉等已受到企业的注目，但其他影响企业的无形资产如团队、营销等却没有引起企业足够的关注，而这些资源为企业创造了重要和关键的价值。文献①通过问卷调查试图从理论和经验上分析西班牙企业对无形资产的处理和态度。该研究对西班牙证券和交易委员会中列出的企业进行了调查，有 39 个企业返回了有效问卷（返回率为 15.2%），下面是针对搜集到的信息进行分析后得到的结论。

在企业如何解释无形资产方面，得到四类答案：38.5%认为是一种开支，33.3%认为是资产，20.5%认为是资产和开支，7.7%没有答案。

企业的无形资产很多，例如：职工经验、协作工作能力、工序和系统、信息技术的使用、商标图案、客户关系、学习能力、创造力、信息技术的使用、生产技术、职工在企业工作的年限、职工的平均年龄、团队数量、每个职工的培训成本、产品开发投资、革新活动的总投资、工序改善投资、每个职工的软硬件成本、企业数据库数量、数据库成本、客户中长期客户所占比例、与长期客户相关的营业额比例、客户关系的平均周期、供应商关系的平均周期等。不同的企业在其管理中使用了不同的指标。通过调查，企业财政主管认为职工经验、协作工作能力、工序和系统、信息技术的使用、商标图案、客户关系是与企业竞争力最相

---

① Isabel Gallego and Luis Rodr guez. Situation of intangible assets in Spanish firms: an empirical analysis. Journal of Intellectual Capital, 2005, 6 (1).

关的无形资产。

该文献提出了 12 个指标用于分析企业对无形资产的态度。要求财政主管利用 5 分制对它们与企业无形资产的相关性打分。1 为不相关，5 为强相关。这 12 个指标是：对企业战略的支持，获取银行贷款的主要工具，吸引投资者，人力资源，获得的革新成果，激发革新活动，改善客户关系，改善供应商关系，吸引新职工，留住职工，职工培训，改善战略计划。对搜集到的有效数据在 SPSS 中进行主成分分析。通过主成分分析，得到两个主成分，它们的累积贡献率为 66.63%。表 4-1 为第 1 和第 2 主成分。

从表 4-1 可以看出，第 1 主成分与以下指标相关：吸引新职工、留住职工、改善客户关系、职工培训、人力资源、改善供应商关系、获得的革新成果、激发革新活动。因此，可以将此主成分命名为"人力关系和革新"，该主成分的贡献率为 56.07%。第 2 主成分与以下指标相关：改善战略计划、获取银行贷款的主要工具、对企业战略的支持、吸引投资者。这个主成分可以命名为"企业战略和融资"，该主成分的贡献率为 10.56%。

表 4-1 第 1 和第 2 主成分

变量	主成分 1	主成分 2
对企业战略的支持	0.296	0.772
获取银行贷款的主要工具	0.071	0.793
吸引投资者	0.436	0.543
人力资源	0.760	0.337
获得的革新成果	0.618	0.426
激发革新活动	0.517	0.511
改善客户关系	0.772	0.347
改善供应商关系	0.714	0.204
吸引新职工	0.876	0.119
留住职工	0.840	0.292
职工培训	0.770	0.317
改善战略计划	0.356	0.855
累积贡献率（%）	56.07	10.56

该文献认为，西班牙企业已从工业经济走向基于知识的经济；在这些企业中，无形资产在其交易模型中扮演重要角色。

文献[①]对制造业和服务业在 IT 技术使用上的不同进行了比较分析。该研究对澳大利亚 500 强企业进行了问卷调查，得到 81 份反馈。结果表明，两个产业都仅从 IT 投资中得到中等利益，利益主要来自于产量的提高和成本的降低。服务业比制造业在利用 IT 提升产品和服务价值上做得更好；另外，比起制造业，服务业的 IT 部门在战略发展中发挥更直接的作用。在两个产业中，经济因素、高级管理支持的不足、成本收益的不正确判断被认为是 IT 成功的最大障碍。

三、市场信息分析

市场信息分析是为提供市场信息而专门进行的一项信息深加工活动。其主要目的是为各种宏观、微观市场管理和开拓活动提供对策建议。

市场信息分析可为政府进行宏观调控提供重要依据。例如，政府可以根据市场上商品的供求总量和结构调整国民经济各部门之间的比例关系，决定投资方向、投资规模和投资速度。

市场信息分析还可为企业开拓市场、进行市场营销决策出谋划策。企业新产品的定价、销售渠道的选择、广告策划、市场机会的发掘以及生产的安排、设备的购置、人员的调度、技术的装备等，无一不以丰富、灵敏和准确的市场信息的取得与利用为基础。企业根据市场销售状况，可以对消费偏好和需求潜力作出分析，从而调整和决定企业的市场营销策略。例如，某市钟表公司将其生产的一种新型电子表投放市场，开始销路很好，但不到几个月，销路一落千丈。为此，该公司组织了一次市场调查，经过分析研究，得出以下市场信息：该公司电子表的滞销是因为价格偏高，用户对之缺乏了解、不会使用、担心质量不过关、怕

---

① Amrik S. Sohal and Simon Moss. Comparing IT success in manufacturing and service industries. International Journal of Operations & Production Management, 2001, 21 (1/2).

表坏了无处修、怕电池买不到等。该公司及时采取了一些对策，如降低电子表价格、生产一定数量的零配件、建立维修网点、提高产品质量等。由于信息把握准确及时，措施得力，电子表销量很快上升，一些店主甚至主动要求经销该公司的电子表。

市场信息分析通常会涉及市场营销环境、供求情况、广告宣传情况、市场竞争情况等方面。客户是市场信息分析关注的焦点。在现代社会里，选择商品的机会变得更多，营销信息过载，商品更加复杂，商标间差别越来越小，伪造商标增加，相似产品增加。面对快速变化的竞争环境，一些客户感觉压力很大并发现在购买中很难作出决定。很多研究表明，在广告的信息处理方面，女性比男性的感觉更混乱，更容易曲解，更关注细节。这是因为女性比男性更关心广告且不讨厌广告。女性更喜欢阅读商品上的标签以获取产品信息，更容易将她们的购买限制在较小的范围，花更多时间采购。面对大量的信息，她们不倾向于简单的决策，也不询问销售人员。女性更容易将自己暴露在信息面前而又不处理那些信息，因而更容易产生决策困难。在年龄影响方面，大年龄的客户，没有能力处理信息，更易信息过载，倾向于利用首选的特征来选择食品。教育程度低的客户处理信息能力较差，不善于利用信息，容易信息过载。

文献[①]试图通过信息分析识别在购买决策上存在困难的客户。该研究利用问卷调查在德国北部城市对 262 个客户进行了访问，为了保证样本覆盖面更广，访问过程对年龄和性别进行了控制。调查表包括三类市场决策困难因子：信息不清晰困难、信息过载困难和相似性困难。信息不清晰所导致的困难的具体调查项目为：像 VCD 这样的产品具有太多的特征，以致于难以在不同的品牌之间比较；从广告中获取的信息太模糊，难以弄清某商品到底有什么功能；当购买某商品时，很少感觉已得

---

① Gianfranco Walsh and Vincent-Wayne Mitchell. Demographic characteristics of consumers who find it difficult to decide. Marketing Intelligence & Planning，2005，23（3）.

到充分的信息。信息过载所导致的困难的具体调查项目为：我总是不能精确地知道哪个产品最适合自己；存在太多商标，我有时感觉很混乱；由于商店主人的原因，我有时难以决定到哪家去购买。商标相似性所导致的困难的具体调查项目为：由于很多产品之间的相似，常常难以察觉出新产品；有些商标如此相似，难以确认它们是否由相同的厂家生产；在商店，我倾向于快速找到我喜欢的商标。

为了识别不同的客户群，该研究利用层次聚类法。为了避免由于以上因子中存在不同数量的调查项目所带来的错误，该研究将市场决策困难的三个因子中的每个项目分别相加并求平均值，这些平均值作为聚类的输入变量，其他输入变量包括年龄、性别、教育程度。类间距采用欧氏距离。

聚类图显示出 4 个类。第 1 类是信息不清晰的客户，有 12 人，他们是平均年龄为 74 岁的男性，教育程度较高。第 2 类是对市场决策困难具有免疫力的客户，有 143 人，她们是平均年龄为 25 岁的女大学生，教育程度最高。第 3 类是常常倾向于市场决策困难的客户，有 66 人，她们是平均年龄为 52 岁的女性，教育程度较高。第 4 类是偶尔倾向于市场决策困难的客户，有 41 人，他们是平均年龄为 36 岁的男性，教育程度较高。

市场决策困难可以看成是在供应方市场特征与客户特征之间的一种特定交互，供应方市场特征包括市场复杂性、产品复杂性、同等的购买选择等，客户特征包括动机和信息处理能力等。市场决策困难与多个因素有关，如商标忠诚度降低，客户满意度减小，决策延长，竞争低效率等。因此，研究什么导致了市场决策困难和哪些客户更容易产生决策困难将与市场营销和客户关系管理直接相关，以上研究对营销人员、客户和客户教育者来说都具有一定的参考和指导作用。

对于企业来说，营销和革新之间的关系很难处理。有人将客户看成是利益的来源，他们认为客户服务、客户满意度和客户聚焦是企业的生命线。有人将技术革新看成是经济增长的关键驱动力，他们认为企业应当不断地有新产品、新技术。

很多现象表明，革新和市场营销在企业运行的不同方面都具有重要作用。为了研究企业对营销和革新的态度，文献①设计了调查表，包括七大类问题。第一类问题是企业对客户的态度，具体调查将客户看成是：企业收益的来源；提供一个满足需求的机会；企业革新、营销和服务的热心者；开发个性化产品和服务的合作者。第二类问题是企业对产品和服务的态度，具体调查将产品和服务看成是：产生企业利润的手段；服务客户的手段；革新和形成市场的机会；与客户共同开发个性化产品和服务。第三类问题是企业认为商业环境（如政治、法律形势，经济，社会和文化变化）很重要的原因，具体调查认为原因是：对企业收益产生影响；对企业服务客户产生影响；对开发革新性产品和服务，以及商场形成产生影响；对与客户交互式地开发个性化产品和服务产生影响。第四类问题是企业对竞争对手的态度，具体调查将竞争对手看成是：从本企业夺取利润的对手；能更好地服务于客户的对手；能更好地开发新产品的对手；能够与客户交互以开发出个性化产品和服务的对手。第五类问题是企业对自己的看法，具体调查企业将自己看成是：产生利润以便永远生存；服务客户的工具；创造革新产品和服务的工具；与客户交互以创造个性化产品和服务的工具。第六类问题是企业对职工的态度，具体调查将职工看成是：献身于为企业创造利润；献身于为客户服务；献身于开发革新性产品和服务；献身于与客户交互以开发个性化产品和服务。第七类问题涉及企业发展和利润的相关问题。

　　该研究对 127 个主管人员进行了调查，得到 124 份有效回答。被调查人员中 64% 是男的，年龄在 28~64 岁之间，平均年龄 38 岁，他们具有中等到高等的管理职位，在不同的部门，代表了大范围的企业，82% 的企业位于北美。被调查者能够私下完成调查，并能够非常方便地将填完的调查表放入返回箱中。该研究对搜集到的数据进行了多种分析，旨在搞清革新和营销之间的关系。

---

　　①　Pierre Berthon, James Mac and Hulbert. Leyland Pitt. Innovation or customer orientation? An empirical investigation. European Journal of Marketing, 2004, 38 (9/10).

第五节　信息服务

一、用户需求

信息分析以与研究课题有关的大量原生信息为处理对象，通过对信息内容的深加工，挖掘出能满足用户需要的新生信息。从整个活动的过程来看，信息分析对其所研究的对象具有整理、评价、预测和反馈四项基本功能。具体来说，通过整理，使信息由无序变为有序；通过评价，实现对信息内容的去粗取精、去伪存真、辨新、权重和荐优；通过预测，实现原生信息向新生信息的转化；通过反馈，可以对用户的实际利用效果进行评议，以便进一步改进和提高。从信息服务的角度来讲，这四项功能的实现都可归结为不断提高信息服务的质量和水平，满足用户的实际信息需求。

在信息分析领域引入信息服务理念，意味着信息分析的本质是满足用户的信息需求。我们在前面探讨信息分析的含义时其实也已经表明了同样的观点，即信息分析要注重"从用户中来，到用户中去"。它包括以下几方面：

（1）信息分析的选题必须建立在用户特定的信息需求基础上，没有用户特定的信息需求，信息分析的选题只能算是一厢情愿。为此，需要分析研究用户及其信息需求，包括"谁是信息用户"、"用户需要什么类型的信息"、"用户将在何种环境下利用信息"等。

（2）原生信息因使用目的不同而有不同的分析处理方向。因此，在原生信息分析处理的每一个环节，应该始终以用户需求为导向。这种从用户需求出发推演分析思路和方向的做法，有助于在信息分析过程中少走弯路、错路，降低成本，提高效率。

（3）信息分析成果应能在一定程度上满足用户的信息需求。信息分析成果要想让用户满意，至少要具备以下因素：优质、低廉、对路的产品；迅速而有效的服务；良好的信誉；个性化和特色。

二、信息展示

有效的信息获取和深层次的分析处理虽然十分重要，仍然不能代表信息化能力的全部内涵。如何将信息分析的成果通过合适的方法展示出来，便于用户吸收和利用，也是信息化能力的重要体现。

常用的信息展示的方法主要有：文字报道、口头报道、直观传播报道，现在还有网络发布等形式，可有效解决信息展示的时空问题。

随着科学的发展和进步，产生了一个崭新的研究领域——信息可视化。信息可视化是一门以计算机科学、地图学、认知科学、信息传播学与信息系统为基础，为直观、形象地表现、解释、传递信息并揭示其规律，关于信息表达、传播的理论、方法与技术的学科。它将抽象数据用可视的形式表示出来，有利于分析数据、发现规律和决策制定。[①] 信息可视化理论包括相当丰富的内容，如文献信息可视化、多维数据可视化技术、动态探索技术、"聚焦＋关联"技术、信息检索与可视化、层次信息可视化、网络数据的可视化等。信息可视化不仅用图像来显示多维的非空间数据，使用户加深对数据含义的理解，而且用形象直观的图像来指引检索过程，加快检索速度。它显示的对象主要是多维的标量数据，目前的研究重点在于，设计和选择什么样的显示方式才能便于用户了解庞大的多维数据及其相互之间的关系。它涉及到统计学、数据库、心理学、人机交互、知识发现等领域，而且从心理学和人机交互的角度来说，这是一个还未曾进行过充分研究的新领域，也是一个学科充分交叉的新领域。

三、信息传递

原生信息转化为新生信息后，需要及时地传递给用户。信息分析成

---

① 靖培栋. 信息可视化——情报学研究的新领域. 情报科学，2003，21 (7).

果从信息分析机构走向用户的过程，本质上是信息通过信道从信源传送到信宿的过程。这些信息只有进行有效的传递，才能为用户所利用。所谓信息的有效传递，是指信息从信源发出，通过适当的媒介和信息传递通道，到达合适的信宿的运动过程。这一过程通常涉及信源、信宿、信道、信息内容、信息符号、信息保障条件等几个方面。其中，信源是指信息的传递者，即信息分析机构；信宿是指信息的接受者，即各级各类科学决策、研究与开发、市场开拓等活动中需要利用信息的主体（如科技人员、管理者、决策者）；信道是指信息在传递过程中经由的物理通道；信息内容是信息传递的对象；信息符号是信息内容藉以依附的载体（如语言、文字、图画、表格、图像、公式、编码），是为表达信息的内容而存在的；信息保障条件主要是指信息传递的技术保障和社会保障，包括通信技术、网络技术、数据仓库技术以及经济条件、法律条件、伦理道德条件等。

与一般的信息传递不同的是，信息分析中的信息传递多半为单向被动传递，如上级主管部门下达的课题、信息用户委托的课题基本上属于这种性质。此外，单向主动传递也是一种很有生命力的形式，这种形式主要出现于信息分析人员自己提出的课题之中。由于信息分析是为满足特定的用户需求而展开的，其成果带有"个性化产品定制"色彩，因此一般极少出现多向主动或被动传递的情形。信息传递的这一特点，决定信息分析常常以定点服务的方式开展。信息分析机构为特定用户提供定点服务的好处在于熟悉用户、与用户之间的关系密切，从而可以显著地降低信息分析的风险成本。用户也可以充分享受"个性化产品定制"所带来的好处。特别是当用户为应付突发事件而提出信息需求时，信息分析机构能较快地做出反应。

四、信息吸收、利用和反馈

信息吸收是指用户有选择地汲取有益的信息成分的过程。在信息吸收过程中，通常涵盖了信息的理解、消化、有选择的接纳等环节。信息的利用，就是用户为了达到提高科技效益、经济效益或社会效益的目的而运用信息的导向功能和催化功能解决科学决策、研究与开发、市场开拓中的具体问题的过程。信息的吸收和利用是一切组织和个人对外进行信息交流、对内进行管理和决策的必要手段。没有信息的吸收和利用，信息分析成果对社会的贡献就无法实现。

英国著名学者布鲁克斯（B. C. Brookes）曾经从哲学的高度提出了如下方程（式 4—8）：

$$K(S) + \Delta I = S + K[S + \Delta S] \tag{4-8}$$

该方程又称作布鲁克斯知识结构方程。式中，$K(S)$ 为原有的知识结构，即一个人的背景知识；ΔI 为吸收的信息量，即能够理解、整合到自己知识结构中的信息；$K[S + \Delta S]$ 为吸收了信息后形成的新的知识结构。

布鲁克斯知识结构方程表明，一个人新的知识结构的建立，取决于两个因素，即原有的知识结构 $K(S)$ 和新吸收的信息量 ΔI。能够满足人们信息需求的不是所有的信息，而是使人们原有知识结构发生变化的那一小部分知识（ΔI）。该方程还表明，原有的知识结构在很大程度上决定了一个人的信息吸收能力和吸收量。

用户信息利用能力的发挥程度与信息吸收能力的大小之间存在密切的关系。由于社会环境的复杂性以及用户信息吸收能力的差异性和信息消费状态的多变性，信息利用的效果往往不尽如人意，如用户在利用信息过程中常常会对价格水平和支付方式、风险选择方式、市场转让范围、成果形式以及信息的内容、质量等提出建议和意见。这一过程就是信息的反馈。信息反馈是改进信息分析成果质量、提高信息服务水平的有效途径。信息分析活动中的许多修正、调整和改进工作是以用户的反馈信息为依据的。

五、信息服务市场化

信息分析因其机构性质、课题来源不同而采取不尽相同的信息服务模式。为宏观管理决策服务的选题多数是为各级各类有隶属关系的政府部门服务，一般由上级主管部门下达，采取非市场化或准市场化的信息服务模式；基于用户委托而产生的选题，多数是为社会各类经济活动部门生产、经营和管理活动服务，一般依托经济杠杆平衡供求关系，带有典型的市场化运作的特点；通过主动跟踪而产生的自由选题，则依具体情况而异，可能是市场化的信息服务模式，也可能是非市场化或准市场化的信息服务模式。从信息业的现状和趋势来看，伴随着市场经济体制的建立，信息服务市场化已经成为当前信息分析发展的主流。

在信息分析中，可以将信息的搜集、分析处理和提炼看作是信息内容的转换过程，即通过信息搜集、分析处理和提炼实现信息从原生态到新生态的转换。在这个转换过程中，大量的、表面上看起来毫不相干且难以利用的原生信息转换为少量的、彼此关联的、可资利用的新生信息。沿着信息分析路径，信息转换逐级深入，信息内容逐渐增值。

与信息内容转换截然不同的是，信息的传递和服务可以看作是信息分析成果所有权的转移。在转移过程中，通过交换，信息分析成果从信息分析机构转移到用户手中。在市场化条件下，这种交换实际上是通过信息市场实现的。此时，信息分析成果被视为信息商品，纳入信息市场，并按照信息市场的机制和规律进行运作。

思考题

1. 试述信息分析的特点和作用。
2. 试述信息分析包括的主要环节和内容。
3. 信息分析成果的类型和特点是什么？
4. 试述德尔菲法的特点和预测征询的过程。
5. 试述头脑风暴法的基本思想和优、缺点。
6. 试述交叉影响分析法的基本思想。
7. 内容分析法包括哪些关键步骤？
8. 什么是趋势外推法？它包括哪些步骤？

9. 什么是多元分析法? 常见的多元分析法有哪些?

10. 什么是主成分分析? 其核心思想是什么?

11. 什么是聚类分析? 其核心思想是什么?

12. 试述联机分析处理和数据挖掘的基本思想。

13. 试述科技、技术经济和市场信息分析的主要内容。

14. 信息分析中的信息传递包括哪些要素?

第五章　信息技术应用与信息产业发展

第一节　信息技术及其社会影响

一、信息技术及其特点

在信息化时代，科学技术飞速发展，形成了一大批高新技术领域，信息技术就是其中最重要的一种。信息技术的发展和完善，已逐渐成为衡量国家综合国力、社会信息化水平的关键因素。

纵观历史，信息技术一直是推动社会发展的强大动力。马克思曾说过，技术"是人类劳动的产物，是变成了人类意志驾驭的自然的器官自然物质。它们是人类的手创造出来的人类头脑的器官，是物化的知识力量"。[①] 伴随着计算机和现代通信技术的问世，信息技术的发展不再只是从属于其他技术的发展，而是跻身于领导现代技术发展的主导技术群，成为推动现代社会和现代经济发展的强大动力。

信息技术是指完成信息搜集、存储、加工处理、传递、应用等活动的各种技术的总和，包括生产和应用两方面。生产主要体现在电子信息产业上，而应用则侧重于信息技术的扩散。有关信息技术的理解有很多，以下两种看法比较具有代表性。

一种观点认为，信息技术是扩展人的信息功能的一类技术。人具有四类信息器官：感觉器官、传导神经器官、思维器官和效应器官，与之相对的是四种信息功能：获取信息的功能、传递信息的功能、处理和再生信息的功能以及使用和反馈信息的功能。类比人的信息功能，信息技

---

① 马克思，恩格斯. 马克思恩格斯全集（第46卷下卷）. 北京：人民出版社，1972.

术就有感测技术、通信技术、计算机技术和控制技术之分。这四种技术构成了信息技术的主体，是信息技术最基础的部分，被称为信息技术四基元。其中通信技术和计算机技术处在信息技术的核心位置，感测技术和控制技术则是核心技术与外部世界的接口。信息技术四基元相辅相成。

另一种观点认为，信息技术涉及信息基础技术、信息系统技术和信息应用技术。其中，以微电子技术为代表，涉及有关电子元器件制造的信息基础技术是整个信息技术的基础；以计算机技术为代表，涉及信息的获取、处理、传输、存储和控制的信息系统技术是信息技术的核心；以网络技术为代表，涉及信息的管理、控制和决策的信息应用技术体现了信息技术创新和应用的目的。在信息技术中，计算机技术是关键，起到了联系各种具体技术的纽带作用。

一般认为，信息技术是以微电子技术为基础，以计算机技术、通信技术和多媒体技术为标志的高新技术，它是借助以微电子学为基础的计算机技术和电信技术结合而成的手段，对声音的、图像的、文字的、数字的和各种传感信号进行获取、存储、加工处理、传递和应用的能动技术。现代信息技术则更多地融入了网络技术和软件技术。信息技术是当今高新技术领域中发展最快、竞争最激烈的先导性技术。而这场数字化、网络化、综合化的信息技术革命，不仅深刻影响着全球的科技、经济、社会和军事的发展，也极大地改变着人们的思维方式、生活方式，引导着人类向知识经济和信息社会迈进。

（1）计算机技术。计算机技术是 20 世纪最重大的发明之一。迄今为止，已经历了电子管、晶体管、中小规模集成电路、大规模集成电路的四次换代，现在正向第五代智能化计算机时代迈进。计算机技术的发展主要体现在五个方面：一是巨型化、高速化、大规模集成化；二是微型化、多功能化、个人化；三是智能化；四是网络化；五是多媒体化。

（2）通信技术。通信技术是指将信息从一个地点传送到另外的地点而采取的方法和措施。常用的通信技术有运动通信、简易信号通信、无线电通信和有线电通信。随着计算机技术和其他新技术的介入，现代通信技术形成了许多新的分支，如光纤通信、卫星通信、数据通信等，其中电话通信、数字程控交换机、传真技术、电视技术等发展较快，影响也较为广泛。随着科学技术的进步，各类通信新技术将会得到更多的开发，通信技术将在信息高速化、多业务智能化、多媒体个人化三方面实现突破。

（3）多媒体技术。多媒体技术是用计算机综合处理、传输和存储文本、图形、图像、声音等多种媒体信息，并通过集成的手段使这些信息建立逻辑连接关系的一种系统，具有集成性、实时性和交互性等特点。其关键技术主要包括多媒体数据压缩/解压缩算法的研究、多媒体数据存储技术、多媒体计算机软件和硬件平台、多媒体开发和创作工具、多媒体数据库的管理、超文本和超媒体技术等。多媒体技术体现了人类最朴实的信息交流需求。

（4）网络技术。网络技术侧重于将计算机技术与通信技术相结合，它的开发，有效地带动了电子商务、电子政务、远程教育等一系列新应用的发展，促使了计算机产业、通信产业、信息内容产业的相互融合。网络技术的迅速发展，给信息产业乃至社会活动的各个方面带来了巨大的影响。

（5）软件技术。随着全球硬件规模的扩大、性能的提高和价格的降低，与之相配套的软件也日益成为世界经济中一个重要的产业。目前，软件产业正逐步实现规模化，同时，软件技术也得到进一步细化，并逐步实现标准化。在软件领域，已形成了平台软件、中间件和应用软件三大类，不同软件技术的发展也形成了各自的特点。

信息技术主要具有如下特点：

（1）高投入性。信息技术的高投入性包括资金的高投入和智力的高投入。在信息产业领域，技术开发和产品制造的难度很高，相关的研发费用十分巨大，而信息技术的研发还需要较高水平的专业技术人员参与。

（2）高渗透性。信息技术的多样性及应用的普及性，使其广泛地渗透到国民经济的各个领域。它既是针对特定工序的专业技术，又是适应于各种环境的通用适用性技术，或称其"处于综合性、交叉性强的技术领域"。信息技术的大力发展催生了一些新的"边缘产业"，它的应用领域也已经覆盖到生产制造、办公室业务、家庭生活、教育、娱乐等许多方面。伴随着信息技术不断渗透与扩散、发展与融合，各国经济结构重组与调整的步伐不断加快。

（3）高带动性。信息技术对信息产业和其他产业都有很强的带动性。在产业内部，信息技术带动了微电子、半导体、激光、超导等产业的发展；在产业外部，带动了一批新材料、新能源等产业的发展。此外，信息技术还可以用于对传统产业进行改造，使之重新获得生命力。

（4）高倍增性。信息技术的高倍增性主要取决于信息产品生产过程的低消耗与高产出、高附加值等特点。信息技术的广泛应用可以显著提高资源利用率、劳动生产率和工作效率，极大地改变劳动力结构，带来巨大的经济效益。在信息产品的生产、流通及利用中，大量运用先进的信息技术，能直接或间接地减少生产中的物质与能源消耗。虽然需要增加新的信息资源，但信息资源作为一种非消耗性的资源，可多次重复使用，边际成本是比较低的。信息劳动是智力劳动，是一种高效率、高效益的劳动，能在一段时期内创造出超过其本身价值多倍的价值。

（5）高创新性。当代经济的增长越来越多地与技术创新紧密联系，经济增长很大程度上是因为技术的进步和知识的积累与创新。信息技术的创新性正是源于大规模科学研究与重大发明创造，建立在现代科技最新成就和多学科交叉的基础上。20世纪以来，信息技术领域的几项重大突破——半导体、计算机、卫星通讯、光导纤维等都体现了信息技术的这种高度创新性。

二、信息技术的作用

纵观信息技术的发展历程，人类使用信息技术的历史大致可划分为三个阶段：第一阶段要追溯到 17 世纪以前，信息技术的发展在各种技术发展中仅处于从属地位；第二阶段是从 17～19 世纪，近代信息技术的发展依托工业革命的大背景，为当时的科学技术和社会经济的发展提供了必要的信息保障；第三阶段是从 20 世纪至今，特别是最近几十年，现代信息技术广泛渗透于各种传统技术，并对其成功改造，形成了许多边缘学科。信息技术的发展，大大提高了整个社会运行的速度和效能，使得整个社会的生产方式、生活方式等发生了巨大变化。

信息技术能够改造传统产业，带动国民经济迅速增长，实现社会的可持续发展。随着信息技术的进一步发展，这些作用将表现得越来越明显。

（1）信息技术能推动经济的增长。著名经济学家丹尼森(E. F. Denison)将经济增长因素分为生产要素投入量和生产要素生产率。其中，生产要素投入的核心成分从资本、劳动力逐渐转变为以信息技术为代表的高新技术，当信息技术应用到生产中时，就能极大地提高生产要素生产率。信息技术的出现，有力地推动了经济的增长。在生产领域推广信息技术，可以改善劳动条件，扩大生产能力，提高产品质量，增加经济效益。信息技术的发展，还可以提高市场的效率，扩大市场，促使全球化市场的形成。

（2）信息技术有利于传统产业的改造。信息技术是知识经济的重要基础，是提升传统产业最活跃的因素。通过信息技术，可以改造传统产业，加快传统产品的升级换代。随着互联网覆盖全球，微电子技术、通信技术、网络技术、多媒体技术等信息技术飞速发展，地域经济的界线日益模糊，传统产业的发展呈现出国际化特征。而且信息技术的广泛应用，使得经济组织管理方式趋向于集中化，传统的经济组织结构发生变革。

（3）信息技术有利于实现经济可持续发展。可持续发展主要表现为环境、人口和自然资源的良性发展。信息技术在治理和改善环境、人口、资源问题中起着积极的作用。利用信息技术，不但可以帮助研究人员工作，还有助于人类从更宏观、全面的角度实施环保；可以在满足可持续发展的前提下，用计算机仿真手段测算合理的人口模型，便于政府制定控制人口数量的政策和措施；还可以提高传统资源的利用效率，促使国民经济走上集约化发展的道路，降低能源、资源的消耗量，减少各种环境污染，提高资源的投入产出水平，使国民经济持续健康发展。

（4）信息技术有利于信息产业和信息经济的繁荣。一方面，信息技术产业化，促使产业结构发生一系列剧变，为全球经济一体化创造了有利条件，推动了国民经济和社会的信息化进程；另一方面，信息技术的大规模应用，极大地推动了生产力的发展，导致信息产业和信息经济的繁荣，使人类最终步入以信息经济为标志的信息社会。

（5）信息技术有利于社会生活方式的改善。信息技术的发展和广泛应用，丰富了人们的物质文化生活，改变了人们的传统观念，对文化和教育都有着潜移默化的作用。信息技术能使人们从各方面取得所需要的信息，使得社会变得越来越小，人类活动将更注重以家庭为中心。信息技术正迅速改变着社会生活方式的格局和格调。

三、信息技术对信息产业的影响

从产业发展的内在规律分析，产业的形成、发展及演化主要是受生产力发展水平的制约，受由生产力发展水平所决定的技术进步和社会需求两方面的影响。产业结构的演化，都是由技术革命引起产业革命，形成新的社会分工，推动产业结构的高级化。

纵观历史，信息技术经历了文字、电报、电话，直到现代信息技术的发展过程。特别是20世纪40年代以来，信息技术获得飞速发展，其效用渗透到社会生活的各个方面，成为当代社会、经济发展的核心技术，信息技术在传输、处理、储存等方面的突破，使其真正成为适应现代社会需要的高技术群。每一时期的重大科学技术进步，都会不同程度地带来经济、社会的深刻变化，当前的信息技术革命也正强烈地影响着经济和社会的发展，首先就是体现在产业结构的巨大变化上。作为产业升级重要推动力的信息技术为产业结构调整提供了新型的管理模式和有力的技术支持。从信息技术本身来看，它包括人们对信息的获取、存贮、处理及传输，信息技术的发展相应扩展了人的各种信息器官功能，同时也成为信息产业中重要行业的支撑技术（见图 5－1）。[①]

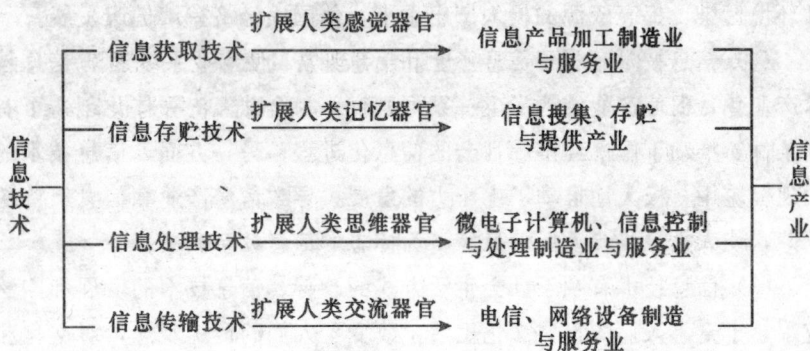

图 5－1　信息技术发展与信息产业形成关系图

　　计算机技术、电子技术、数字技术、网络技术、卫星通信技术、通信材料技术、激光技术的高速发展，给信息传播、服务、管理领域带来了重要变革，给信息活动注入了新技术革命的活力，彻底改变了传统信息活动的传输方式、处理方法和存贮模式。在现代信息技术的推动下，信息产业迅速形成并发展起来。信息技术革命的直接结果就是导致了新兴的信息产业的崛起，信息技术的发展及应用是信息产业产生和壮大的根本动力。

　　同时，信息技术和生产力发展之间还存在着相互作用关系。生产力是信息技术发展及应用的集成；信息技术的发展和应用对社会生产力又有促进作用，使劳动工具实现了全面的信息化、智能化，推动着生产力的不断发展。而社会生产力的发展是信息产业形成的基础，也是其他动因产生的基础。因此，信息技术通过对生产力的作用，日益渗透到信息

---

① 马费成，靖继鹏. 信息经济分析. 北京：科学技术文献出版社，2005.

产业中，与信息产业相互促进。

一方面，信息技术的发展促进了产业结构的调整和优化，使一些技术上落后的产业部门受到巨大的冲击逐步走向衰退，被新兴的产业部门所替代，并通过信息技术的作用与渗透，使某些产业部门发生变革，使传统产业部门走向成熟。同时，信息技术的发展促使新的产业得以产生，使传统产业部门之间出现融合组合等现象，使产业系统逐渐走向合理化。另一方面，经过一系列变革的更加合理化的产业结构也将进一步促进信息技术的发展。

信息技术渗透并作用于信息产业，推动信息产业的发展变化；信息产业也反过来作用于信息技术，促使信息技术不断发展和完善，信息商品和信息服务不断推陈出新，满足社会和人类的信息需求。

第二节 信息产业的形成和发展

一、信息产业的形成动因

随着信息科学理论的日趋成熟和信息技术的不断发展，以高新技术为代表的经济时代的主导产业——信息产业已逐渐从第三产业中分离出来，成为人类迄今为止最具发展前途的产业之一。信息产业的形成是内因和外因共同作用的结果。

（一）信息产业形成的内因

信息产业的崛起是第二次世界大战以来信息技术发挥作用的结果。信息技术革命强烈地影响着社会经济的发展，使整个经济结构发生巨大的改变，首先体现在产业结构的变化上。任何一种产业的形成都是由需求和供给两方面决定，信息技术的发展只是为信息产业的形成提供了技术上的支持，是信息产业发展的供给条件；社会的需求则是信息产业形成的另一必要条件。信息产业的兴起和形成的内在因素是十分复杂的，主要有如下几个因素。

1. 信息量的激增是信息产业兴起的基础

由于科学技术迅速发展，创造发明层出不穷，产品周期日益缩短，导致人类社会的信息总量急剧增长。信息量的剧增，使得专门从事信息生产、加工、存储、流通与服务的新兴行业应运而生。特别是计算机和网络技术的发展与应用，更加促进信息生产、加工、存储、流通与服务朝着产业化方向发展，新兴的信息产业悄然兴起。

2. 生产力的发展是信息产业形成的动力

当人类从农业社会步入工业社会进而跨越到信息社会以后，人类社会生产力的发展也随之经历了原始生产力、古代生产力、近代生产力到现代信息生产力的发展阶段。信息与劳动者、劳动工具和劳动对象共同构成现代生产力的基础，使生产力取得了巨大进步。这种生产力发展的结果促使了以物质产品为主的物质型经济逐步向以信息产品为主的信息型经济转变。经济结构的转变，必然导致产业结构的转变，使信息产业逐渐从传统产业中分化出来，成为独立的产业。可见，社会生产力的发展是信息产业形成的真正动力，信息产业是生产力由低级向高级、由原始到现代发展的必然产物。

3. 社会成员对信息产品和服务的需求增加促使信息产业的形成

随着经济的发展，信息量呈指数增长，面对如此大量的信息，必然要求对信息进行专业化生产，才能实现信息生产的规模经济和范围经济，从一定程度上节约信息生产的成本，这是信息产业形成的动机之一。任何产业的形成都是由社会需求推动的，信息产业也不例外。一方面，由于信息产品不仅能满足人们物质生活的需要，为人们带来高效率、高效益，还能满足人们精神生活的需要，提高人们的工作与生活质量，所以人们乐意购买并消费信息产品和服务；另一方面，社会生活方式复杂多样，社会成员只有依靠社会的信息帮助，才能满足自身发展的需要。同时，个人计算机的大量增加，促进了社会成员对各类信息资源和信息产品的需求，信息服务的需求也随之增加，创造了大量的新的就业机会，反过来推动了信息服务业的发展。社会成员对信息产业的这种需求是信息产业形成的主要动因之一。当信息产品和信息服务成为一般社会成员较为稳定的需求时，信息产业将会迅速形成。

4. 产业结构的变革以及消费结构的变化拉动信息产业的形成

在信息革命浪潮的冲击下，全球产业结构的演变具有"脱工业化"和"非工业化"的特征。传统工业生产的进程放慢，而一系列以知识、信息为特征的高技术产业产值比重日益攀升，甚至超过了工业生产产值比重，逐渐形成了新的主导产业——信息产业。大量统计分析表明，消费结构的变化与产业结构的变化是相对应的，消费结构的变化也能引起产业结构的变动。在信息经济时代，消费结构的重点由必需品转向非必需品，人们的消费选择余地大大扩展，而且需求趋向多样化、个性化，这都为信息产业的形成创造了需求、准备了条件。

5. 信息技术的进步和发展是信息产业形成和发展的推动力

信息技术的发展主要体现为在信息载体、信息工具和信息内容上增强了人类信息能力。信息载体促进了信息设备制造业的形成和发展；信息工具增强了开发与利用信息的广度和深度；信息内容扩展了信息服务业的范围和服务方式。信息技术的发展相应扩展了人的各种信息器官功能，成为将要产生的信息产业中重要行业的支撑技术。在现代信息技术的推动下，信息产业迅速形成并发展起来。

上述信息产业形成的几个内因之间并不是互相孤立，而是紧密联系的（见图5-2①）。信息量的激增是信息产业形成及发展的源泉；社会生产力的发展是信息产业形成的基础；社会需求是信息产业兴起的内在激励；产业机构变革是信息产业发展的必要变动；信息技术的发展和应用是信息产业形成的最主要的动力。

---

① 马费成，靖继鹏. 信息经济分析. 北京：科学技术文献出版社，2005.

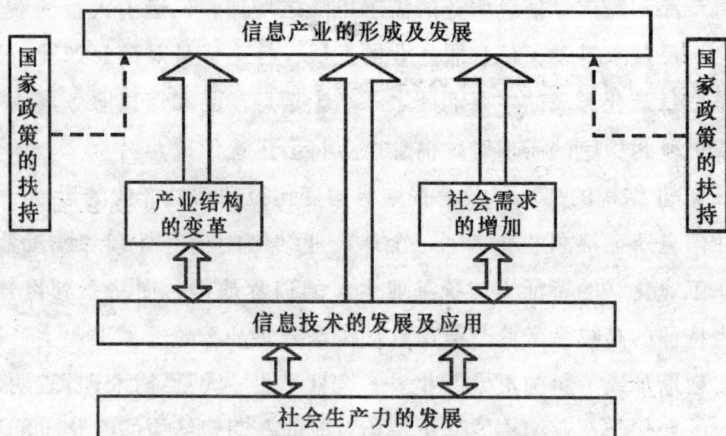

图 5-2　信息产业形成机制示意图

（二）信息产业形成的外因

信息产业的形成和发展不可避免地要受到一些外在因素的影响，既包括国内环境因素，也包括国际环境的影响。

国内环境因素首先是国家政策的支持，主要体现在国家对信息产业宏观的管理体制上。国家政府部门要充分意识到信息产业在国民经济中的重要地位和先导、带动作用，大力扶持信息产业的发展，促使信息产业的快速、稳健、健康发展。其次是国家的经济环境，它能直接影响一个国家信息产业的发展态势。最后，国家人文环境对信息产业的影响也不可忽视，社会群体的价值观、行为准则、文化素质、世界观、方法论等都会影响信息产业的发展方向、发展程度和发展趋势。

当今社会信息全球化趋势越来越明显，世界信息产业进入新的发展时期，国际环境的巨大变化是促进信息产业形成和快速发展的重要外在因素。在新技术革命与经济全球化的推动下，越来越多的国家开始积极发展本国的信息产业，通过激烈的竞争，促进国际信息商品和服务贸易的繁荣。

二、信息产业的发展状况

(一) 信息产业的形成与发展历程

从世界范围来看，信息产业是工业社会发展到一定阶段后的产物，代表了继农业、工业、服务业之后社会发展的方向。这有两方面的原因：第一，现代工业的发展，导致了一系列高精尖技术特别是计算机、通信、网络等信息技术的产生，从而为使信息的存贮、传递、交流等活动能够以前所未有的速度在深度和广度上发展提供了技术和资源条件；第二，现代工业因对物质资源和能源资源的过分依赖而导致的资源短缺、环境污染等问题日益突出，此时，迫切需要有一种全新的信息观来代替传统的物质能源观，信息及信息活动满足了人们对信息资源的大规模需求。信息产业在这样的背景下蓬勃发展。一般认为，世界信息产业的萌芽可以追溯到 20 世纪 40 年代，50～60 年代是信息产业的形成期，70～80 年代进入发展期，90 年代以来广度和深度都得到进一步的发展。1946 年世界上第一台电子计算机的诞生和 1957 年世界上第一颗人造卫星的升空，意味着人类探测和传递信息的能力达到全球化水平；20 世纪 70 年代微型计算机的问世，预示着信息技术的普及和信息产业的迅速发展成为可能；90 年代以来，计算机技术与通信技术的相互融合以及互联网的发展，进一步推动信息产业化和产业信息化成为各国政府、企业和民众普遍关注的焦点之一。[①] 据调查，2006 年世界信息产业规模达到 42457 亿美元。[②]

考察信息产业的形成和发展历程，信息产业经历了一个由独立、分散、不均衡发展到信息技术一体化的综合集成发展的过程。这种综合集成趋势是由技术和产业两个因素共同决定的。即：信息的数字技术革命，全面实现了多种信息表达形式的数字化，把模拟信息转变为数字信

---

① 张恒昌. 世界信息产业发展回顾与展望. 甘肃社会科学, 1999 (3).

· ② http://www.cs.com.cn/xwzx/05/200704/t20070417_1087632.htm,2007-12-21.

息，使多种信息相互结合，从而推动信息产业的发展；而信息采集、处理、传输和应用这四个环节所形成的信息产业的各个分支相互协调发展，在发展中不断优化产业结构，使得整个产业得以持续发展。[①]

（二）信息产业的发展趋势

从世界范围来看，目前信息产业的发展呈现出如下特点：合并与分离并存、竞争与垄断并存、新兴与衰落并存。特别是网络经济兴起以后，信息产业更是风云变幻。在信息技术的推动下，信息产业的发展呈现出以下趋势[②]：多极化与国际化趋势、产业结构高级化趋势、信息产品能力倍增而成本倍减趋势。

信息技术是当今世界经济和社会发展的重要驱动力，信息产业已成为我国全面建设小康社会的战略性、基础性和先导性支柱产业。根据《国民经济和社会发展第十一个五年规划纲要》、《国家中长期科学和技术发展规划纲要（2006～2020 年)》以及《国民经济和社会发展信息化"十一五"规划》的总体部署，"十一五"期间，我国信息产业发展的主要任务及重点是：第一，要不断提高综合信息服务水平；第二，进一步加强信息基础设施建设；第三，大力发展核心技术产业；第四，重点培育新的产业群；第五，积极推进产业集聚式发展；第六，推动现代邮政业发展；第七，加强无线电管理；第八，大力提升信息化建设支撑能力。

在《2006～2020 年国家信息化发展战略》中，"提高信息产业竞争力"被列为我国信息化发展的 9 项战略重点之一[③]：在信息产业领域，一方面要努力突破核心技术与关键技术，即建立以企业为主体的技术创新体系，强化集成创新，突出自主创新，突破关键技术。选择具有高度技术关联性和产业带动性的产品和项目，促进引进消化吸收再创新，产学研用结合，实现信息技术关键领域的自主创新。另一方面要努力培育有

---

① 乌家培，谢康，王明明. 信息经济学. 北京：高等教育出版社，2003.
② 黎苑楚，蔡东宏等. 信息产业导论. 武汉：湖北人民出版社，2004.
③ http://unpan1.un.org/intradoc/groups/public/documents/APCITY/UNPAN024287.pdf.

核心竞争能力的信息产业，即加强政府引导，突破集成电路、软件、关键电子元器件、关键工艺装备等基础产业的发展瓶颈，提高在全球产业链中的地位，逐步形成技术领先、基础雄厚、自主发展能力强的信息产业。

第三节　信息产业的结构和特征

一、信息产业的结构

（一）典型的产业分类体系

研究信息产业的结构，首先就要对信息产业按一定原则进行划分，然后研究它们的相互关系。关于信息产业的划分有很多种，最具代表性的是1977年美国学者波拉特在其著作《信息经济》中提出的包含信息产业的四次产业分类法。他在确定信息活动、信息资本、信息劳动者、信息职业等基本概念的基础上，界定了信息产业的范畴，从信息活动和信息市场的角度出发，按信息市场的供给关系或生产与消费关系进行了信息产业结构的划分，创造性地将信息产业划分为第一信息部门和第二信息部门。其中第一信息部门是指"所有在市场上出售信息产品与信息服务的信息行业"，而第二信息部门是指"政府或非信息企业中为内部消费而创造出的一切信息服务"。

波拉特在研究中从美国"国家产业划分标准（SIC）"中识别出116个信息行业，将其归纳为8个分支产业，认为这8个分支产业就是第一信息部门的结构构成（见图5-3）；并采用测度那些直接支持第二信息部门运行所消耗的各种劳动力（非信息行业中就业的信息劳动者的收入）和资本的价值（第二信息部门内信息资本的折旧/非信息行业购入信息资本的折旧，这里的信息资本包括信息设备和信息建筑物）来确定这些部门中信息服务的价值，由于这些价值是不直接进入市场的，称为"准市场"价值，这些部门也被称为"准信息部门"，主要包括一些民政事务和民间事务管理部门（见图5-3）。

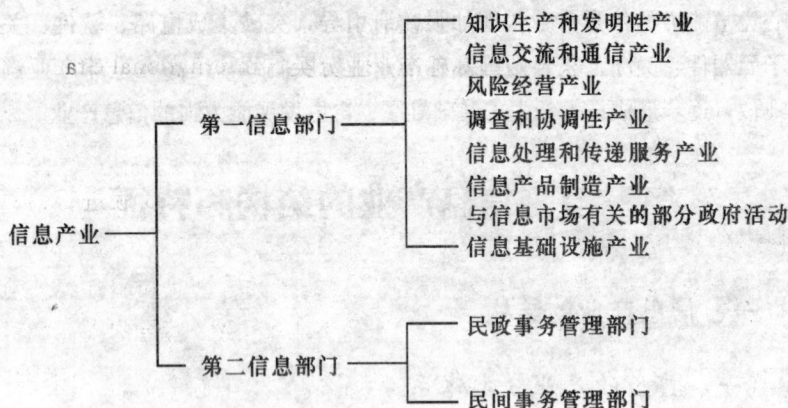

图 5-3　波拉特信息产业分类体系

　　随着时代的变迁、科学技术的进步，波拉特的信息产业的结构划分体系显示出了不足之处。社会经济结构的变化迫切需要人们研究新的产业划分来真实地反映现实经济发展状况。很多学者在马克卢普、波拉特等人研究的基础上，从不同的角度出发，给出了许多具有不同侧重点的信息产业结构划分。

　　1. 北美产业分类体系

　　北美产业分类体系（North American Industry Classification System，简称 NAICS）是美国、加拿大、墨西哥三国 1997 年联合制定的产业分类标准，并在这些国家的统计调查中使用。该分类体系首次将信息产业作为一个独立的产业部门。该标准认为，作为一个完整的部门，信息产业由以下单位构成：生产以及发布信息和文化产品的单位；提供方法和手段、传输和发布这些产品的单位；信息服务和数据处理单位。NAICS 体系每年更新一次。到了 2002 年，对信息产业的界定出现了较大的变化，突出了电信和网络服务的重要性。具体分类如表 5-1。近年来，互联网发行和传播、网络服务、搜索引擎、数据服务以及电信业的发展在世界上大部分国家都为国民生产总值的增长做出了突出的贡献，网络传播和电信业已经成为信息产业的主要产业。

2. 联合国国际标准产业分类

2001 年 3 月，联合国国际标准产业分类（International Standard of Industrial Classification，简称 ISIC）将北美产业分类系统中"信息产业"的定义和范畴纳入联合国推荐的信息产业辅助分类，并以此进行国际比较。目前最新分类是联合国统计委员会对 ISIC 第 3 版进行修订得到的第 3.1 版（ISIC Rev. 3.1）。这次修订在分类结构上没有大的变动，只对原有版本进行增补工作，并借鉴 NAICS 对信息业和国际经济合作组织对信息技术产业的定义，制定了一个基于 ISIC 的信息产业归并分类。ISIC Rev. 3.1 将国民经济从 A 到 Q 分为 13 个门类，62 个大类。

表 5-1　2002 年北美产业分类标准 NAICS 中的信息业

产业分类号	行业名称	备　注
51	信息业	
511	出版业（不包含互联网）	
5111	报纸、期刊、书籍、数据库出版业	含数据库、邮寄目录、贺卡、其他出版业
5112	软件出版业	含软件发行、咨询、订做、维护
512	电影和录音业	
5121	电影和视频业	含电影院、露天电影院和邮寄服务
5122	录音业	含综合录音
515	传播业	不含互联网
5151	广播和电视	
5152	有线电视和其他付费节目	
516	互联网发行和传播	
517	电信业	
5171	有线载波	
5172	无线载波	不包含卫星传输
5173	转播权转售或拍卖	
5174	卫星载波	

产业分类号	行业名称	备　注
5175	有线销售网和其他节目分销	与有线载波有线电视及付费节目不同，这里指销售网络
5179	其他电信	
518	网络服务、搜索引擎、数据处理服务业	
5181	网络服务和搜索引擎	
5182	数据处理、主机和关联服务	
519	其他信息服务业	含新闻辛迪加、图书档案馆和其他非网上信息服务

目前大多数国家在进行国民经济核算时并未按照产业四分法将信息产业作为独立产业考虑，有关信息产业的贡献率等指标的测度一般都是综合前三产业中相关的产业部门单独核算的。有资料表明，联合国统计委员会的分类专家工作组一直在着手制定 ISIC 第 4 版，将考虑是否将信息产业作为一个独立的产业。如果 ISIC 将信息产业作为一个独立的产业，就有可能真正实现产业四分法在国民经济核算中的应用。但根据 ISIC，信息产业的范畴可能只是信息服务业和信息内容产业部分，而信息设备制造业的贡献是否属于信息产业范畴还有争议。

3. 美国的信息产业分类

美国商务部在其发布的《数字经济 2000 年》中，按照美国 1987 年《标准产业分类》（Standard Industry Classification，简称 SIC）体系中关于信息产业的表述给出了信息技术产业的定义：信息技术产业是指生产、处理和传输信息产品和服务的产业，无论这些产品和服务是作为中间投入物投入到其他产业的生产中，还是作为最终产品用于消费、投资、政府购买或出口。它是由硬件业、软件和服务业、通讯设备制造业、通讯服务业四部分组成，并将计算机及其设备以及软件的零售和批发列入了信息产业的范畴。根据美国商务部的界定，信息产业是由信息技术产业和信息服务产业组成的。

4. 日本的信息产业分类

1983 年，日本科学技术与经济协会编辑出版了《信息产业前景》一书，提出将信息产业分为两大产业群：一是信息技术产业，其中包括信息机器产业、软件业、信息媒介业；二是信息商品化产业，其中包括报道产业、出版业、数据库产业、咨询产业、代理人型产业、教育产业和教养产业等，共由 10 个分支产业构成。日本科学技术与经济协会认为，信息技术产业是指开发、制造并出售机器和软件的产业；信息商品化产业是指使用信息机器进行信息的搜集、加工、分配等提供信息服务的产业。①

5. 我国的信息产业分类

(1) 广义的信息产业结构划分

张守一认为，在现代社会经济中，广义的信息产业大体上可以划分为三个部门群：信息技术部门、信息商品化部门（直接信息部门）和准信息部门（间接信息部门）。司有和也有相似的看法，与张守一不同的是，他将信息商品化部门细化为信息生产产业、信息传播产业以及信息服务产业三大类，并且详细界定了每一大类包含的具体行业。他还认为信息产业三大部门中的信息技术部门只限于信息设备制造部门，并不包括信息建筑业；在信息服务产业中并未涉及教育业，而包含了保健医疗业。见图 5-4。

(2) 狭义的信息产业结构划分

持这种狭义观点的学者认为信息产业主要由信息技术及设备制造业和信息服务业两部分构成。如陈禹在其出版的《信息经济学教程》一书中提出的信息产业分类体系（图 5-5）。

---

①　靖继鹏. 信息经济学. 北京：清华大学出版社，2004.

信息产业

- 信息技术设备制造部门
  - 微电子技术器件制造业
  - 计算机技术设备制造业
  - 通讯与网络设备制造业
  - 多媒体技术设备制造业
  - 视听技术设备制造业
  - 缩微复印技术设备制造业
  - 电子技术设备制造业
  - 信息基础设施业
  - 信息生产产业
    - 信息提供业
    - 数据库开发应用业
    - 计算机信息处理业
    - 软件开发与处理业
    - 系统集成服务业
    - 情报研究服务业
    - 专利、标准、图纸业
- 信息商品化部门
  - 信息传播产业
    - 新闻报道业
    - 书刊出版业
    - 文献检索服务业
    - 图书档案业
    - 邮政电信业
    - 广告业、金融业
- 准信息部门（附属于非信息产业内部的信息部门）
  - 信息服务产业
    - 咨询服务业
    - 代理服务业
    - 网络服务业
    - 印刷服务业
    - 保险服务业
    - 信息设备维修业
    - 市场信息服务业
    - 旅游娱乐业
    - 保健医疗、业

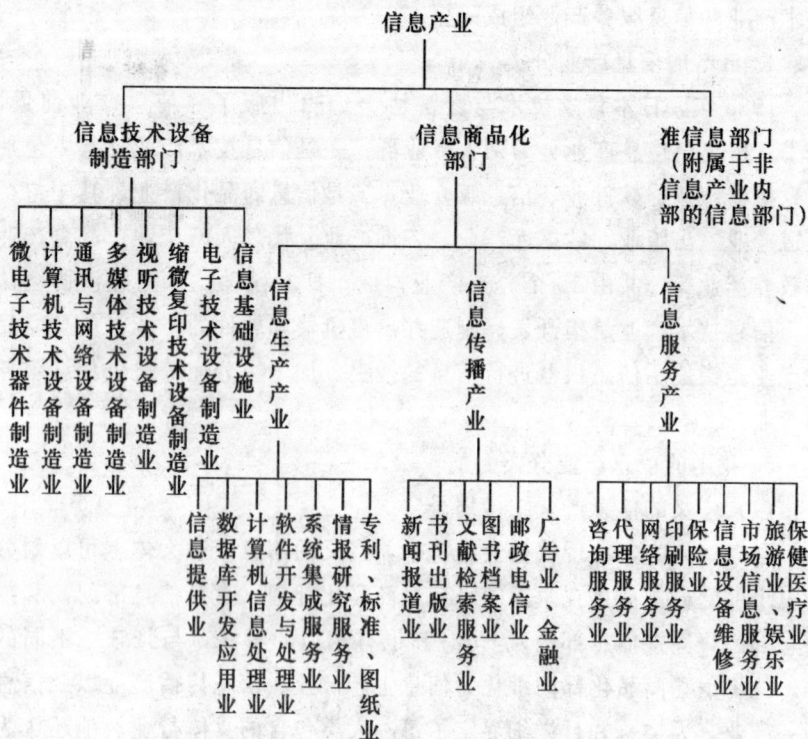

图 5-4 司有和的信息产业分类体系

从产业经济学角度来理解，信息产业的结构是指国民经济体系中信息产业与其他所有非信息产业的关系结构。同时信息产业本身就是一个多部门、多因素、多层次的结构系统，信息产业结构具有两层含义：一是信息产业与外部其他产业之间的结构关系即外部结构；二是信息产业内部的结构关系即内部结构。只有信息产业的内部结构和外部结构相适应，信息产业结构才能向合理化方向发展。一般说来，信息产业的内部结构决定着其他各种类型的外部结构的变化，但当社会经济和自然环境改变时，产业内部结构就受到一种制约和反作用，发生根本性变化。下面将具体分析一下信息产业的内部结构和外部结构。

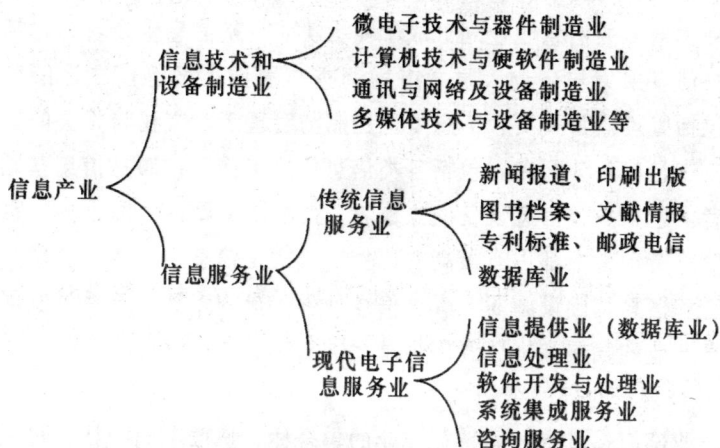

图5-5 陈禹的信息产业分类体系

（二）信息产业的内部结构

1. 信息产业产值结构

从内部角度考察，信息产业的产值结构是指信息产业各部门的生产总值占国民生产总值（GNP）或国内生产总值（GDP）比例的实际分布。目前，世界各国的信息产业的产值结构有着相当大的差距，意味着各国社会经济信息化水平也存在相当大的差距，任何一个国家都应充分重视信息产业产值结构的调整，促使整个国民经济的协调发展。

2. 信息产业就业结构

信息产业的就业结构，是指各种信息职业的就业人数占全国总劳动人口比例的分布。信息职业是指那些从事信息生产、分配、传递、交换、使用以及其他信息劳动的职业。波拉特依据劳动者的主要收入是否来源于信息劳动，从美国人口普查与劳动统计局列出的422种职业中归纳出了5大类信息职业，即知识生产类、知识分配类、市场调查与管理类、信息处理类及信息设备类。[①] 继波拉特之后，联合国经济与发展组织将种类繁多的信息职业划分成了 4 大类：一是信息生产者，包括科技人员、信息采集与咨询人员、市场调查与协调人员等；二是信息处理者，包括管理监督人员、信息处理控制与管理者、文秘与相关的办公人员等；三是信息分配者，包括各类信息传播工作者；四是信息基础设施职业者，包括各类信息设备的操作者。其中，世界各个国家的信息处理者在信息劳动者中都占有最高的比例，其次是信息生产者，再次是信息分配者和信息基础设施职业者。信息处理人员的多寡，关系到发展中国家信息产业的发展和国民经济信息化的实现。

3. 信息产业部门结构

产业部门是具有相同特征产业的集合体，选取不同的特征可以得到不同的产业部门结构体系。波拉特以是否向社会提供信息产品和信息劳务为特征，将信息产业划分为第一信息部门和第二信息部门；张守一以产业产出形态是否相同为特征，将信息产业划分为信息设备制造部门和信息商品化部门，再根据产出性质的不同，将信息商品化部门细分为信息生产、信息传播、信息服务三个部门。信息产业的部门结构将随着信息需求的不断发展逐步走向合理化、高级化。信息需求的发展越趋于综合化，信息产业部门结构就越趋于高级化。

4. 信息产业技术结构

信息产业的技术结构，指的是由信息产业在产业活动中使用的各种技术类型所组成的体系结构。信息技术自身发展具有一定的层次性，根据其层次性，可将信息产业的技术结构划分为三个层次：第一层是处在核心地位的主体技术群，包含信息处理技术、信息传播技术、信息获取技术和信息利用技术，是人类信息器官功能的直接扩展，也是推动信息产业发展的信息技术中最重要的技术工具；第二层是支撑性技术群，这类技术包括微电子技术、光电子技术、分子技术、材料技术、生物技术

---

① 岳剑波. 信息管理基础. 北京：清华大学出版社，2001.

和空间技术等，是实现其他信息技术功能的必要手段；最后一层是基础性技术群，主要指新材料、新能源技术等。此外信息技术广泛地渗透到社会的各行各业，出现了一些新型的应用性技术，严格意义上讲这些应用性技术只是信息技术与其他技术结合衍生而来的产物，并不属于信息产业技术结构范畴。

5. 信息产业组织结构

信息产业组织结构的内容包括三个方面：微观、中观和宏观层次。微观层次是指从专业化分工原则出发，形成的专项信息产业研究机构、信息专业教学研究基地、信息企业等；中观层次是根据产业部门结构的耦合原则建立起来的一个或几个科研开发中心、高科技园区为主体的信息产业群；宏观层次则包括国家宏观、亚宏观和超宏观。国家宏观层次既包括以一个国家作为研究对象的信息产业结构，也包括作为独立经济实体的国家级组织机构；亚宏观层次，是指一个国家内几大经济区或者若干大型产业带；超宏观层次，则指国家经济与世界经济的接壤。

（三）信息产业的外部结构

在信息产业的外部结构中，主要包括需求结构、消费结构、贸易结构、产业区域分布结构、自然资源结构和社会结构，其中消费结构和社会结构是决定信息产业外部结构变化的主要因素。此外，在考察信息产业外部结构时，也常常研究产值结构，此时，它是指信息产业总产值占国民生产总值（GNP）或国内生产总值（GDP）的比例。

1. 需求结构

信息产品的生产和服务是为了满足社会对信息的需求，信息产业的需求结构对于信息经济的增长和信息产业结构的成长起着最终的决定作用。它是社会经济活动的基本反映，也是决定信息产业扩大再生产过程的重要关系。从一个国家的信息需求的形成过程来看，信息产业的需求结构就是中间需求和最终需求的比例，这一比例取决于信息产业在整个国民经济中的地位和比例，它又决定了生产中间产品的部门和生产最终产品的部门之间的比例。最终需求结构和规模的变化是推动信息产业结构变化的重要原因之一，产业的扩大或缩小一般都是由最终需求所推动的。

2. 消费结构

个人消费结构强烈地影响着信息产业的部门构成和投资结构。从一般规律来看，个人消费结构的形成和变化首先取决于一个国家的人均收入水平，而个人收入结构的变化，又会影响信息产业的结构变化。我国目前处于产业结构的高变换率时期，信息产业的形成发展与这一时期人们的需求结构由必需品向非必需品转变的变化率密切相关，收入结构对消费结构的影响将更为明显，从而对信息产业的推动作用更具有刺激力。

3. 贸易结构

在商品经济条件下，只要一国与其他国家有国际间经济联系，那么信息产业结构的形成和调整也就受国际经济，特别是受到国际市场供求结构变动的影响。合理的国际贸易结构是信息产业结构的变动和调整的重要吸引力和推动力。从贸易结构来看，通过进口某些先进信息技术和信息产品可以弥补国内的信息资源开发不足，使信息产业结构高度化及信息对其他产业的渗透与扩张成为可能。信息产业的结构形成和发展战略选择，很大程度上取决于本国贸易结构的类型和模式，以及信息产业在国际贸易中所处的地位、环境条件、产品进出口总额和品种结构、市场需求变化和供给能力的变化等因素。

4. 社会结构

信息产业结构的形成、发展和变化深受其他社会背景和社会结构的影响，由于产业结构是社会经济结构的一个组成部分，与其他社会分支结构有着相互制约、相互促进的关系，因此，信息产业的形成和运行，将表现为社会经济各种结构的内在联系和组合，也将受到阶层结构、集团结构、人口结构、社区结构、城乡结构、职业结构、文化教育结构、民族结构、家庭结构等社会结构因素的制约和影响。

5. 人口结构

人口结构是劳动力结构的基础，也是文化结构、地区结构和资源结构的重要组成部分。人口结构的形成和变动直接影响着国民经济各部门的比例关系，也影响着信息产业结构的形成和发展的协调。一个国家的人口结构与就业结构、产业结构的关系，决定了这个国家人力资源配置与自然资源配置的协调程度。一定的就业结构必须建立在一定的人口结构基础上，人口结构是就业结构形成的基本约束条件，就业结构是产业结构的一部分，人口结构的变动往往通过就业结构的变动来影响产业结构的调整。但是一定的就业结构又要服从产业结构的需要，保证产业结构的协调运行和高效的生产率。

6. 文化结构

文化结构包括基础科学的发展、文化教育水平、民族的历史文化传统和文化观念等，其中文化教育水平是重要内容，对文化结构的变动有直接影响。文化结构通过科学技术结构、就业结构和经济选择的价值准则，影响着产业选择能力和转换进度，通过宏观和微观决策者的行为偏好影响着信息产业结构的组合及其转换方式。信息产业结构的合理化有赖于全民族文化素质和教育水平的提高。

二、信息产业的特征

（一）信息产业是先导型产业

伴随着信息资源成为当今世界重要的战略资源，信息产业也随之成为重要的战略产业以及当代社会关乎国民经济的先导产业。任何一个国家和地区的发展与管理，越来越依赖于以信息产业为基础的信息社会化发展水平，任何产业的发展都离不开具有核心地位和先导作用的信息产业。信息产业的先导性主要表现在三个方面：一是信息产业的核心技术——信息技术是现代高技术群的核心带头技术；二是信息产业是促进其他高技术产业形成和发展的基础；三是信息技术在传统产业中的应用，可以改进传统技术，促使传统产业改造和升级。[1]

（二）信息产业是知识智力密集型产业

信息产业是生产、加工、存贮、传递、开发人类精神财富的产业，因此知识、技术和智力的密集成为它的重要特征。信息产业是由众多的智力型企业和机构组成，其核心在于运用知识、发展技术、培养创新意识，知识、技术和智力是推动信息产业发展的关键力量。作为一个知识智力密集型产业，信息产业的技术核心，既是产业本身的装备技术，又是服务和应用于社会各个领域的应用技术，处于尖端科学技术的前沿，对社会发展有着重大影响。伴随着全球信息化浪潮，信息产业发展迎来了以知识为基础的知识经济[2]（也有人称之为信息经济[3]、网络经济[4]、数字经济[5][6]或新经济[7]）时代。

（三）信息产业是高投入型产业

信息产业是一个高研发投入的产业，这是由信息产业的知识智力密集性决定的。信息产业的技术开发和咨询服务，都需要高级的专业技术人才。而且，无论是信息产业中"硬件"设备的制造，还是"软件"的生产和流通，都要有大量资金的投入。从前期的技术开发、人员培训，到后期的制造生产，都是一个耗资的过程，需要投入大量的人力、物力、财力。

（四）信息产业是高风险型产业

发展信息产业需要高的投入，因此具有较高的风险。信息产业的高

① 倪波等. 信息传播原理. 北京：书目文献出版社，1996.

② 经济合作与发展组织（OECD），杨宏进等译. 以知识为基础的经济. 北京：机械工业出版社，1997.

③ 宋玲. 信息领域的三件大事. 计算机世界，1999（36）.

④ 约翰·弗劳尔著，NG 梁维娜译. 网络经济——数字化商业时代的来临. 呼和浩特：内蒙古人民出版社，1997.

⑤ http://www.ecommerce.gov/emerging.htm.

⑥ http://www.ecommerce.gov/ede/ede2.pdf.

⑦ 美国式"新经济"能全球化吗？参考消息，2000-01-26.

风险主要表现在：信息产业的发展需要高的研发投入，但回报不确定；信息产业的技术更新速度非常快，如果技术更新慢或者创新战略选择不当，就有被淘汰的风险；信息技术产业化投资额比较大，差不多是研发费用的数倍；信息技术产品的推广和使用需要花费大量的资金。

（五）信息产业是高渗透性产业

信息产品的多样性、信息传播的普遍性以及信息技术应用的广泛性，决定了信息产业的高渗透性。这种渗透性一方面表现在信息产业内部有关部门的相互渗透；另一方面表现在信息产业对其他产业的渗透。信息产业或是直接渗透到其他产业，使其他产业创造的产品和服务中包含着信息产业所创造的价值；或是通过向其他部门开展有偿服务，间接实现其价值。信息产业对其他产业和行业的广泛渗透与应用，可以提高各产业的技术水平，使得一些传统产业转化为高科技产业，使传统的商务模式向新的电子商务模式转变，并能改变人与人之间的交流模式，促使社会生产、人类生活方式发生改变。

（六）信息产业是高回报型产业

信息产业的高回报在于：虽说作为高风险产业的信息产业，需要投入的资金较多、风险较大，但一旦成功，带来的回报也会相当丰厚；还因为信息技术具有高增值性、信息资源非消耗性带来的低成本，使得信息产业的收益相对较高。另外，信息产业的高回报不仅仅在于它的高产值、高增值和高效益，更在于它通过渗透，作用于社会经济的其他各个领域，产生了巨大的直接效益和间接效益，提高社会经济发展的整体水平。

（七）信息产业是高创新型产业

信息产业是发展迅速、更新频繁的高创新产业，它的兴起和发展与信息技术的更新换代紧密相连，因此信息产业的更新速度是其他产业所不能比拟的。同时，信息产业的激烈竞争也加快了信息技术创新的节奏。

（八）信息产业是高就业型产业

信息产业的知识智力密集性的特点，对就业者的知识水平提出了很高的要求。从某种程度上看，这会给社会带来结构性失业。但是信息产业的发展可以带动其他许多产业的发展，创造许多新的职业和就业机会，特别是为信息产业中的软件行业和信息服务业提供了大量的就业计划。在经济发达国家的就业结构中，信息产业部门的劳动力占有较大份额，可见信息产业的发展为就业机会的提供开辟了一条新的途径。

（九）信息产业是复合综合型产业

信息产业可以进一步细分，而且它涉及的行业十分广泛，每个行业的发展都与其他行业密切相连，因此，信息产业是比其他产业部门更要求配套以发挥整体效应的复合型、综合型产业。不管是从产业组织、产业结构还是产业效益上看，各个产业都在向物质、信息技术多功能服务的综合化方向发展。信息产业只有作为一个整体才能更好地发挥效用。

（十）信息产业是战略型产业

信息产业有无烟产业和高精尖产业之称，具有省资源、省能源、低污染、低消耗、无公害的特点。它与传统产业相比，加大了知识、技术和智力等无形投入的比重，给社会各方面的发展带来的不利影响很小。发展信息产业有利于实现可持续发展战略。

除了上述特征以外，与传统产业相比，信息产业还有着明显的收益递增、规模经济、范围经济和成长经济的特征。主要体现在：

第一，传统产业一般是收益递减，而信息产业却具有收益递增和正反馈现象，这有三方面的原因：一是信息资源具有共享性；二是信息产业具有高固定成本和学习效应的特征；三是信息用户具有合作效应、顾客适应、信息蔓延和注意力经济等特点。

第二，规模经济也是"收益递增"的一种表现，它是指某些产品的生产随着经营规模的扩大，呈现的"费用递减，收益递增"的经济现象。规模经济是促进经济增长、提高资源配置效率的重要手段，也是产业成熟的重要标志。从信息产业来说，规模经济涉及的问题就是如何利用规模经济的特点，创造竞争优势，通过管理方式、组织结构等方面的创新，不断发展规模经济。

第三，信息产业中的中小企业集中于某一区域，可以享受单独一个企业享受不到的生产和成本优势，这就是范围经济，其实质也是成本的节约，以低成本配置资源，从而获得竞争优势。范围经济产生的原因很多，最重要的有合成效应、内部市场以及减少经营风险和扩大发展空间的需要。信息技术的发展，使得制造系统由"硬性"转变为"柔性"，而这种"柔性制造"为规模经济和范围经济的统一提供了必要的条件。

第四，信息产业还具有成长经济特征。因为信息产业是一种知识性产业，知识、技术、诀窍、方法等无形的信息资源比其他形式的资源更为重要。成长经济就是指信息产业中的企业在成长过程中，通过对自身"未利用经营资源"潜力的充分开发而获得的经济性。

第四节　信息产业的运行机制

运行机制是指组织自身运行调节的方式与规律，它直接决定着组织的运行效率。信息产业的运行机制就是理顺信息产业各构成要素，诸如劳动、资本、技术、产业结构以及总量供求等相互制约关系，使之形成高效的运行机制，产业活动能协调、有序、高效运行，内在活力和对外的应变能力得到增强，信息产业能产生最大的经济效益和社会效益。

有学者用汽车行驶图形象地描述了信息产业的运行机制（图 5-6）。[①] 其中，利润 B（即信息产业的赢利状况）、产业内部结构 S（指信息产业的利润率及增长率的稳定情况、创新活动的有序情况）以及产业内部组织 O（指信息产业内部利润率的均衡）是衡量信息产业发展状况和综合水平的三个要素；而信息需求 D、资金 M、信息技术 T、

---

①　陈庄. 信息资源组织与管理. 北京：清华大学出版社，2005.

人才 H 以及信息产业政策 P 是影响信息产业发展状况和综合水平的五大因素。从图中可以看出，信息需求是汽车前进的拉动力，信息产业是以满足不断增长的信息需求为目标的，层出不穷的信息需求拉动信息产业向前发展；信息产业政策则是汽车前进的推动力，推动信息产业健康快速地发展；资金、信息技术、信息人才就像是汽车的轮子一样，是信息产业产生和发展的根本动力。用公式来表示以上各个因素之间的关系为：

$$I (B, S, O) = f (D, P, M, T, H) \qquad (5-1)$$

D, P, M, T, H 的值决定了 B, S, O 的值，即信息产业的盈利、信息产业利润的稳定增长取决于信息需求、信息政策、信息技术的发展、信息人才以及资金等因素。这些因素共同作用形成了信息产业独特的运行机制，从而决定了信息产业的运行效率和成长速度。

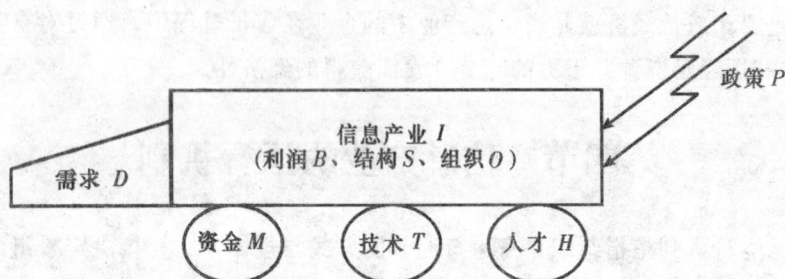

图 5-6　信息产业的运行机制示意图

　　由于信息产业是一个多功能的、复杂的有机体，信息产业的运行机制的内容也是多方面的，而且不同的研究角度，对信息产业运行机制内容的表述也会不尽相同。比如，从系统论角度研究信息产业的运行机制，信息产业就可看成一个不断投入各种要素、产出信息商品的系统，这个系统的运作需要有投入机制、转换机制、调控机制、产出机制和反馈机制等内容；从信息资源配置效率角度研究信息产业运行机制，则信息资源的转移机制、劳动力流动机制以及信息产业中企业的破产与兼并机制都会成为基本内容；从管理层面来看，信息产业的运行机制主要包括行政管理、市场管理和社团管理三种形式[①]；而在市场经济体制下探讨信息产业的运行体制，要以尊重经济行为主体的利益追求为基本原则，构建完善决策、激励、约束和发展四大机制。下面将具体分析几种重要的信息产业运行机制及其特点。

一、管理机制

（一）行政管理机制

主要指政府利用法律手段对信息产业实施的宏观干预和调控。因为信息产业涉及的行业或部门众多，如果各行业或部门都出于自己的理解和需要办信息产业，那对信息产业不一定是十分有利的。为此信息产业必须由国家制定各种法规，完善各种制度，建立共同执行的标准，以利于信息产业的协调与统一。

（二）市场管理机制

这是指通过市场对信息资源配置和信息产业活动的开展所进行的干预与调控。要发挥市场机制的基础性作用，就必须重视信息市场体系的培育，健全建立信息市场法规，规范信息市场行为。强化信息市场机制，首先就要树立信息市场意识，形成信息市场的经济观念；其次要研究信息市场发育的规律，根据整个经济发展与社会进步的水平，以及信息技术现状等因素，综合规划信息市场，采取实际步骤加快信息市场的建设；最后还要制定和维护好信息商品的价格体系，以利于信息商品的广泛流通。

（三）社团管理机制

这是指通过信息产业社团组织在政府与企业间起中介作用，对信息产业的发展进行干预与调控。这种社团管理机制有 4 个特点：一是各社团组织同企事业单位不存在行政上的隶属关系，面向整个信息行业，可

---

① 王崇德. 信息产业基本知识讲座之四：信息产业的管理. 情报资料工作，1998 (6).

以起到政府部门难以起到的作用；二是各社团组织对本行业内部各企事业单位的情况比较熟悉，能够有效地协助政府部门进行宏观调控，起到助手的作用；三是各社团组织存在的关键是开展社会服务，对政府部门有补充作用；四是各社团组织通过所联系的专家、学者，广泛地开展多方面的咨询活动，成为政府的"智囊团"，为政府部门做参谋。

二、决策机制

通过决策机制，可揭示信息产业各要素之间的相互关系和内在机能，客观反映决策主体的运动变化规律，决定产业决策行为的有效性程度。决策机制在信息产业运行机制中处于主要地位，不仅是其他机制的基础，而且贯穿其他机制运行的始终。具体的说，健全的决策机制包括以下三个方面的内容：一是权力结构，即明确企业内部的权力关系。首先要明确决策的主体，明确规定各种决策由谁为主体，才能增强决策的有效性；其次是注意权力均衡或权力分散化，保证决策的民主性，促使产业人员积极性、创造性的发挥。二是责权利关系。决策者的行为由利益推动、责任约束、权利保证。为了使决策行为合理化，要建立与权力结构相适应的利益结构，妥善处理好责、权、利的关系。三是组织保证体系。决策主体行使职能不仅需要权力保证，还需要组织保证，使得决策者能得到及时、准确、适用的信息支援。

三、激励机制

信息产业的激励机制就是通过一套理性化的制度来反映信息产业中激励主体与激励客体相互作用的方式。激励机制的内涵就是构成这套制度的几个方面的要素，一个健全的信息产业激励机制应该完整地包含诱导因素、行为导向制度、行为幅度制度、行为时空制度、行为归化制度。这五个方面的制度和规定都是激励机制的构成要素，其中诱导因素起到发动行为的作用，后面的四项制度起着导向、规范和制约行为的作用。信息产业的激励机制呈现出显著的利益刺激的特性，不仅包括经济利益的激励，还体现在精神激励方面。精神激励作为一种外生激励机制，是通过责任、义务、荣誉感等方式由上自下传递的。

四、约束机制

约束机制是和激励机制相辅相成的。两者平衡发展，才能使得产业得到良性运转。约束机制可以分为两种：外生性约束机制和内生性约束机制。前者是在经济、金融运行外部形成的，体现的是"人的意志"；后者是在经济金融运行过程中自然形成的，体现的是"市场的逻辑"。在计划经济时代，信息产业的约束机制主要是指国家的政策法规和产业行业的相关规章制度；而在市场经济的今天，信息产业的约束机制除了国家的政策法规之外，还包括产业内部的法人治理结构和规章制度形成的内部约束，以及由市场形成的外部约束。

约束机制对于产业的发展有着一定的促进作用，但也存在一些不足，在某种程度上，信息产业约束机制具有疲软性。由于产权边界模糊，资产所有权没有明确的界定，使得产权约束形同虚设，而且在市场经济尚不完善的情况下，信息产业的风险约束和预算约束也相当疲软。

五、成长机制

从信息产业的成长机制来看，信息技术与信息需求因素是信息产业成长的主要动力。信息产业成长的核心问题是动力问题。关于信息产业的成长动力机制有很多动力模型去描述，这里仅引用二元论和多元论模型来说明信息需求以及信息技术对于信息产业快速成长和高效运行所起到的关键作用。二元论模型是指在社会信息需求与信息技术发展与应用的双重动力推动下信息产业成长的动力模型（见图 5-7）。由于技术与经济的相互渗透，以及技术创新过程越来越复杂，涉及的因素越来越多，完全靠技术推动或完全靠市场需求推动引起的技术创新活动已越来越少，而将两种活动结合所引起的技术创新活动不断增加，由此产生了双重推动模式。信息需求与信息技术之间相互激发形成一个强有力的双重合力推动着信息产业的发展和成长，信息产业的发展就是发明和利用信息技术满足不断出现的社会信息需求，同时**激发新**的社会信息需求的过程。

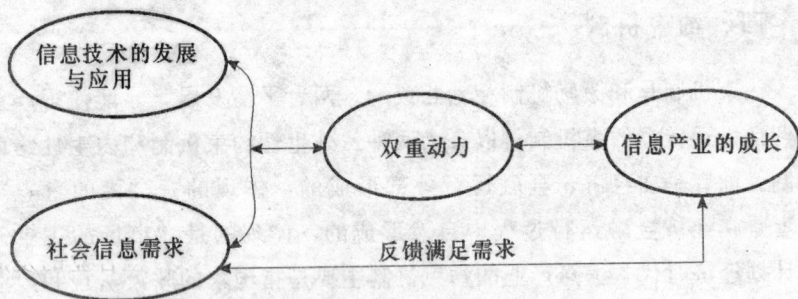

图 5-7 信息产业成长的双重动力机制

在全球经济一体化的外部环境中，各个国家和地区具体的信息产业成长决不会是单一的或固定的动力因素组合，它们的成长动力因素表现出丰富多彩的组合。有学者认为，决定信息产业成长的重要因素有四组，即有效的需求结构、持续不断的技术创新、国际竞争和信息全球化。具体来说，有效的需求是信息产业成长的源动力，持续不断的技术创新是信息产业成长的核心动力，国际竞争是信息产业成长的外动力，信息全球化是决定信息产业成长的驱动力。[①]

思考题

1. 简述信息技术的概念、特点和作用。
2. 信息技术对信息产业的形成和发展有哪些影响？
3. 信息产业的形成动因是什么？
4. 试分析信息产业的内部结构和外部结构。
5. 信息产业有哪些典型特征？
6. 试论信息产业的运行机制。

---

① 何亚琼，李一军，黄梯云. 信息产业成长的动力机制研究. 决策借鉴，2000，13（2）.

第六章　领域信息化

第一节　概　述

信息化是当今世界经济和社会发展的大趋势，也是社会产业优化升级、全面实现现代化的关键环节。在这样的大环境下，各行各业的发展都与信息化建设息息相关。信息化就是要以数字化、网络化、个性化的方式，推进信息技术在社会各个领域的深入应用，提高各领域信息资源开发利用的效率和效果，全面提高社会信息化水平，推动国民经济快速增长。目前，就发展速度来讲，商业领域和公共行政领域信息化发展较快，尤其是电子商务的迅猛发展，为商业信息化建设注入了活力；在政务方面，近几年各国政府都很重视政府信息化的建设；教育领域的信息化、社区信息化等关系国计民生的领域也先后引起了人们的关注。总之，信息技术的广泛应用已成为当今时代的一个显著特征。

商业信息化是信息化理论在商业领域的应用。通过在商业贸易活动中广泛使用信息技术和设备，有效开发和利用信息资源，最终导致了商业经营模式、管理理念、营销方式的根本变革。从技术手段和技术环境而言，商业信息化包含了电子化、自动化、网络化、智能化、全球化的商务活动，并逐渐向电子商务发展。它主要体现为企业交易流程的信息化，包括销售、采购、库存等业务流程的网络化和电子化。目前市场上流行的供应链管理软件、客户关系管理软件和电子商务应用都属于这一类。反过来说，企业电子商务应用实际上就是从事商务活动的各方利用信息技术在企业内联网、外联网和因特网环境下，实现企业信息化的过程。

在公共行政领域，政府信息化也对行政管理改革产生了重大影响。政府利用信息网络技术，对政府部门业务流程进行了全方位的改革，以方便、快捷的方式为企业、社会组织和公民，提供政府信息及其他公共服务，构建高效、透明、简捷的电子化政府。[①] 也因此产生了很多新的概念，比如：电子政务、电子政府、网络政府、政府上网工程等。这些概念反映了行政领域信息化发展的不同阶段。总体而言，电子政务是一个最为广泛的概念，本章第三节将详细探讨。

除了商务领域和公共行政领域的信息化建设发展迅猛以外，公共服务领域的信息化建设也初露端倪。尤其是教育信息化的发展极大地推进了社会信息化的进程。

第二节 电子商务

一、概 述

电子商务是信息技术在商业领域应用的产物，是企业信息化建设的目标。企业经营的目的是进行交易，并获得收益，只有内部管理的信息化是不够的，更为重要的是利用现代信息技术进行商务交易，实现电子贸易。

（一）电子商务的概念

关于电子商务的概念，从不同的视角出发有不同的定义。

从商业角度来看，电子商务是指实现整个贸易活动的电子化，涵盖交易各方以电子交易方式而不是通过当面交换或直接面谈方式进行的任何形式的商业交易。

从技术角度来看，电子商务是指交易当事人或参与人利用现代信息

---

① 范斌. 我国政府信息化发展的障碍分析及对策建议. 内蒙古民族大学学报，2007 (4).

技术和计算机网络（主要是因特网）所进行的各类商业活动。

总的来看，电子商务存在广义和狭义两种理解。广义的电子商务包括基于 Web 的全部商业活动，称作电子商业，主要是以电子数据交换（Electric Data Interchange，简称 EDI）和因特网来完成的；而狭义的电子商务主要是利用 Web 在网上进行交易，称作电子贸易。

作为一种基于因特网、以交易双方为主体、以银行电子支付和结算为手段、以客户数据为依托的全新商务模式，电子商务涵盖的业务范围很广泛，包括信息交换、售前售后服务（如提供产品和服务的细节、产品使用技术指南、回答顾客意见）、销售、电子支付（如使用电子转账、信用卡、电子支票、电子现金）、物流（包括商品的发送管理和运输跟踪，以及可以电子化传送的产品的实际发送）等完整的一次贸易活动的全部内容，甚至还包含组建虚拟企业等更为广泛的内容。本书从广义角度来理解电子商务。

（二）电子商务的特性

（1）以信息技术为基础。电子商务是以信息技术为基础的商务活动，它的实施和发展离不开信息技术的应用，其中计算机网络技术是其发展的支撑技术。

（2）虚拟化。这是区别传统商务的最大特征。电子商务环境下可以突破时空限制完成传统商务模式中无法完成的交易。

（3）社会化。电子商务的重心是"商务"，"电子"只是其实现交易的手段而已。要完成商务活动涉及到社会、企业、政府、个人等各个社会环节的问题，比如法律、税收等。

（三）电子商务应用系统

从技术角度看，电子商务的应用系统由三部分组成：企业内联网（Intranet）、企业外联网（Extranet）和因特网。企业内联网由 Web 服务器、电子邮件服务器、数据库服务器以及电子商务服务器和客户端的

PC机组成；企业外联网是为方便企业同业务紧密的合作伙伴进行信息资源共享和保证交易安全而设置的，它通过防火墙来预防和控制不相关的人员和非法人员进入企业网络系统，只有那些经过授权的成员才可以进入网络；普通用户可以通过因特网访问企业资源。这三部分构成了企业电子商务应用系统。[①]

（四）电子商务的功能

电子商务应用系统的功能主要包括内容管理、协同处理和交易服务。[②]

（1）内容管理：公司信息分类管理、网上信息发布、信息更新维护、提供产品服务信息、提供资讯信息、满足公司内外部信息交流的需求。

（2）协同处理：通过网络支持群体人员协同工作，提高工作效率，减少运营成本。利用企业内联网实现企业内部各部门的高效协同工作；利用外联网整合企业供应商、客户、商业伙伴资源，在充分信息共享的条件下，实现高效的外部协同；通过通信系统，如电子邮件系统或在线信息交互平台，实现企业内外部信息高效共享，并同时完成企业内部资源的合理配置和管理等。

（3）交易服务：完成网上交易，提供交易前、交易中、交易后的各种服务。提供交易产品目录或服务项目信息，以及与交易相关的各种资讯信息；交易进行中提供订单处理、电子合同、电子支付等服务；交易结束后提供售后服务等。对于企业而言，在交易过程中需要电子商务系统能提供网上交易和管理等全过程的服务。因此，电子商务系统应具有广告宣传、咨询洽谈、网上订购、网上支付、电子银行、货物传递、意见征询、业务管理等各项功能。

---

① http://218.94.6.203/courses.
② 祁明. 电子商务实用教程. 北京：高等教育出版社，2000.

（五）电子商务的发展阶段

（1）内部交流。建立局域网，实现企业内部信息资源共享，开发应用软件实现办公自动化。

（2）内部协同办公。公司内部员工通过网络协同办公，不受时空的限制，只要登陆局域网，就可以随时共享文件、数据、信息，甚至是召开会议，共同完成一项工作等。

（3）外部交流合作。企业网络向外延伸，通过网页内容的建设，与外界建立广泛的合作。如通过网络发布信息，为客户提供信息查询、货物跟踪服务，与供应商、合作伙伴等共享数据，通过网络进行合作。

（4）在线交易。打破时空限制，突破网页静态信息共享，实现在线交易。采购、预订、销售、支付、客户服务全部通过网络来实现。这是电子商务发展的高级阶段。

二、电子商务经营模式

电子商务归根到底是一种商务模式，其关键在于信息、资源、数据的整合，提供商务资讯平台，而非简单的交易平台。不同类型的电子商务其经营模式不同。按电子商务的应用领域进行划分，目前国际上较为成熟的电子商务模式主要有以下 5 类：B to B 电子商务（B2B），即企业与企业之间的电子商务，如阿里巴巴、慧聪、金银岛等；B to C 电子商务（B2C），即企业与个人之间的电子商务，如当当、卓越等；C to C 电子商务（C2C），即个人与个人之间的电子商务，以淘宝、易趣、一拍为首；B to G 电子商务（B2G），即企业与政府机构之间的电子商务；C to G 电子商务（C2G），即个人与政府机构之间的电子商务。下面简要介绍一下前面 3 种模式。

（一）B to B 电子商务

B2B（Business to Business）电子商务模式是一种基于因特网，以企业为交易主体，以银行电子支付和结算为手段，以企业数据为依托的商务模式。商业机构可以使用因特网或各种商务网站向供应商订货和付款，完成企业与企业之间的贸易往来。这种模式是电子商务中最具有发展潜力的模式，可以有效实现企业合作伙伴间的互动。通常以中心制造厂商为核心，通过因特网将原材料和零配件供应商、经销商、物流运输商、产品服务商以及往来银行结合为一体，从而降低企业的采购成本和物流成本，提高企业对市场和最终顾客需求的响应速度。根据不同的分类标准还可以对 B2B 的商务模式进行细分[①]：

（1）根据交易机制的不同，可将 B2B 的商务模式分为产品目录式（product－catalogue）、拍卖式（auction）、交易所式（transaction）、社区式（community）。

（2）根据企业间商务关系的不同，B2B 电子商务可以分为：

以交易为中心的 B2B 电子商务。企业之间以在线交易为主，关注的重点是商品交易本身，而不是买卖双方的关系。其主要形式是在线产品交易和在线产品信息提供，如金银岛。

以供需为中心的 B2B 电子商务。企业之间以供需关系为主，关注的重点是生产过程与供应链，而不仅仅是商品交易。其主要形式是制造商和供应商所组成的 B2B 供应和采购市场。

以协作为中心的 B2B 电子商务。企业之间以虚拟协作为主，不仅重视生产过程与供应链，而且更加关注协作企业虚拟组织中价值链的整体优化。其主要形式是企业协作平台。

（二）B to C 电子商务

企业对个人的电子商务，类似于网上零售业务，通常从事的是一些标准化、配送简单的产品的销售。比如总部位于美国西雅图的亚马逊。

---

① 罗汉洋. B to B 电子商务模式分析与思考. 商业研究，2004（15）.

销售的主要商品有：图书、音乐、玩具、电子产品、家庭用品等，销售方式包括：网上直销、网上拍卖。国内 B2C 的代表是卓越网和当当网。卓越网是亚马逊旗下公司，相当于亚马逊中国商城，可以提供的网上购物商品类别有在线销售图书、DVD、CD、数码、玩具、家居、化妆等20多种。而当当网是全球最大的中文网上商城。提供37类商品的在线销售，包括图书杂志、音像、数码/IT、通讯、家居、化妆等。除此之外，还有传统零售商的网上业务也是目前发展比较快的，比如沃尔玛的网上店面等。传统零售企业已有自己的品牌和固定的客户群，且在仓库管理、规模、员工等各个方面都具有优势，它们开展网上业务不仅增加了销售渠道，而且带来新的品牌效应。

（三）C to C 电子商务

消费者个人利用专业网站提供的大型电子商务平台，销售自己的产品。尽管这种模式只是电子商务中一个极小的分支，却显示了极强的生命力。作为阿里巴巴旗下公司的淘宝网目前是国内 C2C 电子商务市场中影响较大的电子商务网站。它提供的是一种典型的交易平台，而不仅仅是网上拍卖。除了品牌商城外，还有集市、二手闲置、店铺等多种经营类型，为卖家提供开店、发布商品、店铺管理的支持，为买家提供寻找商品、购买、支付的支持，并同时设立淘宝大学、互助吧、经验居等，以供用户交流。其最具竞争力的策略就是采用支付宝进行支付，通过第三方的介入确保支付的安全。

（四）不同经营模式的比较和确定

不同的经营模式具有不同的特点，清楚地了解它们之间的区别有助于我们选择适合自己的经营模式。

（1）不同经营模式的比较。以金银岛、当当网和淘宝网为例，B2B、B2C、C2C 三种不同经营模式的比较如表 6-1 所示。

表6—1 不同经营模式的比较

类 别	金银岛（B2B）	当当网（B2C）	淘宝网（C2C）
交易信用度	"硬信用"，一手交钱一手交货，银行监管资金，保证货款安全	企业信用	个人信用（买家、卖家双方信用评价）
商品种类	主要涉及石油、化工、塑料、橡胶、钢铁	共37类商品（分百货和店中店）	淘宝集市21类8000多万商品，80万卖家；品牌商城；二手闲置等
赢利模式	通过多种交易模式盈利。包括匿名竞价交易、行业综合市场、现货交易平台、仓单交易平台及专业内参资讯	商品差价	目前免费，赚C2C的市场份额，旨在寻求一种更适合市场的赢利模式
信息交流工具	商务论坛	提供商品评价交流	淘宝旺旺
支付方式	全额、订金、保证金多种方式汇入监管银行账户——冻结账户——货到付款	货到付款，邮局付款、网上支付、银行转账，消费者可自由选择	支付宝（第三方支付平台）
物流配送	企业负责	有庞大的配送体系	无自营配送体系，由卖家自己负责配送
客户服务	"金银岛——金融机构——仲裁机构"金三角模式，纠纷由仲裁机构解决	服务保障，承诺低价购物	设立在线客服中心，卖家提供售后服务

　　逐一分析这些具有代表性的电子商务网站，发现目前常见的赢利模式有入网会员费、交易佣金、资讯服务费等。如除了上表所列，阿里巴巴为注册会员提供贸易平台和资讯收发，依靠各付费会员每年缴纳的年费盈利；慧聪商务网通过企业上网解决方案、网络营销、商务服务及专业市场四大部分的功能提供服务获取利润等。①

---

① http：//www. chinavalue. net/article/48436_4. html.

（2）确定经营模式的基本要素。电子商务的应用重在商务模式的应用。电子商务的经营模式远不止以上几种，不管选择哪种经营模式，赢利是最为关键的。常用的有网络经纪模式、网络广告模式、内容提供商模式、网络销售模式、网络生产商模式、全面服务提供商模式、虚拟社区模式、合作附属模式、增值网络集成商模式、企业整体电子商务模式等。完整的经营模式由三个基本要素构成：①收入来源、收入的种类及各种收入的大小和持续性。如商品种类、目标客户、收费项目赢利模式等。②价值取向，为目标客户群提供的价值。如特定商品、解决方案、交易服务等。③执行能力，即将其创造的价值传递给目标客户的能力。如物流配送、支付、信用、交流等服务。

确定电子商务经营模式最简单的方法就是结合自己所处的行业特点、市场结构、目标客户的行为特征，选择一个适合企业实际情况的经营模式。

三、电子商务网站建设

电子商务的载体是电子商务网站，通过电子商务网站以及一些辅助手段，电子商务经营者才能完成商务交易，取得收益。电子商务网站的建设和使用是实现电子商务最基础的环节。对于一个想从事电子商务活动的企业或者个人来讲，首先要解决的问题是自己建设电子商务网站，还是利用公共交易平台进行网上交易。事实证明，大多数企业都选择拥有自己的网站，这是一种宣传企业形象和提高经营效益的有效方法。电子商务网站建设的步骤一般为：网站策划，网站开发与发布，网站宣传与推广。

（一）网站策划

电子商务网站是企业进行电子商务交易的平台，建设网站本身并不是目的，真正的目的是利用建设好的网站进行商业活动，因此，电子商务网站建设的第一步应该是明确企业定位和需求，根据企业需求进行合理的网站策划。在这一阶段有很多任务需要完成。

（1）目标和定位。一方面根据企业的经营目标以及其他约束条件（比如资金）确定网站建设的目标；另一方面根据网站的目标客户和潜在客户的需求结合企业目标确定网站定位。网站定位要体现一定的特色，这样才能吸引更多的客户，提升企业知名度。

（2）申请域名。域名可以直接在网上申请，也可通过其他通讯方式申请。通过中国互联网络信息中心可以免费查询国内域名，其网址为 http://www.cnnic.net.cn/。而国际域名的免费查询可以登陆 http://www.chinadns.com。具体的域名注册服务由 CN 域名注册服务机构提供。

域名注册的程序：①确定申请注册的域名。域名代表了企业在网上的身份，命名要能体现公司的定位、主营业务等，比如单位名称的中英文缩写、企业的产品注册商标、企业广告语等；为便于进军国际市场，应选择英文缩写为域名名称。注册国际域名的同时注册国内域名，可以防止竞争对手抢注域名恶意竞争。②索取域名注册申请表。可通过互联网、电子邮件、传真、邮寄等方式获得域名注册申请表。③填写域名注册申请表。④递交域名注册申请表。⑤域名注册申请的受理。⑥缴纳域名运行管理费。中国互联网络信息中心域名注册申请表的内容包括：域名；域名申请目的理由和用途，如发布信息；域名申请单位信息；域名管理联系人信息；技术联系人信息；承办人信息；缴费联系人信息；域名服务器，包括主名字服务器、辅名字服务器等。

如果申请的域名已被别人注册，可以在已被注册的域名上加"___"、字母或数字等，或者与域名注册人私下协调解决，或者通过争议解决程序解决。

（3）网站规划。确定网站功能、网页内容、网站结构和风格等。

功能规划：一般电子商务网站系统应该包含会员系统、在线支付系统、商品检索、商品采购、订单系统以及普通网站所拥有的功能等。但应用类型不同会有所差别。广义的电子商务网站根据应用类型可以分为内部管理网站、宣传网站、门户网站、交易网站和中介网站。内部管理网站的功能主要是服务于企业内部的经营管理，功能设置可以依据企业日常管理流程或者不同部门职责进行分类安排，目的是提高企业内部经营效率。宣传网站的功能则主要是宣传信息的发布、更新和浏览等，相当于放在网络上的宣传牌。门户网站需要为客户提供所需全部服务，因此规划要更多地考虑目标客户的需求特征，要兼顾信息发布、宣传、浏览、搜索、服务等各种类型的功能实现。交易网站是以电子交易为目的的，这类网站必须具备强大的商务活动支持功能，因此网上购物系统是必不可少的，需要具有完善的商品管理、订单管理、会员管理、在线支付、配送管理等功能。中介网站需要建立一个交易平台，其功能主要是企业或者个人交易信息的发布、商品的陈列、支付等平台支持。

内容规划：内容规划主要体现在页面上，比如主页、新闻页面、企业信息页面、产品或服务页面、虚拟社区页面、帮助页面等。主要分导航型和内容展示型。一般包括公司简介、产品介绍、服务内容、价格信息、联系方式、网上订单等，提供会员注册、详细的商品服务信息、信息搜索查询、订单确认、付款、个人信息保密措施、相关帮助等栏目和内容。

网站结构和风格的确定：网站风格是抽象的，是指站点的整体形象给浏览者的综合感觉。整体形象包括：站点标志、色彩、版面布局、浏览方式、交互性、文字、内容价值、存在意义等。确定网站的整体风格时应着重考虑整体形象与网站功能的协调，以及与用户需求的匹配。设计网站风格时首先可以参考同类网站的设计外观，了解其他网站的设计风格，从中获取灵感，并避免雷同。其次，为了使网站风格更能吸引客户，最好询问或调查目标客户对网站风格的喜好，以便投其所好，至少可以避免出现令其反感的元素。最后结合自身定位确定与用户的交互程度，构造网站特色，比如独特的购物篮或者特色栏目等。

（4）选择运营模式和实施方式。主要有服务器托管、开发与服务外包、自建网站等类型。企业可以根据自身资金和技术人员等情况进行选择，确定是自行建立网站，还是租借服务器或者是外包。

（5）电子商务网站策划书。策划书是网站策划所有工作的结果。主要内容包括：市场分析；网站目标和功能定位；网站内容策划；技术方案，包含网页设计、网站维护方案、网站宣传与推广方案、费用明细等。

（二）网站开发与发布

网站策划方案审核通过后就可以开始具体的网站开发工作。不管是自建还是外包，网站开发都是一项系统工程，开发的具体方法和阶段与第二章信息系统开发的过程类似，也要经过分析、设计和实施三个阶段。其中网站设计的主要内容包括前后台及数据库的设计、页面布局设计、链接设计、导航设计等。设计好的网站要进行测试和发布。包括所有影响页面显示的细节因素的测试、页面中超链接的测试、网站功能的测试等。测试完成，确保网站系统符合要求，才可以发布到网站空间上。

（三）网站宣传与推广

网站发布后经营者最希望的就是有更多的人很快就知道自己的网站。网站推广就是让更多人知道网站。在网站建设过程中以及网站投入运行后，网站的宣传和推广都是一件非常重要的事情。如果一个网站建设完成，却没有人知道，没有人访问，那么这个网站就等于不存在，也就无法实现投资者期望的效益。推广网站的形式多样，有网站登录、广告推广、邮件推广、电视推广、搜索引擎推广、报刊推广、媒体推广等。主要方法有：

（1）利用搜索引擎和门户网站进行推广。绝大多数人上网查询信息使用搜索引擎，但访问量最大的是门户网站。以这种方式推广可以很有效地提高网站的知名度和访问量。目前国内推广首选搜狐、新浪、网易、百度等知名网站；国外推广首选 Google 全球网站推广。同时还可以采用竞价排名的方式提高被检索率，比如搜狐竞价广告、百度竞价排名等。

（2）利用行业网站推广。将自己网站的信息、关键词及其他相关信息发布到行业网站的分类目录里面，可以有针对性地找到目标群体进行推广。除此之外，还可以利用广告联盟、电子邮件、论坛、传统媒体等进行推广。

电子商务网站推广的关键步骤有 5 个：①网站剖析。②网站诊断。对网站结构、内容、页面等进行诊断。③营销分析。分析关键词是否恰当、关键词密度是否合理；分析采用何种搜索引擎登录方式，登录的信息是否有效，链接的人气是否高，是否属于相关性较大的链接；分析营销页面、营销渠道、后续产品和服务等。④综合优化。网站架构及页面优化，导航、链接、标签设计优化等。⑤整合推广。网站流量推广策略、外部链接推广等。

四、电子交易和支付

(一) 电子交易流程

企业间电子商务交易过程大致可以分为交易前准备、交易谈判和签订合同、办理交易前手续以及交易合同的履行和索赔 4 个阶段。

1. 交易前准备

卖方通过网络发布商情信息，买家通过网络搜寻商品信息，双方寻找贸易伙伴。买家需要确定详细的购货计划、种类、数量、规格、价格等，并进行货比三家的市场分析。而卖家首先需要把商品登录到相应网站上，然后进行宣传。一般程序是：注册账号、开设网店、身份认证、登录商品、商品描述以及分类管理等。例如，如果是在淘宝网开店，可以直接将证件扫描上传进行身份认证，需要提供的证件为：身份证、护照、户籍证明、驾照、军官证任选其一。其次交易前必须做好的一件事就是商品描述和分类。很多网站由于分类不当，使得买家很难找到自己想要的商品，由于描述不够全面，使得买家无法判断是否是自己想要的商品，因此详细的商品描述和清晰的商品分类是很重要的。商品描述一般分两种：文字描述和图片描述。文字描述要体现真实性和专业性，主要介绍商品的背景、鲜明的特征、规格和功能以及准确的价格等。一般为了吸引买家的眼球，会给商品起一个醒目的标题，以突出商品特征、功能或价格等。与文字描述相比，直观的图片描述更容易引起买家的购买欲望。一般可以通过网上搜索、扫描商品手册或拍照上传等方式获得商品图片。发布图片描述时注意进行一些简单的处理以增强图片的宣传效果，比如用水印标示品牌或网址等。

2. 交易磋商

交易磋商是指买卖双方通过直接洽谈或函电的形式，就某项商品的成交条件进行协商，以求达成交易的过程。交易磋商的方式主要有直接洽谈方式（或称为口头方式）和函电方式两种。交易磋商过程主要包括"询盘"、"发盘"、"比价"、"还盘"与"接受"5 个主要环节。发盘和接受是达成交易的起决定性作用的两个环节。发盘也叫发价，指交易的一方（发盘人）向另一方（受盘人）提出各项交易条件，并愿意按这些条件达成交易的一种表示。发盘多由卖方提出；也可由买方提出，又称递盘。在发盘的有效期内，一经受盘人无条件接受，合同即告成立，发盘人承担按发盘条件履行合同义务的法律责任。询盘是交易的一方向对方探询交易条件，表示交易愿望的一种行为。询盘多由买方做出，也可由卖方做出、内容可详可略。询盘对交易双方无约束力。还盘是指受盘人不同意发盘中的交易条件而提出修改或变更的意见。一旦交易达成，就必须以文件的形式确定下来，即签订合同。

3. 办理交易前手续

在交易前还必须进行电子票据、电子单证的交换等手续。要确定买家的支付方式以及要求的物流配送方式，并与交易中涉及到的各方进行交涉，比如银行、运输公司、保险公司、税务系统、商检系统。如果是进出口交易还要涉及到海关等。买卖双方要利用 EDI 与各方进行电子票据和电子单证的审核和交换，直到所有手续都办理完，卖方才能发货，进入合同履行阶段。

4. 交易合同的履行和索赔

卖家依照合同要求备货、组货，办理保险、发信用证，最终将货物交由运输公司包装、托运，银行按照合同、处理和接收双方收付款、进行结算，并出具相应单据等，直到货物送达买家，交易结束。在整个交易过程中，如果有一方违背合同规定给另一方造成损失，受损方可以按照合同要求向违约方索赔。

（二）　电子支付

电子支付是指电子交易的当事人，包括消费者、厂商和金融机构，使用安全电子手段通过网络进行的货币支付或资金流转。电子支付可以分为 3 类：电子信用卡、电子支票和电子货币。电子信用卡的代表是智能卡。首先在 PC 机或终端电话上启动用户的互联网浏览器；然后，通过安装在 PC 机上的读卡机，用智能卡登录到提供用户服务的银行站点上，智能卡会自动告知银行用户的账号、密码和其他一切加密信息；之后用户从智能卡中下载现金到厂商的账户上，或从银行账号下载现金存入智能卡。智能卡的应用类似于实际交易过程。只是用户在自己的计算机上选好商品后，键入智能卡的号码登录到发卡银行，并输入密码和商店账号，完成整个的支付过程。目前使用智能卡的人数还比较少，人们更多地使用 ATM 卡。电子支票是一种借鉴纸张支票转移支付优点，利用数字传递将钱款从一个账户转移到另一个账户的电子付款形式。使用电子支票进行支付，消费者可以通过电脑网络将电子支票发向商家的电子信箱，同时把电子付款通知单发到银行，银行随即把款项转入商家的银行账户。电子货币是一种以数据形式流通的货币。它把现金数值转换成为一系列的加密序列数，通过这些序列数来表示现实中各种金额的币值。用户在开展电子现金业务的银行开设账户，并在账户内存钱后就可以在接受电子现金的商店购物。用户登录网上银行，使用口令和个人识别码验明身份，直接从其账户中下载成包的低额电子"硬币"时，电子现金就起作用了。这些电子现金被存放在用户的硬盘中，直到用户从网上商家进行购买为止。为了保证交易安全，计算机还为每个"硬币"建立随时选择的序号，并把这个号码隐藏在一个加密的信封中，这样就没有人可以搞清是谁提取或使用了这些电子现金。[①] 按这种方式购买实际上可以让买主无迹可寻，提倡个人隐私权的人对此很欢迎。

除了以上三种目前常用的支付方式外，还有很多其他的支付方式。一般卖家为了满足买家的需求，会尽可能地列出多种支付方式以供买家选择。比如邮局汇款，包括普通汇款和电子汇款；银行卡（ATM）汇款；货到付款；手机支付等。此外为了保证电子支付的安全性，出现了第三方平台支付，如淘宝网的支付宝和金银岛的"硬信用"等。这些都为在线支付方式。图 6－1 所示为淘宝支付宝支付流程。[②]

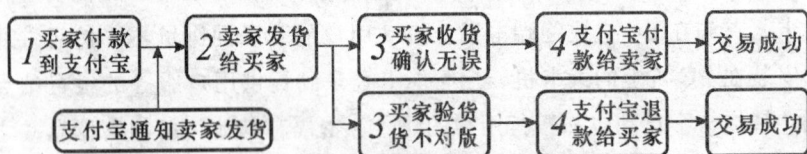

图 6－1　淘宝支付宝支付流程

第三节　电子政务

一、概　述

政府在社会信息化的进程中起着重要的作用，电子政务是经济与社会信息化发展的先决条件。电子政务系统作为信息化建设的 10 个重要领域之一，是今后我国信息化建设的重点。所谓电子政务就是政府机构应用现代化信息和通信技术，将管理和服务通过网络技术进行集成，在互联网上实现政府组织结构和工作流程的优化重组，超越时间、空间与

---

① http://218.94.6.203/courses.
② http://www.taobao.com/.

部门分割的限制，全方位地向社会提供优质、规范、透明、符合国际水准的管理和服务。其核心是构筑政务信息平台，形成连接中央到地方的政府信息系统，实现政府网上信息发布、信息交换和信息服务等。其定义包含以下内涵：电子政务必须借助信息技术和数字网络技术，依赖于信息基础设施和相关软件的发展；电子政务并不是简单地把政府服务搬到网上，而是在组织结构重组和业务流程再造的基础上，实现政府网上办公；电子政务的建设是一项复杂的系统工程，是对传统政府管理的重组、整合和创新，不仅仅是技术创新，而是包括管理、制度在内的全面创新；电子政务的目的是要大力利用现代信息技术更好地履行政府职能。

电子政务的功能主要有提高政府在行政、服务和管理方面的效率；改变政府工作模式。政府从被动服务变为主动服务，企业、公民不受时空限制，了解政府的方针政策，接受管理；利用政府内建立的网络、信息和应用，为公众提供优质的多元化服务；以政府的信息化发展推动和加速整个社会的信息化；适应数字经济的发展，引导、规划和管理电子商务活动，建立电子商务的支撑环境。[①]

实施电子政务意义重大，首先电子政务将转变政府部门的工作模式，提高办公效率，加强监督，实现各级政府间的信息传递，改变政府在公众心目中的形象。其次电子政务通过电子化，直接与人民群众沟通，搜集群众意见，传达政府信息，将塑造一个更有效率、更精简、更公开、更透明的政府，为公众、企业和社会提供更好的公共服务。再者在实现"以信息化促进工业化、现代化"的发展战略中电子政务的发展也具有重大意义。一方面，政府作为社会结构中的一个重要枢纽，实现政府信息化必然推动、促进社会信息化。政府在网上提供了远比过去方便快捷的服务，使企业和市民也随之走向信息化。另一方面，电子政务将促进网络企业的发展。政府实现了交互式电子政务，为网络企业开辟了市场。

---

① http://www.jgxysx.net/kejian/ddm/dzsw/kcnr/13.4.htm.

二、电子政务的基本内容

电子政务通常可以划分为三个组成部分：一是政府部门内部办公职能的电子化和网络化；二是政府职能部门之间通过计算机网络实现有权限的实时互通的信息共享；三是政府部门通过网络与公众和企业间开展双向的信息交流与决策。① 即政府内部的电子政务、政府对企业的电子政务、政府对公民的电子政务。

（一）政府内部的电子政务

政府内部的电子政务主要是指上下级政府、不同地方政府、不同政府部门之间的电子政务。包括电子法规政策系统、电子公文系统、电子司法档案系统、电子财政管理系统、电子办公系统、电子培训系统等。其中政府内部电子办公系统是电子政务的基础，它是指政府部门内部利用办公自动化（Office Automation，简称 OA）系统和 Internet/Intranet 技术完成机关工作人员的事务性工作，实现政府内部办公的自动化和网络化，在实现内部资源充分共享的基础上，提高政府的作业效率和业务水平。政府内部电子办公系统可分为领导决策服务子系统、内部网站子系统、内部财务管理子系统等，通过不同子系统的应用，使得传统的政府内部管理实现向网络化管理转型。电子法规政策系统主要是通过电子化方式传递不同政府部门的各项法律、法规、规章、行政命令和政策规范，使所有政府机关和工作人员真正做到有法可依、有法必依，具有十分明显的速度和管理成本优势，既可做到政务公开，又实现了政府公务人员和老百姓之间的信息沟通。目前，许多政府机构的网站都开设了不同形式的政策、法规宣传窗口，起到了较好的作用。电子公文系统借助网络技术的应用，使传统的政府间的报告、请示、批复、公告、通知、通报等在保证信息安全的前提下快速高效地传递和处理。公文处理是政府部门的基本职能，传统的公文处理方式是依靠纸张作为载体，借

---

① http://lib.fortunespace.net/int/HTML/30057_2.shtml.

助盖章、签字等形式实现公文的传递与处理。这种公文处理方式不但浪费资源，而且因为周期长、效率低，常常会出现因公文"长途旅行"而影响政府决策的效率，公文系统很好地解决了这一问题。电子司法档案系统通过电子化的手段，在政府司法机关之间共享司法信息，如公安机关的刑事犯罪记录、审判机关的审判案例、检察机关检察案例等，将极大的促进司法工作的开展，在改善司法工作效率的同时，对提高司法工作人员的能力和水平也将大有裨益。建立在网络基础上的电子财务管理系统可以向政府主管部门、审计部门和相关机构提供分级、分部门、分时段的政府财政预算及其执行情况报告，包括从明细到汇总的财政收入、开支、拨款数据以及相关的文字说明和图表，便于有关领导和部门及时掌握和监控财政状况。

（二）政府对企业的电子政务

政府对企业的电子政务是指政府通过电子网络系统进行电子采购与招标，精简管理业务流程，快捷迅速地为企业提供各种信息服务。主要包括电子采购与招标、电子税务、电子证照办理、信息咨询服务、中小企业电子服务等。电子采购与招标系统可以通过网络公布政府采购与招标信息，为企业特别是中小企业参与政府采购提供必要的帮助，向它们提供政府采购的有关政策和程序，降低企业的交易成本，节约政府采购支出。电子税务系统可使企业直接通过网络足不出户地完成税务登记、税务申报、税款划拨等业务，并可查询税收公报、税收政策法规等事宜。电子证照办理系统可使企业通过互联网申请办理各种证件和执照，如企业营业执照、土地和房产证、建筑许可证、环境评估报告等。通过网络既缩短了办证周期，同时也减轻了企业办事负担。中小企业电子服务系统可使政府利用宏观管理优势，借助网络为提高中小企业国际竞争力和知名度提供各种帮助，如组建专门为中小企业进出口服务的专业网站，为中小企业设立网上求助中心，为中小企业提供软、硬件服务等。

（三）政府对公民的电子政务

政府对公民的电子政务是指政府通过电子网络系统为公民提供的各

种服务。主要包括教育培训服务、就业服务、电子医疗服务、社会保险网络服务、公民信息服务、交通管理服务、公民电子税务、电子证件服务等。提供就业服务是政府的基本职能之一，也是维护社会稳定和促进经济增长的重要条件。政府可充分利用网络这一手段为求职者和用人单位之间架起一座服务的桥梁，使传统的、在特定时间和特定地点举行的人才和劳动力的交流突破时间和空间的限制，做到随时随地都可使用人单位发布用人信息、调用相关资料，应聘者可以通过网络发送个人资料，接收用人单位的相关信息，并可直接通过网络办妥相关手续。政府网上人才市场还可在就业管理和劳动部门所在地或其他公共场所建立网站入口，为没有计算机的公民提供接入互联网寻找工作职位的机会，帮助他们进行就业形势分析、指导就业方向等。政府医疗主管部门可以通过网络向当地居民提供医疗资源的分布情况，提供医疗保险政策信息、医药信息、执业医生信息，为公民提供全面的医疗服务。公民可通过网络查询自己的医疗保险个人账户余额和当地公共医疗账户的情况；查询国家新审批的药品的成分、功效、试验数据、使用方法及其他详细数据，提高自我保健的能力；查询当地医院的级别和执业医师的资格情况，选择合适的医生和医院等。[①]

三、电子政务的实施

（一）电子政务实施的关键技术

网络及其安全技术是电子政务实施的首要技术。电子政务网络一般由内网、专网和外网三部分组成。内网是政府机关部门内部的行政办公局域网；专网是为政府提供最主要的信息服务和业务协同工作环境的办公业务资源网络，它连接从国务院到各部门、各地方的政务资源网络，与外网采用物理隔离，确保政务信息的安全性；外网则是面向企业和社会服务的公共管理与服务网络，政府通过外网与互联网连接。

---

① 孟庆国，樊博. 电子政务理论与实践. 北京：清华大学出版社，2006.

除了网络技术，电子政务实施的关键技术还有 CA（Certificate Authority）认证技术、传统 OA 与网上办公集成技术、跨平台的信息交换技术、协同工作技术、海量数据库技术、数据挖掘技术、标准化技术等。

（二）电子政务的实施原则

电子政务的实施应该遵循以下原则：

（1）应用原则。电子政务实施的关键在于应用。电子政务是电子与政务的结合，但是二者是有主次之分的，电子只是实现政务活动的工具，政务才是核心内容，可以说是以电子手段实现政务。因此电子政务的建设必须以应用性为第一原则，以满足政务需求为导向，切实符合政府部门管理、决策、服务以及办公等各项业务和职能的要求。

（2）安全原则。政府信息的安全往往涉及到国家安全和社会安定，因此实施电子政务必须保证政务信息的绝对安全，应有完善的信息安全防范措施以及应急办法，从技术、管理等各方面杜绝不安全因素的出现。

（3）标准化原则。信息化的目标之一就是实现高效的信息共享。对于电子政务而言，只有信息交流畅通，信息共享充分，才能真正提高政府效率。标准化的建设是实现高效信息共享不可缺少的条件。从硬件、软件、网络建设方面符合国际标准，在信息表达和描述方面统一标准等。

（4）效益性原则。效益性是评价电子政务的重要指标。主要是指电子政务建设的投入以及运行成本、电子政务的社会和经济效益、公众对电子政务的满意度。为了提高电子政务的效益，在实施中应尽量降低建设和运行成本，最大限度地整合资源，扩大公众服务范围，提高效益。

（三）电子政务的建设

电子政务建设的核心是政务信息平台的搭建，和所有的 IT 项目一样，电子政务系统也需要经过立项、内部需求调研、寻找软件公司（招标）、选择方案、双方洽谈、软件公司调研、建设方案、实施、验收、试用、正式启用的过程。关于系统分析设计和实施的具体内容可参照本书第二章。

除了基础平台，更重要的是内容和功能建设。在这些方面，电子政务的建设也是分阶段进行的。首先在组织内部构建通信平台（如电子邮件系统、电子论坛等），工作人员之间建立网上信息交流和初步的网上协同工作。即第一步先实现政府部门内部的网络化，实现部门内部协同办公和信息共享。第二步在组织内部人员基本上养成网上协同办公的习惯和建立协同意识之后，在办公网络内实现一些日常工作流程的网络化、自动化。如公文审批、常用申请、会议管理、档案管理、信息采集，审批与查询以及各部门的日常业务等。在这一阶段，基本实现政府部门办公自动化。第三步在因特网上建立公用网站，进行信息采集、发布、部门间公文交换乃至简单的电子贸易等，将办公自动化的范围进一步扩大到跨行业、跨部委，基本上实现电子政务。实际上也就是从内网、专网到外网的建设思路。当然这不是绝对的，有时候可以同时进行，也可以偶尔跨越某一个阶段，这都要视具体情况而定。但不管是一次到位，还是逐步建设，对于一个政府部门来说，开展电子政务都需要在互联网上做好四件事情——政务公开和信息发布、网上办公、网上监管以及互联互通和资源共享。

（1）政务公开和信息发布：政府及其相关部门利用互联网，建立自己的门户网站，向公众发布政务信息。比如职能、法规、办事程序等。

（2）网上办公：在网上开展审批、申报备案、年检、注册和无纸化办公。

（3）网上监管：建立投诉举报机制，查处打击违法行为，建立信誉查询系统。

（4）互联互通和资源共享：与其他相关部门互联互通，实现网上数据库资源共享。

电子政务的建设是一项复杂的社会工程，因此为了能够真正实现政务公开、网上办公、网上监管、资源共享，一个完整的电子政务实施方案必须解决很多非技术问题。并不是有了网络平台就能实现网上办公和资源共享的，更关键的是管理层次的问题，比如政府部门组织机构和工作模式的影响等。因此一个完整的电子政务建设方案应该包括以下内容：

（1）完善的组织机构。首先是针对电子政务建设的组织，要建立一支由"一把手"参与的管理人员、技术人员和业务人员组成的建设队伍；其次电子政务不是简单地把传统工作流程搬到网上实现自动化，而是以信息共享，提高效率为新的视角进行流程的变革和重组，这样一来，原有的行政组织机构就不得不在适应新的流程的基础上调整。所以电子政务的成功实施与政府部门组织机构的完善是分不开的。

（2）明确目标，分阶段进行。正如上所讲，电子政务的建设也是分阶段进行的。具体实施可以先内部建设后网际互联，先实现政府上网后实现政务上网，先政务公开后网上办公。

（3）进行总体设计和规划。结合电子政务系统信息和应用的特点，从全局出发进行总体规划和设计，以确保整个系统协调稳定且能满足政府部门全局需求。

（4）构建基本支撑体系。包括网络通信体系、安全体系、系统可靠性方案等。

（5）构建应用体系。电子政务系统的建设是以实际应用为目标的。要确保其与实际应用需求匹配，就必须从用户需求和业务流程出发构建电子政务的应用体系。

四、电子政务的应用

电子政务的应用主要集中在以下 5 个方面[①]：

（1）用于政务公开。各级政府广泛利用功能强大的政府网站向社会公开大量政务信息。

（2）提供网上服务。如信息咨询服务、电子福利支付等。

（3）实现资源共享。各级政府通过政府网站，向大众提供政府所拥

---

① http://0637.net/HtmlWebs/200512/12135211.htm.

有的公用资料库信息资源。

（4）内部办公电子化。会议通知、信息传达、政策宣传、法规颁布、意见调查等，都以电子邮件方式处理，以加快信息的流通。

（5）提供安全保障。在政务信息安全方面提供保障。

其应用领域涉及政府信息服务、政府电子商务、电子福利支付、电子化政府、百姓参与政府、电子身份认证等。以首都之窗①为例，其网站是北京市政府向公众公开政务信息，提供社会服务的窗口，致力于政府部门与民众的互动工作，即时发布市内新闻，了解民情，调查民意，搜集地方信息，发布政府信息，并提供市民出行基本信息的网站，几乎涵盖了所有市民生活中要遇到的与政府打交道的内容。图 6 - 2 是首都之窗的主页。

图 6 - 2　首都之窗主页

---

① http://www.beijing.gov.cn/.

该网站提供的功能有：

（1）政务信息

工作动态：领导活动、重要会议等的报告；执法监管：各个领域商品不合格将在这里曝光；新闻发布会：市政府以及各区县政府的发布会报告；人事工作：包括人事任免、公务员招考、事业单位招聘；统计信息：包括统计公报、统计分析、统计数据、统计年鉴；其他，如公文公报、公告公示、政策解读、热点专题等功能。

（2）社情民意

市长信箱：公民可以通过市长信箱对本市各级政府及其职能部门的工作提出意见、建议和要求；征集调查：举办各种活动及新的政策出台等，向市民征求意见，任何网友都可以发言进行评论，非常地贴近群众；征集反馈：在网友评论后，政府将对部分评论进行反馈；投诉举报：首都之窗为公民提供了各部门的投诉信箱，网友可以通过写电子邮件来投诉；政风行风热线：网友可以通过在线留言提问各种公共问题。

（3）办事服务

为个人和企业提供各种办事服务的查询，方便快捷；为农民、老幼病残、外国人、中国港澳台人士、投资者、三资企业、个体、社会团体等提供绿色通道，查询更方便；便民服务：可查询关于奥运、旅游、餐饮、医疗、交通、娱乐等相关服务内容，五花八门；在线咨询：可查询各项服务收费标准。

（4）城市综合信息服务

游北京：景点简介、近期举办的活动、收费、周边公交、自驾车路线以及附近的酒店、加油站等；看奥运：查询比赛项目、比赛场馆、项目简介以及票务信息；生活在北京：这里有到北京住哪儿、怎么走、好吃的、好玩儿的提供给我们，信息非常丰富；北京热点还提示我们近期市内将举办的一些活动，比如地坛的书市、香山的红叶节等，贴近群众。

（5）人文北京

包括北京概览、北京年鉴、历史名城、魅力之都、宜居之所、奥运2008、北京故事、图说北京、科普之窗。这里可以找到北京的各种文化遗产、皇家气象以及旧城保护规划。

（6）政府网站导航

包含市委工作部门，市委工作部门所属机构，市人大、市政协、市政府工作部门，市政府工作部门直属机构，政府派出机构，临时机构，市检察院、市法院系统，群众团体，市委直属事业单位，市政府直属事业单位区、县等 147 个网站导航。

第四节　教育信息化

教育信息化的概念是在 20 世纪 90 年代随着信息高速公路的兴建而提出的。在美国的"信息高速公路"计划中，特别把 IT 在教育中的应用作为实施面向 21 世纪教育改革的重要途径。美国的这一举动引起了世界各国的积极反应，许多国家相继制定了推进本国 IT 在教育中的应用计划。我国真正的教育信息化是从 1994 年开始，以"中国教育科研网（CERNET）"的正式启动为标志。1998 年以来，随着计算机的普及和网络技术的发展，如何利用信息技术开展教育成为教育界和 IT 界的热点话题，教育信息化逐渐发展起来。

一、教育信息化的内涵

（一）教育信息化的概念

教育信息化主要是指在教育系统的各个领域全面深入地应用现代信息技术，使之渗透到教学内容、教学方法、教学手段、教学组织形式以及教学过程等各个具体环节的全过程。需要注意的是信息技术在教育领域的全面应用并不是简单地将教育领域"信息技术化"，而是信息技术与教育整合的过程，这种整合必然导致教育观念、教育内容、教育模式、教育评价、教育环境和教育管理等各方面的改革和变化，从而极大地提高教育效益和教育教学水平。

教育信息化与信息社会环境下的教育改革关系密切。首先教育活动是包含信息传播在内的一种活动，提高教育活动中信息传播的效率和知识转化的效果也就提高了教育教学效果。进入信息化社会，信息技术在教育行业的广泛应用无疑将极大地提高教育活动中信息传播的效率；信息技术的深入渗透将改变整个教学模式，使教育活动形式发生质的变化，从而带动教育理念、教育思想的变革。这也正是信息社会教育改革的思路，是"信息化社会"和"现代化"在教育领域的反映，也正是教育信息化的过程。因此教育信息化是信息时代教育改革的出路。

（二）教育信息化的特点

信息技术在教育领域的应用为教育领域注入了新的活力，其基本的特点有：

1. 教育资源数字化

计算机和通讯技术在教育领域的应用，使得教育资源、教学设备都趋向于数字化。如电子教案、电子书刊、数字传感器等。

2. 教学方式多样化

通过网络技术的应用，使得传统教学突破了时间和空间的限制，产生了很多新的教学方式，多媒体教学、网络课堂、远程教育、网络互动等。

3. 教育理念现代化

教师不仅是课堂知识的传授者，更是课堂活动的组织者和学生自主学习的引导者。通过多种方式开发学生自主合作学习，比如虚拟实验室、虚拟学社，让学生在虚拟的环境中以合作的方式自主学习等。

总的来看，教育信息化的特点主要体现在现代化、开放性、互动性、多样化、个性化、虚拟性以及网络化等方面。

（三）教育信息化的内容

教育信息化的基本内容包含：信息网络建设、信息资源建设和利用、教育信息化人才建设。信息网络建设是教育信息化的基础。主要是指教育信息化环境、信息化基础设施的建设，是用于学习、教育信息的存储、处理、传播以及利用的环境。信息资源建设是教育信息化的核心。教育过程的实现主要是通过各种教育资源的应用而展开和控制的，对各种教育信息资源的产生、存储、分析、传播和利用是教育信息化的核心内容。其中资源标准的构建是资源推广与复用、共享的前提。信息资源的利用、复用和信息技术的应用是教育信息化的目的。[①] 而教育信息化的建设离开教育信息化人才是行不通的。因此，培养符合教育信息化建设需要的复合型师资队伍也是教育信息化的重要内容之一。

二、教育信息化的建设

目前我国教育行业信息化建设主要依靠国家高校"数字校园"、中小学"校校通"、城域网和现代远程教育四个工程推动。这四个工程的建设都是围绕教育信息化建设的基本内容进行的，主要是网络环境的建设、数字资源的建设等。因此教育信息化建设主要是指教育信息化环境的建设、教育信息化资源的建设和教育信息化人才的建设。

（一）教育信息化环境建设

要让学校里的每一位成员都能以开放的状态来工作、学习和生活，就必须要给他们创造开放、便捷、高速的信息环境。美国的很多大学除了教室、宿舍、家庭以外，还在校园的很多地方设有校园网络的信息点，以便于校内成员随时随地上网学习。我国也正在建设高校"数字校园"和中小学"校校通"工程。与校园网硬件环境的建设相比，功能齐全、方便实用的信息化软件平台更为重要，是校园网得以有效利用的关键。除了校园网，教育行政部门、教育研究机构、社会专业机构、学

① 刘艳民. 青海大学教育信息化建设探索与实践. 计算机教育，2007（8）.

校、教师和学生等自办的教育网站也是教育信息化不可或缺的重要资源。总之，建设开放的教育信息化环境是教育信息化建设的基础。主要包括信息网络和基础设施的建设。比如：校园网、教育网站、网络课堂网站、计算机教室、多媒体教室、网络教室、电子阅览室、数字图书馆、虚拟实验室以及一些校企合作网站和家校互动系统等。这些都是信息化教育环境的重要组成部分。如图 6 – 3 所示。①

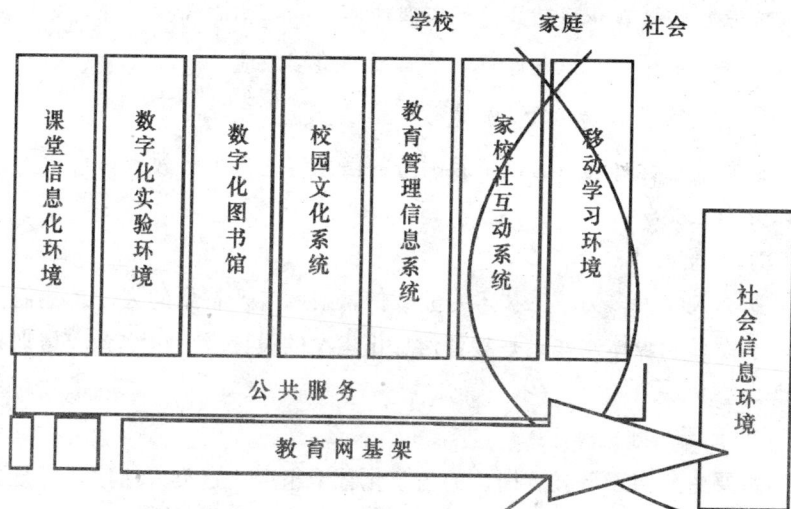

图 6 – 3　信息化教育环境体系

（二）教育信息化资源建设

　　教育信息资源的开发和利用是教育信息化的基本内容，是教育信息化建设取得实效的关键，反映了信息化建设与运用的水平。教育信息化资源主要包括：教学资源和教育管理资源。教学资源的建设与使用是高校教育信息化的关键内容，也是需要投入精力最多的环节。主要工作涉及教学资源的数字化、课外学习资源的开发和利用、科研信息资源的建设和管理、教育管理资源的建设和管理等。

①　祝智庭. 信息化教育环境建设的新视野. http://www.zjjyzb.com, 2007-11-15.

教育信息化的建设关键在于教育资源的建设，即内容建设。有了校园网、网络课堂平台、数字图书馆、信息化实验室、教育管理系统等信息化环境，还必须有丰富的教学资源，才能真正实现教育信息化。主要的教学资源有：课程资源、网络课堂专题网页、多媒体软件包以及视频材料；用于教学和实验的素材、案例、试题等。由于教学资源丰富且需要随着专业的发展以及课程内容的变化而经常更新，所以开发网络教学资源库是教育信息化资源建设的重要任务。建立相应的媒体素材库、课程资料库、案例库、试题库等，使其发挥持续效应。

（三）教育信息化人才建设

教育信息化的建设必须依赖大量的信息专业人才。教育信息化人才可以分为三类[①]：

1. 专业人才

这类人才大多为教育技术专业或信息技术专业背景的人才。他们懂得教学设计和媒体制作，是教育信息化建设的设计者、组织者和培训指导者。

2. 骨干人才

主要由分布于各教育岗位的信息化骨干组成。这类人才通过常规的技术培训，很容易就能掌握一定的信息技术，并把技术与自身的业务工作结合起来，实现信息技术在教育领域的有效应用。他们是教育信息化的中坚力量。

3. 应用人才

包括教师和学生。信息时代，教师需要教会学生如何学习，主要是如何利用信息技术进行学习。当然教师本身也必须懂得利用信息技术提高工作效率。在信息技术的应用过程中探讨在信息时代学习的基本方法，如如何利用互联网进行学习等。信息时代任何一个人的学习过程就是一个不断应用和熟悉信息技术的过程。教育信息化的水平直接取决于

---

① http://www.edu.cn/li_lun_yj_1652/20061008/t20061008_199204_3.shtml.

教师和学生应用信息技术的能力，因此培养教育信息化的应用人才实际上就是提高教师和学生的信息素养的过程。促进人才的培养才是教育信息化的根本所在。

三、教育信息化的应用

教育信息化重在应用。对于建成的信息环境以及信息资源，不仅要用，而且要用好。并不是有了网络，有了数据库就是信息化了，信息化的关键在于如何利用信息技术和信息资源改进质量、提高效率。国内外的研究表明：造成教育信息化步伐滞后的主要原因既不在技术，也不在经济，而是在于陈旧落后的教育体制和教育观念的束缚。只有利用信息技术转变了传统的教学观、课程观、教学模式观、教学组织观，彻底实现了信息化的教学改革，教育信息化才具有真正的意义。

（一）信息化教学

信息化教学并不是简单地利用信息技术进行教学，而是借助信息技术以全新的观点重新审视教育教学过程。因此信息化教学应注意以下几点：

（1）教育信息化建设要为素质教育服务。注重培养思想政治素质、身心素质、文化素质（含信息素养）、专业素质、创新素质等。

（2）教育信息化建设必须转变教学模式，注重信息化的教学设计。教学模式要由符合工业时代人才标准的以"传授知识——接受知识"为特征的传统模式，转变为与信息时代相适应的依托网络和多媒体的开放式的、多种形式共存的现代教学模式，并且对教学模式要合理组合、综合应用、整体优化。体现现代教育思想和理念，注重开展信息化的教学设计，这是教育信息化成败的关键。

（3）注重因材施教，强调个性化教育。传统的课堂教学模式，一方面教师的覆盖面有限，另一方面学生获取信息的渠道也很单一，且无法满足个性化的需求。但在信息化的教学模式下，学生可以借助信息技术多渠道，自主获取信息，教师也可以通过多种方式与学生沟通（如

QQ，MSN等），从而更深刻地了解学生个性。

（4）提倡信息化教学的同时，注重与传统教学的优势互补。传统校园教学有其独特的优势，如教师的人格魅力的影响、校园文化氛围的熏陶，人际交往能力、情感目标和动作技能目标的培养等。通过信息技术在教育领域的应用，出现了很多新的信息化教学模式和方法。其中以网络课堂和远程教育发展最为迅速，此外还有虚拟实验、体验式教学等新的教学模式和方法。

网络课堂是一种基于网络环境的教学模式，主要有讲授型、讨论型和协作型等多种模式。

讲授型即教师通过网络播放教学资料并讲解，学生通过网络浏览、观看、聆听教学内容，教师和学生可以同步也可以异步进行，教师把教学材料放到网上，学生自由下载学习等。讨论型教学模式主要是以专题的形式进行，教师或专家在网上建立围绕某一个主题或某门课程的讨论组，学生可以自由提问和发言，并针对别人的发言进行讨论，或就某一个具体问题与专家或教师交流，是一种完全开放的学习模式。而协作型大多是设定一定的情境或安排一定的任务，使学生利用网络及多媒体技术相互配合，协作完成。很多时候，还可以分角色参与，在模拟情境中合作完成特定任务。这种模式有利于培养学生的团队合作精神，以及与人沟通和交流的能力，并能在一种相对轻松的环境下加深其对所学理论知识的感性认识和理解。

远程教育也是一种应用比较广泛的现代教育模式，尤其在成人教育和电大学校教育中使用较多，目前在各种类型的教育模式中都逐渐开始推广。学校将主讲教师在实际课堂教学环境中的教学过程录下来，通过远程教育系统专用宽带网络，向学生提供视频点播服务。学生不受任何空间和时间的限制，只要接入网络，就能按需选择学习内容。为了保证学习效果，可以以CD-ROM作为网上学习的后备方式。由于在目前的信息化条件下，不能保证每个学生都有足够的上网学习机会，学生的上网学习能力也有差异，CD-ROM除了用于部分课程的多媒体辅助学习课件外，更多地作为网上学习的后备方式和辅助手段发挥作用。在CD-ROM中介绍远程学习方式、上网操作方法（播放录像，使用辅助学习课件）、上网学习所需软件、以及网上导学内容等。为了加强学生与教师的沟通，还可以辅助面授辅导、电话答疑、语音信箱、Email交互、网上讨论等。①

（二）信息化教学管理

信息技术在教育领域的应用除了信息化教学模式和教学方式以外，还体现在信息化的教学、教务、教辅管理等方面。教学管理是教学活动的中枢，因此教育信息化应用的重要环节还包括利用信息技术提供教学服务、教学分析等功能。基于网络的教学管理主要有网络课程管理、学习信息的管理等。比如课程的设置、修订、专业建设、专业资源分配以及课程共享管理等。教务管理也是整个教学活动过程中不可缺少的一部分。主要涉及对教师的管理、对学生的管理、行政事务的管理等。目前很多高校都开发和建设了相应的教务管理系统，使得教务工作实现自动化和信息化。例如校园信息化解决方案——普赛斯高校教务管理系统，采用B/S（Browser/Server）架构，基于校园网，支持高校办公服务。②该系统由教务管理、学生信息管理、教学计划管理、排课管理、选课管理、考务管理、学生成绩管理、教学考评管理、教材管理以及教工管理系统模块组成，各个模块可以相对独立使用。系统以学分制管理模式为核心，可应用于学年制、学年学分制、学分制等管理模式以及模式过渡阶段的各类高校教学管理，也可适合多校区的分布式应用。

---

① http://www.hopecup.net/lunwen/ycjy/200704/9624.html.
② http://www.edu.cn/solutions_1660/20060330/t20060330_170697.shtml.

思考题

1. 什么是电子商务？电子商务有哪些经营模式？

2. 电子商务网站建设包含哪些步骤？

3. 企业间电子商务交易过程包括哪四个阶段？主要内容是什么？

4. 电子政务包括哪几个方面的内容？

5. 试述电子政务的实施原则和主要应用。

6. 试述教育信息化的概念、特点和主要内容。

第七章　信息化能力评价

第一节　信息化能力评价的意义和原则

一、信息化能力评价的意义

所谓评价就是根据确定的目标来测定对象或系统的属性，并将这些属性变为客观定量数值或主观效用的行为。简言之，评价是对某事物的考核，其作用在于以评价的结果为基础，以形成相应的对策，影响人们对被评价事物的心态和价值取向。在当今复杂多变的环境下，信息化能力已成为衡量国家综合国力和国际竞争力的重要标志，信息化能力的评价显得尤其重要。通过对信息网络体系、信息产业基础、社会运行环境以及信息化建设效用积累过程的定性研究和量化考核，能及时发现信息化建设过程中存在的缺陷和问题，科学地反映出信息化建设的结果，并指示着信息化建设的方向。信息化能力评价问题不仅是管理者们关注的焦点，也是学者们研究的热点。具体而言，信息化能力评价有以下重要意义。

（一）信息化能力评价有利于规范信息化管理

管理大师德鲁克说过："无法度量就无法管理。"这句话强调了评价对管理的重要性，规范的信息化管理同样也离不开评价。在信息化的初期，由于没有对信息化建设各要素进行客观评价，人们往往关注显而易见的短期效益，夸大信息技术的作用，盲目投资硬件，而忽视软件和技术管理，导致信息技术与管理脱节，因而大力提倡"信息悖论"，往往夸大信息化的高风险性而忽视了其高收益性，严重影响了信息化建设的进度。随着对"信息悖论"认识的日渐深入，人们意识到信息技术不能与管理融为一体，就不可能取得信息化应有的成效，通过对信息化能力的评价可以将信息技术和管理融合在一起，使信息化管理科学化、规范化、标准化。

（二）信息化能力评价能优化配置信息资源

信息化能力评价不仅要评价信息化发展水平，还要对信息化建设的质量、信息化发展潜力进行全面评价。只有全方位地评价信息化能力，才能帮助国家、行业、企业利用正确的理论和工具对信息资源配置的经济效益和社会效益进行理性分析，并优化配置信息、信息设备、信息技术以及信息人员，这样不仅减少了信息污染、信息垃圾，节约了网络信息资源建设的人力、物力、财力和时间，还能以最小的成本解决信息资源的地域分布不均衡、信息资源盲目生产和重复配置、信息资源的冗余和短缺并存、信息侵权、信息犯罪以及信息资源共享的障碍等问题，从而实现合理规划和布局各种信息资源的目标。

（三）信息化能力评价促进了信息经济的发展

信息化是信息经济的突出表现，全面评价信息化能力并量化信息化绩效，能够客观地评估出信息化建设对整个社会各层面的贡献，尤其能分离出信息化建设的"外部效益"。通过对比信息化建设前后的目标和所取得的成效，持续改进并消除"IT投资黑洞"、"信息化黑箱"、"数字鸿沟"等现象，很大程度上提高了人们信息化建设的积极性和社会对信息化建设的重视程度；从企业、行业和社会三个层面提高信息化投入水平、信息化应用水平、员工信息水平和信息化安全水平。[①] 此外，多角度动态评价不同地区、不同行业、不同时期的信息化能力，可从横向和纵向比较信息化建设进展，扬长避短并借鉴和吸收其他好的方法来发展信息经济。客观上，信息化能力的评价在信息经济发展中起到了引

---

① 倪明，徐福缘. 企业信息化水平评价指标及评价方法研究. 图书情报工作，2007（4）.

导和导向作用，促进了信息经济的快速发展。

（四）信息化能力评价为制定科学决策提供有力支撑

通过对信息化指标的统计分析，定量地衡量国际及各地区的信息化发展程度和效率，政策制定部门能够清楚地认识到信息化水平，准确地掌握信息化建设的现状和阶段。通过各部门、地区的对比，发现薄弱环节，总结经验，将其作为调研和决策的参考，结合新的现实，根据所面临的新环境和新的战略目标及时做出调整，从而提高了政府推进信息化建设决策的科学性和准确性，使宏观决策部门和行业管理部门能够有效地指导和促进信息化建设工作，为研究制定信息化经济和社会发展计划提供量化、科学的依据，指导实施信息化战略的实践，使信息化建设建立在效益、统筹的基础上。

（五）信息化能力评价能正确引导信息化建设的发展方向

信息化能力评价是对一个国家或地区信息化建设全过程进行全面的评价，彻底检查其信息化的现状并确定信息化建设的阶段。正确评价信息化能力，可以很好地诠释"IT 生产效率悖论"和"IT 增值论"，能有效提高信息技术能力、信息资源开发与利用能力，促进各种信息系统的建设和运行，有利于信息产业成为国民经济的支柱产业，并为其他行业提供有力支持和技术保障，完善相应的信息法律、法规和制度，进而提高全社会工作效率与管理水平，最终实现经济信息化和社会信息化，而这些恰恰是信息化建设的任务和目标。因此，准确客观评价信息化能力是信息化建设的重要任务之一，能很好地引导信息化建设的发展方向。

二、信息化能力评价的原则

信息化能力评价是一项涉及到国家和社会各个层面的复杂的系统工程，要对信息化能力做出正确评估，并取得能有效支持决策的可比性结果，在设计指标体系和实际的测评过程中，必须采用统一的标准和方法，遵循正确的原则。

（一）科学性与可操作性相结合的原则

科学性是最基本的原则。信息化能力评价应以信息经济学和统计学理论以及相关绩效评价方法为依据，评估的内容要有科学的规定性，须在基本概念和逻辑结构上保持严谨性、合理性，对客观实际的抽象描述要抓住评价对象的实质，结合信息化实践，利用科学的评价方法，对信息化能力做出客观评价，以提高信息化的效益，使信息化建设始终在科学的指导下进行。同时，评价方法要便于实施，无论多么完美的评价方法，如果没有实际操作性，对信息化能力的评价也就丧失了本来的意义。那么，评价时应该选取具有实际意义的参数作为变量，尽量与现有的数据衔接便于获取较为准确、可靠的数据。将不可比的的因素转化为可比因素，而且评价方案要随着环境、实践和技术的发展而改进，以客观反映信息化实践并及时做出调整，使之具有统计的可操作性。

（二）系统性与导向性相结合的原则

信息化是一个系统的动态过程，是不同地域空间内社会经济诸多要素相互作用、协同耦合的过程[①]，应按照系统观点将与信息化相关的系统纳入整体，通过系统、层次的划分可以对信息化的整体结构和特点有透彻的认识，以便从各个层次、各个角度反映信息化建设的水平和现状。由于信息化具有"外部效益"，不仅要考虑信息化表面现象，更要注重实质性的评价，综合考察经济、社会、文化等各个方面的影响因素，不仅要横向比较还要纵向比较。同时，信息化能力的评价应该对信息化建设实践起导向作用：能够促进基础设施建设、信息资源开发利用、信息技术应用、信息人才培养并强化信息化建设在国民经济发展中的主导作用。这样使得信息化能力的评价在科学、可靠、可行的基础上，在时间上可以延续、在内容上也可以拓展，不仅可以指示出关于信

---

① 赵培云，郑淑荣. 从国外信息化水平测度研究现状看我国应注意的问题. 电子政务，2005（14）.

息贫困、信息小康、信息富裕的具体区别，还可以对信息化建设趋势发出预警性信息。

（三）动态评价与静态评价相结合的原则

一方面，由于信息技术发展日新月异，其普及应用的广度和深度不断加大，信息化能力是一个动态的积累过程，它对整个社会经济影响的滞后性及其他因素的影响，不易在较短的时间内反映出真实情况。另一方面，由于在信息化系统的运行过程中，系统内部各种要素及外部环境总处于不断变化发展中，各信息要素的权重也将发生相应改变，导致信息化建设的内涵和结构也在不断发生变化。因此，在选择评价指标时，既要有测度信息化建设结果的现实指标即静态指标（如信息资源的存量），又要有反映信息化发展趋势的过程指标即动态指标（如信息消费水平），能综合反映信息化建设的现状和发展趋势。评价指标不能一成不变，应根据信息化建设所处发展阶段对评价指标作动态调整。动态指标和静态指标相结合才能较好地表示出信息化建设的持续特征。

（四）定性与定量相结合的原则

对信息化能力进行定量评价时，往往采用有关部门的统计数据，用数量形式表达，通过确定各因素的相关系数，清晰地表示出信息化建设的进展和速度。然而，信息化建设的某些指标，如企业信息化建设的科学性和满意度，政府对信息化建设的推动、管理及调控能力等无法直接量化，在没有经验、方法可借鉴的情况下，需要采用层次分析法、德尔菲法、综合评价法等主观赋值方法进行定性或半定量的分析。因此，要对信息化能力进行科学评价，就应该按照统一的标准，建立定性和定量指标体系，运用数理统计、运筹学等方法，对信息化建设过程表现和信息化建设效果做出客观、公正和准确的综合判断。

第二节　信息化能力评价的内容

信息化内涵十分丰富，涉及到国民经济和社会发展的各个方面，包括信息技术的进步与应用、信息资源的开发利用、信息网络的建设、信息服务的完善、信息产业的发展与提升、信息化人才的培养以及信息化法规、标准的制定。[①] 信息化能力是信息化过程中战略实施、管理控制、项目管理的综合能力，其中蕴含着信息化建设效能和可持续发展能力。那么，对信息化能力的评价就不仅仅是一种事后的结果性的反映，而是对信息系统的开发与管理、信息组织与检索、信息分析与服务、信息技术的应用、信息产业的发展、领域信息化以及信息资源的开发与利用等多方面功能与成果的检验和推动。鉴于此，本书认为应从以下几个方面开展信息化能力评价。

（一）信息基础设施建设能力

信息基础设施是信息社会发展的基础，是信息化建设的必要条件，也是发展信息技术和产业的主要载体，因此要评价信息化能力，首先应该评价信息基础设施建设能力。正确评价信息基础设施建设能力，促使信息化建设在具有相当规模、结构合理、高速宽带的数字化、网络化环境下开展，有利于提高信息化建设的效益并发挥信息化所蕴含的巨大潜力，为信息化建设创造条件、打造基础。从信息化建设实践来看，可以从基础设施的投资、信息化硬件平台、通信及网络支持平台、系统和软件平台、内联网—外联网—互联网的建立、信息系统的安全保障体系等方面展开评价，应设立电话普及率、广播和电视普及率、计算机普及率、联网数据库人均容量、人均网络容量公里数等具体评价指标。

---

① 游五洋，陶清. 信息化与未来中国. 北京：中国社会科学出版社，2003.

（二）信息资源开发与利用能力

从内容上看，信息化建设是一个不断提高对信息资源的开发利用程度的过程，信息资源开发利用是信息化的核心，包括信息系统的开发与管理、信息组织与检索、信息分析与服务等具体内容。其中，信息资源的开发是指对信息进行采集、加工、传输、存储、分析等过程；信息资源的利用是指将已有信息用于管理、决策、生产、学习以及文化娱乐等活动以实现信息资源价值的过程。要正确评价信息化能力，就要客观地评价全社会信息资源的开发水平和利用能力，也就是要评价信息资源有效利用的质量和水平、信息产品的供给能力以及信息需求满足能力，从电子商务水平、电子政务水平、教育信息化水平、家庭信息化程度、信息传输和咨询服务的水平等方面入手，展开对信息资源开发与利用能力的评价，设立相应指标，如人均通话时间、网络用户平均上网时间、每百万人 Web 站点数、日发布的信息量等。这些指标的设立及评价实践应引导信息化建设朝着加大知识与智力的投入，重视制定信息公开和信息共享的法律、政策和标准并提高信息资源开发和利用效益的方向发展。

（三）信息技术能力

信息化建设是信息技术扩散的过程，信息技术的广泛应用，渗透到国民经济的各个领域和企业经营的各个环节，社会的各子系统广泛采用信息手段，不仅政府、社会团体、经济组织、家庭越来越多地依赖现代信息技术，而且社会生产方式越来越智能化，信息技术表现出很强的发展力即信息技术能力，它是信息化能力的重要分力。评价信息技术能力不单单是对信息技术的评价，应该评价信息技术资源、人力资源以及包括知识存量、组织合力等的信息技术的无形资产要素。[①] 那么，应该从信息技术的应用、信息系统的开发与研究的角度来评价信息技术与设备

---

① Bharadwaj, A S, Bharadwaj, S G, Konsynski, B R. Information technology effects on firm performance as measured by Tobin's Q. Management Science, 1999, 45(6).

部门的发展能力、信息网络系统建设的质量、信息技术在工业、农业及第三产业在社会生活中的应用是信息技术能力评价的重点内容。

（四）信息产业化能力

从产业层面上看，信息化是人类社会生产特征转换和产业结构演进的动态过程，在这个过程中，人类社会生产由物质生产为主日益转向以知识生产为主，由相对低效益的农业、工业向相对高效益的知识服务业、高技术产业方向演进，逐渐形成包括电子信息产业、软件产业和信息服务业在内的以高新技术为代表的信息产业，这个由零散的信息工作逐步形成集中的信息产业并发展壮大的过程就是信息产业化过程。信息产业化是信息化建设的集中体现，因而评价信息产业化能力十分必要。信息产业化能力的评价重点是信息产业的自主创新能力和产业规模这两个方面，即评价信息产业拥有多少自主知识产权的信息技术、信息产业占 GDP 的比重、信息产业的增长率、信息产业对其他产业的拉动率以及信息产业对整个社会的信息资源供给能力。应设立第一信息部门产值、第二信息部门产值等指标。

（五）信息化发展潜力

信息化能力不仅要对现阶段信息化建设水平进行评价，还应重视信息化建设质量和可持续发展的能力，即信息化发展潜力。它是信息化要素、环境对信息化建设的支持与保障能力，是社会信息化建设的内在动力，决定未来信息化水平高低。信息化发展潜力应包括社会环境对信息化建设的支持力度、信息主体水平、信息化人才的数量、全社会信息共享能力、信息化人才的培养、社会对信息产业的支撑力度、信息化法规标准的建立、信息服务的完善等内容。这方面能力的评价应设立诸如在校大学生数、信息产业人数占就业人口的比重、教育投入、人均电信投资等指标。

第三节 信息化能力评价的方法

信息化涉足国家和社会的各个层面，从国民经济的信息化向社会的各个领域深入，不仅带动经济结构的升级换代，而且引导着社会生活方式的更新，使得信息资源成为社会重要的战略资源和宝贵财富，社会结构发展成为信息社会。按照实施的范围和涉及的领域，可将信息化划分为产品与消费信息化、企业信息化、产业（或行业）信息化、国民经济信息化、社会信息化五个层次。相应地，信息化能力评价方法按照层次可分为宏观、中观和微观的信息化能力评价方法，评价的具体内容随着评价层次的不同而有很大差别，无论考察哪个层次的信息化能力，都不能单凭抽象论证和主观推断，必须要有相应的定量测算、分析和评估。

人们对信息化能力评价的研究，首先从宏观经济角度，在对信息经济与信息产业识别、归类的基础上，分析、评价信息产业与信息化对社会、国家和地区经济的贡献，研究国家信息化和社会信息化。本节主要从宏观上介绍目前国内外用于国家和地区信息化能力评价的主要方法，可以将这些理论和方法分为两大类：一是信息经济核算法，即从经济学范畴出发的以信息经济学为研究对象的宏观评价方法，其中美国经济学家马克卢普（F. Machlup）和波拉特（M. U. Porat）创立的方法最具有代表性；二是多指标综合评价法，也就是从衡量社会经济中的信息流量和信息化程度等来反映信息化能力，主要依据某些综合统计指标构造测度模型，国外最有代表性的是日本提出的信息化指数法，我国 2001年正式公布的国家信息化指标构成方案也属于这一类。

一、信息经济核算法

（一）马克卢普—波拉特方法

信息经济核算法是由美国经济学家马克卢普在 20 世纪 50 年代最先

提出，由波拉特加以发展和完善，因此又称为马克卢普—波拉特方法。[1] 该方法借助 GNP 或 GDP 中国民账户体系的统计指标，按照知识产业或信息部门构成的原则逐项挑选出信息部门，将信息部门增加值从社会总增加值中划分处理，形成对信息经济的测度，其实质是通过对信息活动、信息资本、信息劳动和信息职业的定义与分类，从其他活动和行业中分析出信息及相关要素，综合反映宏观信息经济的结构、特征和规模[2]，从经济角度评价社会信息化能力。

马克卢普评价理论的基础是微观经济学中厂商竞争以及影响或制约这种竞争的因素，特别是社会的专利制度抑制竞争力的分析，将生产信息商品和提供信息服务的个人或组织重新组成教育、研究与开发、通讯媒介、信息服务、信息设备五个分支，提出一套测算信息经济规模及信息化范围的公式：

$$GNP = C + I + G + (X - M) \qquad (7-1)$$

式中，GNP 表示独立的商品化信息部门的 GNP 值；C 表示消费者对最终产品和服务的消费量；I 表示企业对最终产品和服务的消耗量；G 表示政府对最终产品和服务的消费量；X 表示产品和服务的国外销售量；M 表示产品和服务从国外的购买量。

波拉特以马克卢普、贝尔（D. Bell）等人的研究为基础，发展了克拉克的三次产业理论，从经济学角度出发，用信息部门收入占 GDP 的比例大小和信息劳动者占总就业人口的比例大小来衡量社会信息化程度。该方法的核心是将信息部门从国民经济各部门中逐个识别出来，然后将信息部门分为一级信息部门和二级信息部门，其中一级信息部门又称第一信息部门，包括所有向市场提供信息产品和信息服务的企业（或产业），该部门提供信息处理与信息传递所需要的技术性的基础设施和信息产品；二级信息部门又称第二信息部门，包括民间和政府的管理部

[1] 靖继鹏. 信息经济学. 北京：清华大学出版社，2004.
[2] 吴刚等. 经济增长的引擎. 北京：机械工业出版社，2002.

门，此类部门涵盖了经济领域中行使计划、决策、管理活动的有关机构。波拉特据此建立了一套可以量化的测算体系，具体步骤如下：

（1）对信息职业详细分类，明确信息职业概念，为进一步寻找统计资料做准备。

（2）识别、归纳出一级信息部门，并测度其产值和劳动人数。

（3）采用排异法推算出二级信息部门人数。

二级信息部门就业人数＝信息部门就业人数－一级信息部门就业人数

（4）利用人均工资、人均固定资产折旧，估算出二级信息部门的人均收入和人均固定资产折旧额。

（5）计算二级信息部门增加值。

二级信息部门增加值＝二级信息部门就业人数×（人均工资＋人均固定资产折旧额）

（6）实际测算。马克卢普—波拉特方法是理论上发展较为成熟的方法，并广为各国接受，曾被许多国家和国际组织用来测算信息化的程度。该方法有许多优点：第一，具有出色的方法论，它能使经济领域里的信息活动得以计量化；第二，创造性地提出第二信息部门，并阐明了非信息产业与信息活动的相关性；第三，将产业结构分为四个部门来分析，即农业、工业、服务业和信息业，从而能更准确地把握就业结构的变化情况。同时，由于受到当时信息化水平的限制，也存在许多问题：第一，信息产业的定义和划分不够合理，影响方法测算的可信度和准确度。定义的信息产业范围过大，信息、信息活动、信息职业的定义、分类也缺乏统一标准，以致于包含了一些非信息的东西。第二，仅选用两个指标测算信息化的水平，而信息化是一个复杂的社会性问题，显然不能全面反映信息化的程度和水平。第三，马克卢普—波拉特方法是一种静态方法，无法反映信息经济发展的潜在能力。第四，该方法体系引用的是美国国民生产账户，其理论一旦运用于他国，往往很难全部满足其统计数据的要求，一些国家不得不做一些变通和修整，且在运算上要构建信息投入产出表，因而计算工作量十分庞大。第五，处理方法不尽合理，如将信息工作者的收入和信息设备的折旧之和作为第二信息部门产出的近似值，在有些国家不适用。因此，若将马克卢普—波拉特方法用于评价我国信息化能力时，由于我国的统计数据暂时还难以满足这种方法的要求，只能作为测算信息经济规模的一种参考，需在方法体系方面进一步改进和完善。

（二）信息产业乘数效应分析法

应用乘数、乘数分析理论和投入—产出表可分析产业结构中信息产业与其他产业的关系，分析信息产业对其他产业的感应度、带动度、部分乘数和完全乘数。

信息产业对其他产业的感应度表示国民经济系统中各部门的最终需求每增加一个单位，信息部门（i）相应增加的总产出值。以投入—产出表的各行为对象，假设 b_{ij} 表示列昂惕夫乘数或者完全需要系数矩阵 $(I-A)^{-1}$ 中的元素，则信息部门的感应度为：

$$\mu = \sum_{j=0}^{n} b_{ij} \qquad (7-2)$$

信息产业对其他产业的带动度表示信息部门（j）的最终产品每增加一个单位，带动国民经济系统中各部门总产出的增长量。以投入—产出表的各列为对象，且 b_{ij} 为 $(I-A)^{-1}$ 中的元素，则信息部门（j）的带动度 ρ 为：

$$\rho = \sum_{j=0}^{n} \quad (j=1,\ 2,\ \cdots,\ n) \qquad (7-3)$$

以列昂惕夫乘数为基础的部分乘数、完全乘数和穆尔乘数，均可用于考察国民经济系统中信息部门每增加一单位最终产品与国民收入的关系。国民收入信息产业乘数表明国民经济系统中信息部门每增加一单位最终产品引起各部门增加总产出而带来的国民收入数量。

（三）信息产业投入—产出分析法

投入产出分析法是对具有复杂联系的社会经济现象进行数量分析的一种科学方法。[①] 投入产出法主要是从信息化效益角度考察信息产业的信息化能力，将所有与信息化相关的因素综合起来分析和研究，以确定信息化效益的平衡点，并应用数学工具展开定量化研究，最终找出信息化投入与产出之间的数量关系。其主要方法是列出投入产出明细表，再根据各元素的关系建立相应的数学方程组，构建模拟现实系统的经济数学模型，最后通过该模型来分析和确定信息化投入与产出之间错综复杂的联系和相互协调的比例关系。这里介绍两种代表性的模型。利用投入产出法可测算信息部门产品和最终产品在社会总产品与全部最终产品中所占的比重，进而在信息产业与其他产业之间进行比较，可以反映信息产业各行业部门的比例关系，同时可计算出多种有关信息产业的经济技术指标。

卡卢纳尔（Karunaratne）模型将一级信息部门和二级信息部门结合在一个统一的投入—产出表中，其中一级信息部门的数据可从传统部门的投入—产出表中获得，借助经济合作与发展组织的一级信息部门商品与服务检索表，在最详细的投入—产出表和人口普查报告的基础上进行计算。这样每个产业部门的一级信息部门的产出与总产出的比例（即信息强度系数）可用于重新整理最初的投入—产出表，用矩阵 A 表示。通过重新调整最终需求与增加值的行和列便可充实矩阵 A，得到表示一级信息部门与非信息部门交换状况的投入—产出表。然后将二级部门并入矩阵 A 中，矩阵 A 中包括的一些中间矩阵和一级信息部门的最终需求、增加值和进口要素在内的矩阵，可直接保留下来。其他要素，包括二级信息部门的增加值和二级信息部门的进口，在确定了二级信息部门的增加值和最终需求矩阵以后，用从 A 中得到的非信息部门的总量减

---

① 马费成，王槐，查先进. 信息经济学. 武汉：武汉大学出版社，1997.

去它们，即可得到非信息部门相应矩阵。

　　贺铿—王中华模型以信息产品的性质为标志，将信息产业划分为三个部门[①]，即第一信息部门（信息生产资料部门）、第二信息部门（直接信息部门）和第三信息部门（间接信息部门）。根据各部门的特点，可采用分离法从投入—产出表中分离出信息产业，利用典型调查法来计算信息产业的总产值。

　　（四）其他方法

　　厄斯的经济—信息活动相关分析方法主要是通过对 49 个变量做相关分析，衡量每个国家社会经济发展程度与其信息活动水平的相关性，然后确定以三个主要因子来衡量每个国家的信息化能力。这三个因子是文字传播总量（written communication）、技术（technology）、图书馆（libraries），每个因子又分为多个参数，从而构成三因子多参数模型。可根据每个因子的分析结果对各欠发达地区分类和排序，同时社会经济发展状况按 GNP 值排序，两者比较就反映出经济实力对信息活动的影响，分析概括出信息活动和经济发展水平相关关系的主要因子，为构造模型进行分析研究提供了很好的思路和依据。但是由于技术的进步、社会的发展，这三个因子已经不能代表当今信息化发展状况，因此在具体应用时应根据本国国情将其中的指标加以改进。

　　加拿大"信息技术和电信（ITT）分类"的测度指标体系将通讯、广播、计算机设备及消费性电子产品、电信设备和计算机硬件结合在一起，形成一个比较完善的分类体系，被认为有助于解决以前各种分类法在技术和法规方面的滞后问题，并使该分类拥有国际可比性（尤其在北美地区），所以它可以作为测度和比较社会信息化能力的基础。

　　国际电信联盟严格界定了信息产业的范畴：电信服务与设备、计算机服务与设备、声音与图像传播及其设备、音像娱乐业。该联盟用于评

---

①　梁滨. 企业信息化的基础理论与评价方法. 北京：科学出版社，2000.

价各国信息化能力的方法是：首先计算出每一部分的产值（增加值），然后与 GDP 相比较，算出信息产业对于国民经济的贡献率，以及信息产业发展速度对于 GDP 发展速度的贡献率。

二、多指标综合评价法

根据多指标综合评价法的不同特点，又可以分为三种：一是信息化综合指数法，如日本小松崎清介信息化指数法、我国钟义信等人提出的 CIIC 法、国际数据公司的信息社会指数法等；二是综合评分法，以国家统计局和国家信息化测评中心所进行的中国信息化水平测算研究为代表；三是多元分析法，如主成分分析法、聚类分析法等。这三种测度方法的共同特点都是先建立一套科学合理的信息化综合评价指标体系，不同点在于对数据进行综合的方法。

（一）信息化综合指数法

1. 信息化指数法

20 世纪 70 年代末，日本学者小松崎清介提出的信息化指数方法是从信息量（Q）、信息装备率（E）、通信主体水平（P）、信息系数（U）4 个主要因素来衡量社会信息化能力。

信息化指数是反映社会经济信息化程度的总指标，它包含一套指标体系（图 7-1）。信息化指数的测算方法有一般有两种：一步算术平均法和二步算术平均法。一步算术平均法假设 11 个分指标对最终信息化指数的贡献是一样的，各分指标所占的权重都为 1/11。首先把基年各项指标的指数定为 100，然后分别将测算年度的同一指标值除以基年指标值，求得测算年度的各项指标值的指数，再将各项指标值指数相加除以项数，就得到了最终的信息化指数。二步算术平均法假设 4 个大的指标及每组组内的变量对最终信息化指数的贡献是等同的，但不同组的变量对最终信息化指数的贡献不同。这种方法首先求出每一组变量指数值的平均值，即分别算出 Q、E、P、U 这 4 个组的指数平均值，然后将 4

个组的指数平均值相加除以 4，从而得到最终的信息化指数。

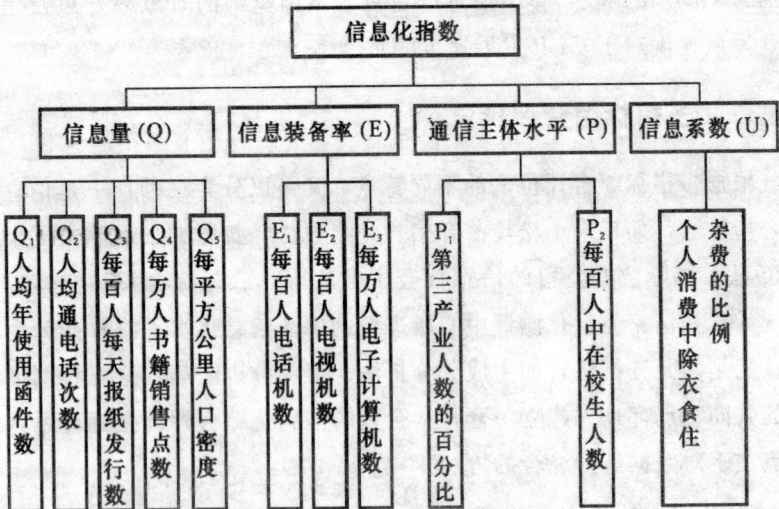

图 7-1 日本信息化指数模型

信息化指数方法主要依据某项综合的社会统计数字构造测度模型，利用信息化指数既可以从时间序列角度研究发展趋势，也可以从截面上考察不同国家或地区之间信息化能力大小差别。与波拉特法相比，它具有统计数据容易获得、操作过程简便易行、测评结果直观清晰的特点，用这种方法衡量社会信息化能力和信息化水平的增长速度有很多可取之处。但是，从理论上分析，该模型显得过于简单，忽视了许多在波拉特方法中很关键的知识产生部门和信息产生部门的作用，所采用指标不够全面，某些指标陈旧，不能适应当今信息技术发展的形势，某些重要指标却未突出（如信息产生和信息需求两大因素的相对发展状况），而且采用算术平均得出综合的测度结果（信息化指数），未能适当区分出不同参数或不同因子的贡献大小，简单平均的算法及其结果可能掩盖实质上的差异。

2. 综合信息产业力度法

综合信息产业力度法是借助多个指标，采用层次分析法，从信息产业发展的潜在力、信息产品开发力、信息产业生产力、信息资源流通力、信息资源利用力及反映信息产业在整个国民经济中所占比例的信息产业平衡力 6 个方面来测度信息产业发展情况。[①] 此方法不仅考虑了信息产业在国民经济中所占比重，还考虑了各产业间的比例关系。

综合信息产业力不仅随着时间的推移及其他产业的变化而变化，而且还通过科技、经济等与其他产业进行能量流、物质流和信息流的相互交换。运用系统论和动力学原理，采用定性与定量相结合的方法可建立综合信息产业力的函数关系式：

设综合信息产业力 6 个力 n 个结构要素 x_1，x_2，$\cdots$，x_n 作为变量并组成投入量，综合信息产业力的实际产出量为 Y_t，那么综合信息产业力函数的一般形式为：

$$Y_t = F\ (x_1,\ x_2,\ \cdots,\ x_n,\ t) \tag{7-4}$$

式中：t 是时间变量；x_1，x_2，$x\cdots$，x_n 是 t 的函数。通过系统分析，可以从信息产业综合构成要素中归纳出影响最大的三个变量：

"硬"变量 H_t——信息产业的潜在力、信息产品开发力、信息产业生产力和信息资源流通力；

"软"变量 S_t——信息资源利用力；

"协同"变量 K_t——信息产业平衡力。

于是可将上述函数进行简化为：

$$Y_t = F\ (H_t,\ S_t,\ K_t) \tag{7-5}$$

运用动力学原理和方法研究信息产业发展潜在力和实力的合力，根据牛顿第二定律：$\sum F = k \cdot m \cdot a$，综合信息产业力可表示为：

$$Y_t = H_t \cdot S_t \cdot K_t \tag{7-6}$$

式中，H_t——信息产业力的"质量"；

S_t——信息产业力的"加速度"，它决定信息产业力"硬"指标的

---

① 靖继鹏. 吉林省信息产业测度分析. 情报学报，1993（6）.

有效发挥程度；

K_i——协同系数。

3. 信息化综合指数法

我国钟义信教授从整体综合的角度提出"信息化的综合指数"法（Comprehensive Index of Information Capacities，简称 CIIC），CIIC 指标体系包括五个大类 18 个指标[①]，即从信息产业的能力、信息基础设施的装备能力、信息基础设施的使用水平、信息主体的水平、信息消费的水平这五大方面来测量国家或社会整体的信息化水平和综合的信息化能力。该模型中的各个指标各个方面的权重通过数据包络分析法、系统动力学方法或层次分析方法来确定，通过这些权重的确定，我们可以确定信息化建设的重点和方向。相对信息经济核算方法来说，CIIC 方法测算过程比较容易且灵活，对测算数据要求相对较低，方便进行不同国家和地区之间的比较，因而实用性较强。

（二）综合评分法

2001 年，在汇集各部委、各省市、各研究机构大量研究成果的基础上，国家信息化测评中心（National Informatization Evaluation Center，简称 NIEC）正式公布了国家信息化指标构成方案，该指标体系包括：信息资源开发利用、国家信息网络建设、信息技术应用、信息产业发展、信息化人才队伍建设、信息化政策法规和标准六个要素两个层次。

国家信息化水平测算的计算方法是，首先采用德尔菲法进行相关分析和标准化处理以测定信息化水平指数的权重，然后从具体的指标开始，逐项分层加权计算，最后汇总得出结果。计算公式为：

$$\text{II (information index)} = \sum_{i=1}^{n} \left(\sum_{i=1}^{m} P_{ij} W_{ij} \right) \times W_i \qquad (7-7)$$

[①] 宋玲. 信息化水平测度的理论与方法. 北京：经济科学出版社，2001.

其中，n 为信息化水平构成的要素个数，m 表示信息化水平第 i 个构成要素的指标个数，P_{ij} 为第 i 个构成要素的第 j 项指标标准化后的值，W_{ij} 为第 i 个构成要素的第 j 个指标在其中的权重，W_i 为第 i 个要素的权重。

国家信息化指标体系综合了波拉特提出的 GDP 比重法、就业结构分析法和小松崎清介的信息化指数法，选择能反映各信息要素水平的指标，通过国家、部门和地区已有的和新增的统计报表以及有关单位抽样统计获取的数据进行统计分析，突出地反映了信息化指标所应具备的导向性与可操作性等特点。[①]

（三）多元分析法

1. 主成分分析法

开展多指标综合评价是主成分分析的主要应用场合之一，用主成分分析法进行信息化水平综合评价的基本步骤：首先，采用标准化方法对指标体系原始指标数据进行无量纲化处理；然后，计算指标数据间的相关系数矩阵 R；接着求 R 矩阵的特征根、特征向量和贡献率等，并确定主分量的个数 K，对主分量的具体含义做出解释；最后合成各主分量得到综合评价值。

与前两大类方法相比，该方法要求指标间具有一定程度的相关性，这在信息化能力评价指标体系中比较容易满足，且该方法以指标间的相对变差信息大小为依据进行综合加权，不存在人为的主观赋值问题，在权重的确定上比较客观。而且无量纲方法统一用标准化方法，不存在不同的无量纲化问题。由于有现成的统计分析软件，计算过程比较方便，且比较适用于进行不同地区之间信息化水平的比较。

2. 聚类分析法

① 邓小昭，邹晓鸥，韩毅，樊志伟. 论信息化指标体系研究中的几个理论问题——兼评《国家信息化指标构成方案》. 情报学报，2003 (1).

对于多因素、多指标信息化能力评价问题，聚类分析能够较好地揭示客观事物内在的本质差别和联系。利用统计分析软件 SPSS 软件，实现聚类分析，可以从整体上，认识我国信息化发展状况及地区差异，通过对信息化指标进行聚类，可以了解各指标之间的内在关系，为制定合理的信息化发展政策提供依据。

总之，通过近几十年的发展，信息化测评体系不断充实和发展，涌现出许多优秀的评价方法，但对于信息化能力的评价，要针对具体的评价对象，结合信息化建设的实际情况和评价的目标，综合运用各种方法。

第四节　信息化能力评价指标体系

信息化能力评价指标体系是信息化建设的指南。建立统一的指标体系能客观、正确地评价信息化能力，引导信息化建立在效益、务实、统筹规划的基础上。不仅国家能从宏观上指导信息化建设，企业、组织以及决策者还可以在微观上更准确认识信息化的内涵，明确信息化的目的，制定正确的信息化战略，规避风险，为企业信息化具体实施提供切实的帮助。可见，信息化能力评价指标体系是评价的关键。

一、现行的评价指标体系

人们从不同的角度理解信息化概念，提出不同的信息化评价指标。下面介绍几种典型的指标体系。

（一）《国家信息化指标构成方案》

《国家信息化指标构成方案》由 20 项指标组成，主要根据国家信息化的体系结构，从信息资源开发利用、信息网络建设、信息技术应用、信息产业发展、信息化人才、信息化发展政策和信息指数 7 个方面概括反映出国家信息化水平。具体指标见表 7-1。

表 7-1 国家信息化指标体系构成方案及说明

要素	序号	指标名称	指标解释
信息资源开发利用	1	每千人广播电视播出时间	传统声、视信息资源
	2	人均带宽拥有量	测量实际通信能力
	3	人均电话通话次数	测度电话主线使用率
信息网络建设	4	长途光缆长度	用来测度通信基础设施规模
	5	微波占有信道数	反映传统带宽资源
	6	卫星站点数	卫星站点/每平方公里
	7	每百人拥有电话主线数	主线普及率(含移动电话数)
信息技术应用	8	每千人有线电视台数	测度有线电视的普及率
	9	每百万人互联网用户数	反映互联网的发展状况
	10	每千人拥有计算机数	反映计算机普及程度
	11	每百户拥有电视机数	反映传统信息设施
	12	网络资源数据库总容量	反映信息资源状况
	13	电子商务交易额	反应信息技术应用水平
	14	企业信息技术类固定投资占同期固定资产投资的比重	反映信息技术应用水平
信息产业发展	15	信息产业增加值占 GDP 比重	反映信息产业的地位和作用
	16	信息产业对 GDP 增长的直接贡献率	反映信息产业对国家整体经济的贡献
信息化发展政策	17	信息产业研究与开发经费支出占全国研究与开发经费支出总额的比重	主要反映国家对信息产业的发展政策
	18	信息产业基础设施建设投资占全部基础设施建设投资比重	反映国家发展信息产业的政策力度
信息化人才	19	每千人中大学毕业生比重	反映信息主体水平
信息指数	20	信息指数	反映信息消费能力

（二）《中国社会信息化进程测度报告》中测度指标体系

中国社会信息化进程测度小组通过调研，在日本信息化指数法的基础上，吸取有关案例的积极成果，参照国务院信息化工作领导小组确定的国家信息化体系的六要素（信息资源、国家信息网络、信息技术应用、信息技术和产业、信息化人才、信息化政策法规与标准），构建了社会信息化指数模型。该模型将其中的信息资源、信息网络、信息产业、信息人才作为测度的四个要素，并根据信息化现状，摄取了各要素所包含的变量，借此反映我国信息化的整体水平和北京等地信息化的先进程度（图 7-2）。[1]

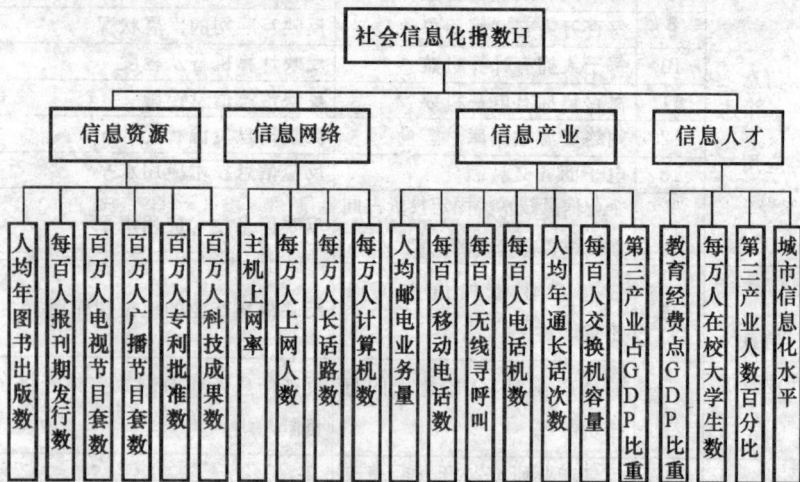

社会信息化指数H

信息资源
- 人均年图书出版数
- 每百人报刊期发行数
- 百万人电视节目套数
- 百万人广播节目套数
- 百万人专利批准数
- 百万人科技成果数

信息网络
- 主机上网率
- 每万人上网人数
- 每万人长话路数
- 每万人计算机数

信息产业
- 人均邮电业务量
- 每百人移动电话数
- 每百人无线寻呼
- 每百人电话机数
- 人均年通长话次数
- 每百人交换机容量
- 第三产业占GDP比重

信息人才
- 教育经费点GDP比重
- 每万人在校大学生数
- 第三产业人数百分比
- 城市信息化水平

图 7-2　中国社会信息化指数

（三）中国国家统计局社会信息化水平统计测度指标体系

国家统计局在《中国信息能力研究报告》中，设计了一套力图全面客观地评价我国信息化水平的指标。[2] 测算方法为：先用功效系数对各

---

① 郑建明，王育红，张庆峰. 中国社会信息化进程测度报告. 情报科学，2000（10）.
② 陈小磊，郑建明，万里鹏. 信息化水平测度指标体系理论研究述评. 图书情报知识，2006（9）.

指标原始数值进行无量纲化处理，算出各指标的标准分，再运用综合评分法或主成分分析法算出总的信息化水平得分。该指标体系共分 4 级，有 25 个指标（表 7-2）。

表 7-2　国家统计局信息化水平测度指标体系

一级指标	二级指标
信息技术和信息设备应用能力	a. 每千人拥有 PC 数；b. 每千人拥有传真机数；c. 每百人拥有电话数；d. 每千人拥有电视机数；e. 每千人拥有收音机数；f. 每万人接入因特网用户；g. 每百万人互联网上网主机数；h. 每平方公里光缆长度；i. 每百家企事业单位上网数；j. 基础信息产业产值占 GDP 比重
信息资源及开发利用能力	a. 每户打国际电话时间；b. 每百人期刊发行量；c. 每日发布信息量；d. 网络用户平均上网时间；e. 每万人 Web 站点数
人口素质	a. 每万人平均科学家和工程师数；b. 第三产业从业人数占就业总人口比重；c. 大学入学率；d. 每 10 万人在校学生数；e. 计算机专家和工程师数
国家对信息产业发展的支撑	a. 信息产业产值占 GDP 比重；b. 研究开发（R&G）支出占 GDP 比重；c. 每主线电信投资；d. 人均 GNP；e. 教育投入

（四）IDC 的"信息社会坐标法"

国际数据公司（International Data Corporation，简称 IDC）提出的"信息社会指标"分 3 大类 20 个指标。其中，社会基础结构包括在校小学生人数、在校中学生人数、阅读报刊人数、新闻自由程度、公民自由程度；信息基础结构包括家庭电话普及率、电话故障发生率、人均收音机拥有量、人均电视机拥有量、人均传真机拥有量、人均移动电话拥有量、有线电视和卫星电视覆盖率；计算机基础结构包括人均计算机拥有量、家庭计算机普及率、每 1000 从业人员商用机数量、每 1000 师生教育用计算机拥有量、联网计算机比重、软件支出与硬件支出之比、互联网服务提供者数量、每万人平均互联网主机数。

（五）国际电信联盟评价七国信息化的指标体系

国际电信联盟提出一套评价信息化发展现状的指标体系，这一体系包括六组指标　电话主线：每百名居民拥有电话线数、数字交换的电话主线数；蜂窝式电话：每百人蜂窝电话用户数；综合业务数字网（Integrated Services Digital Network，简称 ISDN）：每千人中 ISDN 用户数、ISDN 在七国中的分布情况；有线电视：有线电视的用户数、已装有线电视的住户占全部住户的比例；计算机：每百人计算机数、每 10 万人拥有国际互联网主机数；光纤：光缆公里长度的年增长率。

二、信息化能力评价的通用指标

综上所述，前三种指标体系是以我国国情为基础，从宏观上提出的评价体系，后两种是国际组织从微观上提出的指标体系。可以看出，这五种指标体系都具有一些相同或类似的评价标准，可提炼为以下几个方面，将其视为信息化能力评价通用指标。

（一）信息基础设施

信息基础设施是信息化建设的基础，是信息化能力评价的通用指标，无论哪一层次信息化能力的评价都离不开信息基础设施这一重要因素。不仅可从长途光缆长度、每百人拥有电话主线数以及卫星站点数等宏观方面衡量国家信息基础设施建设情况，还可具体化为企业、组织拥有各类 IT 设备及软件系统的投入水平。

（二）信息量

信息已经成为一种重要的战略资源，信息量的多少很大程度上决定了信息化建设的规模和效益，因而信息量成为衡量信息化能力大小的通用指标。此处的信息包括图书、期刊、磁介质等传统的信息形式，也包括数字化信息，应根据评价对象设立具体指标：人均带宽拥有量、每百人期刊发行量、每万人 Web 站点数和数据库数等指标展开评价。

（三）信息资源开发与利用

现代信息技术的快速发展和对各行各业的高度渗透，使得信息资源开发与利用能力日益重要，成为信息化能力的重要标志。应该秉着以提高信息系统的开发与管理能力、信息组织与检索能力、信息分析与服务能力、信息资源的开发利用能力等能力为目的，设置评价指标。那么，可以设置如人均通话时间、网络用户平均上网时间、日发布的信息量等具体指标。

（四）信息化建设经济效益

随着信息化建设的不断深入，信息产业化和产业信息化的速度加快，已形成一定规模的信息经济。那么，要评价信息化能力，就不得不提及经济效益，经济指标是衡量信息化建设成效的重要指标。国家利用信息产业的总投入、信息产业增加值占 GDP 比重及信息消费能力等指标来计算信息化建设的投入产出比、信息产业与非信息产业对国民经济的贡献。企业同样也可以设立相应指标以评价信息化建设对企业经济增长和增强竞争力的贡献。

（五）信息化建设的社会效益

信息化建设会改变人们的生活方式、工作方式、社会信息结构、信息人才等各个方面，带来许多社会效益，这些社会效益往往是信息化建设长期效益，不能直接用产值来测量。针对这些社会效益，应该设立相应的非经济指标，如信息化建设环境、大学入学率、信息人才、信息政策法规的建设、信息安全、国家对信息化建设的支持度等二级指标。

第五节　企业信息化能力评价

企业信息化是指企业在生产、经营和管理过程中，通过应用信息技术，开发与利用信息资源，提高企业信息处理和流动能力，实现资源的优化配置，推动企业组织进行业务流程重组，不断提高企业组织设计、生产、经营、管理、决策的效率和水平，进而提高其核心竞争力和经济效益。这一层面的信息化有三个方面的含义：第一是企业组织内的数据信息化，第二是作业与管理流程信息化，第三是决策信息化。相应地，企业信息化能力是指企业生产过程、流通过程、组织结构、管理和生产要素等方面的信息获取能力、信息处理能力、信息利用能力和信息创造能力。在信息化时代，信息化能力已成为现代企业生存和发展的一种基本能力。

从近几年国内外企业信息化的实践来看，企业信息化建设存在许多缺陷，这就要求我们对企业信息化能力进行客观评价，信息化能力评价与信息化建设同等重要。从狭义上讲，企业信息化能力评价是关于企业对环境及内部信息资源的开发和利用能力的全面估计、检查、测试、分析和评审。它是在分析、改进与提高企业信息化能力的方法与策略时，找出内部因素与外部表现（各要素）的对应关系，从根本上提高企业信息化能力的过程。它能够使企业对自身信息化能力有一个全方位的科学的了解，使企业价值的实现有一个很清晰的方向。从广义上说，企业信息化能力评价是指对企业信息化能力以确定的某些标准为度量尺度，采用相应的科学方法来进行衡量，将所得到的结果与事先预定的目标相比较，以期求得最佳结果的过程。①

本章第三节中提到的评价理论与方法主要是从宏观角度分析和评价社会、国家、地区以及行业的信息化能力，并不适合从微观角度来评价企业信息化能力，因而需要探索适合企业这一微观层面信息化能力评价的方法体系。尽管不同行业、不同领域的企业信息化衡量标准不同，但是不同企业信息化建设都涉及到信息技术应用、业务流程重组、企业管理变革、战略发展等诸多方面，都会表现出共性、普遍性的发展规律。并且，企业信息化能力的评价不单单是信息化水平、现状的评估，而是侧重于企业信息化建设的可持续发展能力，不仅针对企业信息化系统本身，更注重考察企业信息化的社会、经济、文化、技术和环境各要素。基于此，我们认为，企业信息化能力评价应该从企业信息化发展水平、企业信息化发展质量、企业信息化发展能力三个方面来进行测度。其中，发展水平主要是指企业信息化要素的数量和规模；发展质量主要侧重于信息化系统结构、稳定性和经济效益；发展能力是指信息化系统中

---

① 徐维祥. 信息系统项目评价理论与方法. 成都：电子科技大学出版社，2001.

的可持续建设能力。[①]

有关企业信息化能力的研究很早就得到广大专家学者的重视和认可，提出了多指标综合评价方法（包括多因素加权平均法、德尔菲法和主成分分析法）、指数法及经济分析法（如指数法、投入产出法、费用效益分析法和生产函数法）、数学方法（包括运筹学方法、数理统计方法和模糊数学理论）以及一些基于计算机技术的方法。这里，我们将着重介绍模糊层次分析法、经济学分析方法以及一种新的评价方法——数据包络分析方法。

一、模糊层次分析法

模糊层次分析法是将层次分析法和模糊数学方法加以综合集成的方法。这种方法是将专家群体、数据和多种信息结合起来，把各种学科的理论与人的经验知识结合起来，发挥它们的整体优势和综合优势。其特点是：定性分析与定量分析相结合，最后上升到定量分析；自然科学与社会科学相结合；科学理论与经验知识相结合；宏观与微观相结合；人与计算机的结合。因此凡是需要对非定量事件作定量分析，对模糊信息进行数学描述的评价都可以使用模糊层次分析法，还特别适用于多目标评价问题。

企业信息化能力是由人、组织和系统等多个层面构成的一种综合的系统能力，它是评价的总目标。从定量的角度看，只有部分指标可以明确量化，对于其他指标，往往很难用一个精确数字来表示，这表明评价要素具有一定的模糊性；从定性的角度看，指标的选取也具有很大的主观性。因此模糊层次分析法不失为评价企业信息化能力的一种好方法，表现出有效性和可靠性。

层次分析法是一种定性与定量相结合的方法。其基本原理是：首先将复杂问题结构化，即分解成若干层次，形成递阶层次结构模型；然后

---

①　张勇刚. 企业信息化测度理论与方法研究. 重庆：重庆大学硕士学位论文，2004.

根据对一定客观现实的判断就每一层的相对重要性给予定量表示，利用数学方法确定并表达每一层次的全部元素的相对重要性次序的数值；最后通过排序来分析和解决问题。

模糊数学对大量棘手的模糊现象、模糊概念、模糊问题提供了处理和解决的办法，使人们对研究对象由定性变换为定量，从而能够取得比较准确而明晰的认识。实践证明，它对多因素、多层次的复杂问题的评价效果较好，是其他数学方法和模型难以替代的。它应用模糊变换原理和最大隶属度原则，考虑被评价事物相关的各个因素，对其做出综合评价。

模糊层次分析法作为一种集成方法，对于一个具体的企业而言，其算法思路比较复杂。首先，运用专家问卷匿名讨论法和采取问卷调查的方式，由专家特别是经营管理方面的专家来说明，哪些指标重要，哪些指标更能反映企业信息化能力，采取多数选择的原则选取具体的指标。分析出企业信息化能力的评价指标，建立评价指标的递阶层次结构。然后，确定评价体系中的各个因素指标及评语集合，并进行各个指标的单因素评价，进而得到表示因素集合和评语集合之间的模糊关系矩阵。接着确定各因素在被评价事物中的重要程度，即计算出指标体系底层元素的组合权重，从而确定各因素的权重。继而给出评价指标评估值矩阵，取得专家判断数据，依据模糊数学理论形成评判矩阵进行模糊运算，得出综合评价结果。

二、经济学分析方法

从经济学角度对企业信息化建设状况进行量化分析，就是借鉴新古典经济学、制度经济学、激励经济学理论对企业的信息化建设进行经济学理论分析，是对企业信息化能力的一种量化考核。主要从投入产出分析、需求供给分析以及成本/效益分析这三个方面来对信息化建设进行分析。

企业信息化建设投入产出分析是采用柯布—道格拉斯生产函数作为

分析基础，研究企业信息化投入量与产出增长速度之间的关系。将企业信息化投入量作为一个生产要素，引入生产函数的一般表达式中：

$$Y = AK^{\alpha}L^{\beta}I^{\theta} \tag{7-8}$$

式中，Y 代表产出，A 是技术进步水平，K 是资本投入量，L 是劳动投入量，I 是企业信息化投入总量，α、β、θ 分别为资本、劳动、信息化投入的产出弹性，其经济含义是在其他条件不变的情况下，资本（劳动或信息化投入）增加 1% 时，产出也增加 $\alpha\%$（$\beta\%$ 或 $\theta\%$），可采用分配份额法、经验确定法和回归分析法来估算 α、β、θ。信息化建设的投入包括"硬件"和"软件"两个方面的内容，可分解为三个分量：信息化建设设备投入费用，软件系统开发、应用、维护费用以及管理人员的教育培训费用。

企业信息化建设的需求供给分析的基础是均衡理论。首先应该明确企业信息化的主体是政府、企业和个体消费者。信息化的供给和需求都包括企业信息化观念、企业信息化要素和企业信息化制度三个方面。企业信息化的均衡分析包括静态均衡分析和动态均衡分析。其中前者是指当企业信息化的观念得到一定普及，企业信息化所需要的制度得以规范，有企业信息化需求的企业能够获得所需要的生产要素并实现了企业信息化的时候，我们就称企业信息化的供求达到了均衡。然而，均衡在现实中难以持久存在。在市场经济条件下，均衡完全是靠供求双方的力量对比来实现的。企业为保持竞争优势而不断追求更先进的企业信息化模式，企业信息化的供给者则不断满足这种需求。供求关系不断被打破，又不断在更高层次上达到平衡，企业信息化也不断向前发展，形成动态发展过程。

企业信息化建设是一项包括开发、利用、维护和管理等多项工作的复杂的系统工程，其中投入的人、财、物各种资源构成了企业信息化建设的成本。有两种分析信息化建设成本的方法：一种是按信息系统的生命周期阶段将信息系统成本分成开发成本和运行/维护成本两大类，在各类中又根据费用的目的进行逐级细分。另一种是按照信息系统成本的经济用途，即成本项目划分，由基建、硬件配置、软件配置、管理费用等费用组成。同时，由于企业信息化的实现需要全社会共同参与，成本不但包括企业自身的投入，还包括不由企业自己承担的部分代价即外部成本，如国家投资兴建的信息高速公路的投入。另外成本分析中不得不分析制度成本，包括内部制度成本和外部制度成本。内部制度成本由内部管理制度、组织制度变革的阻力构成，这部分成本是每个企业进行信息化建设不可避免的，可通过管理来降低。相应地，外部制度成本是由企业信息化的外在制度障碍构成的，应通过制定法律法规加以明确，单纯通过市场调节企业付出的成本过高。

对于企业信息化效益可分析其直接效益、间接效益和社会效益。其中直接效益是指企业利用现代信息技术设备或工具为企业带来的效益。间接效益是指企业因开展网络采购、在线服务带来的交易成本的降低和因强化内部控制、简化组织结构而降低的代理成本。同时企业信息化导致了人们工作、生活和消费管理的转变从而为社会带来了巨大的社会效益。比较企业信息化建设的成本和效益可采用直接比较法、差额比较法、分离信息贡献法、费用效益法、投资评价法等方法。

三、数据包络分析方法

数据包络分析方法（Data Envelopment Analysis，简称 DEA）是在相对效率概念基础上发展起来的一种新的系统分析方法，由著名科学家 A. charnes 和 W. W. cooper 以及 E. Rhodes 于 1978 年提出。DEA 是按照多指标投入和多指标产出，对同类型单位进行有效性评价的一种新方法。它根据输入输出的观测值来估计有效生产前沿面，是一种非参数的统计分析方法。

（一）基础理论

在理论上，DEA 是一种线性规划的优化方法，是运用线性规划模型比较具有多输入、多输出决策单元之间的相对效益问题的多目标决策方法。它以线性规划为工具，建立 DEA 模型，依据决策单元的多输入、多输出指标，从黑箱的意义上评价若干决策单元的有效性。DEA 的基本思想就是某个 DMU 的输出向量被其他 DMU 输出向量的集合从上面包络，其输入向量被其他决策单元（Decision Making Unit，简称 DMU）输入向量从下面包络。如果一个 DMU 的输入输出向量不能同时被包络时，就认为该 DMU 为 DEA 有效决策单元，反之则为无效决策单元。

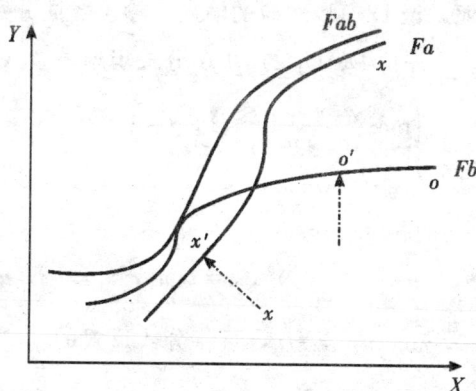

图 7 - 3　两个集合 DEA 评价图例

图中：x 为集合 A 中的待评单位；

　　　x' 为集合 A 中的待评单位在数据包络线上的投影；

　　　o 为集合 B 中的待评单位；

　　　o' 为集合 B 中的待评单位在数据包络线上的投影；

　　　Fa，Fb 分别为集合 A，B 的数据包络线（面）；

　　　Fab 为总体数据包络线（面）。

（二）主要模型

当今最具有代表性的"经典" DEA 模型，有 C^2R 模型、BC^2 模型、FG 模型和 ST 模型[①]，其中 C^2R 模型是对决策单元的规模有效性和技术有效性同时评价，即 C^2R 模型中的 DEA 有效的决策单元既是规模适

① 魏权龄. 数据包络分析. 北京：科学出版社，2004.

当又是技术管理水平高的。

在实际评价时，假设有 n 个决策单元（DMU），每个 DMU 都有 m 种输入和 s 种输出，分别用 $X_j = (x_{1j}, x_{2j}, \cdots, x_{mj})^T > 0$，$Y_j = (y_{1j}, y_{2j}, \cdots, y_{rj})^T > 0$ 来表示，其中 $j = 1, 2, \cdots, n$。X_{ij} 表示对第 i 种输入的投入量，Y_{rj} 表示对 r 种输出的产出量（$i = 1, 2, \cdots, m$；$r = 1, 2, \cdots, s$）。为方便，记 DMU_{j0} 对应的输入、输出数据分别为 $X_0 = X_{j0}$，$Y_0 = Y_{j0}$，$1 \leqslant j_0 \leqslant n$，评价 DMU_{j0} 的 DEA 分式规划模型 $(C^2R)^I$ 为：

$$(C^2R)^I \begin{cases} \max \dfrac{u^T y_0}{v^t x_0} \dfrac{u^t y_j}{v^T x_j} \leqslant 1, \ j = 1, 2, 3 \cdots n \\ u \geqslant 0, \ u \neq 0 \\ v \geqslant 0, \ v \neq 0 \end{cases} \tag{7-9}$$

其中，$v = (v_1, v_2, \cdots, v_m)^T$，$u = (u_1, u_2, \cdots, u_s)^T$。

令 $t = \dfrac{1}{v^T x_0} > 0$，$\omega = tv$，$\mu = tu$，可将分式形式的 $(C^2R)^I$ 转化为等价的线性规划 $(P_{C^2R}^I)$：

$$(P_{C^2R}^I) \begin{cases} \max \mu^T y_0 = h^0, \\ \omega^T x_j - \mu^T y_j \geqslant 0, \ j = 1, 2, \cdots, n \\ \omega^T x_0 = 1, \\ \omega \geqslant 0, \ \mu \geqslant 0 \end{cases} \tag{7-10}$$

线性规划 $(P_{C^2R}^I)$ 的对偶规划 $(D_{C^2R}^I)$ 为：

$$(D_{C^2R}^I) \begin{cases} \min \theta, \\ \displaystyle\sum_{j=1}^{n} x_j \lambda_j \leqslant \theta x_0, \\ \displaystyle\sum_{j=1}^{n} y_j \lambda_j \geqslant y_0, \\ \lambda_j \geqslant 0, j = 1, 2 \cdots, n; \theta \in E^1 \end{cases} \tag{7-11}$$

利用 $P_{C^2R}^I$ 和 $D_{C^2R}^I$ 判断 DMU 的 DEA 有效性并不直接，Charnes 和 Cooper 给出了具有非阿基米德无穷小 ε 的 DEA 模型 (D_ε^I)：

$$(D_\varepsilon^I) \begin{cases} \min\theta - \varepsilon\ (\hat{e}^T s^- + e^T s^+) \\ s.\ t.\ \sum\limits_{j=1}^{n} X_j\lambda_j + s^- = \theta X_0 \\ \sum\limits_{j=1}^{n} Y_j\lambda_j - s^+ = Y_0 \\ \lambda_j \geqslant 0\, j=1,\ \cdots n \\ s^- \geqslant 0 \\ s^+ \geqslant 0 \end{cases} \qquad (7-12)$$

其中，$\hat{e} = (1, 1, \cdots, 1) \in E^m$，$e\ (1, 1, \cdots, 1) \in E^s$，$\lambda_j$ 为一般变量，m 为输入指标数，r 为输出指标数，s^- 未知量，s^+ 为松弛变量，θ 为 C^2R 模型的最优解，ε 为非阿基米德无穷小量。

（三）DEA 用于企业信息化能力评价的适用性

DEA 方法是运筹学、管理科学和数理经济学交叉研究的一个新领域。与其他评价方法不同，DEA 对具有多项投入指标和产出指标的复杂系统又有很强的适用性，而企业信息化系统作为一项具有多种投入和多种产出的复杂大系统，信息化建设的投入、产出效率是衡量信息化能力的重要指标，应用数据包络分析方法可以分析各地区信息化水平相对效率的规模有效性和技术有效性，通过分析各地区信息化发展规模收益状况，不仅能从横向上确定各地区同时期信息化能力的大小，也能从纵向上考察同一地区或组织不同时期信息化能力的大小。因此，采用DEA 方法可以客观、科学、有效地评价企业信息化能力。具体而言，采用此方法的优势表现在：

首先，DEA 致力于每个决策单元的优化，通过 n 次（设共有 n 个决策单元）优化运算得到每个决策单元的优化解，而不是对 DMU 集合的整体进行单一优化，从而得到更切实的评价值。并且 DEA 以决策单元的各个投入指标和产出指标的权重为变量（权变量）进行评价运算，而不是预先借助主观判定或其他方法确定指标的权重，从而避免了确定权重的误差，使得评价结果更具有客观性。

其次，DEA 方法可以直接采用统计数据进行运算，而不像一般统计评价模型那样，需要对指标体系重新定义或者预先对指标进行相关分析，从而避免了建立评价指标体系以及确定某一个投入指标对若干产出指标的贡献率等繁琐的智力劳动，使评价方法更具简明性和易操作性，并避免了在上述处理中所可能出现的主观因素。

最后，DEA 方法强调在被评价决策单元群体条件下的有效生产前沿面的分析，而不是像一般统计模型那样着眼于平均状态的描述，从而使研究结果更具理想性。DEA 通过最佳 DMU 子集的选择，可以为决策者提供众多有效计划的管理信息，从而使信息化建设能够有效且有目的地确定减少投入指标或提高产出指标的数据成为可能。

（四）用 C^2R 模型评价企业信息化能力

既然 DEA 模型可以评价决策单元的有效性，而信息化建设中的各企业可以看成是单个的决策单元，把单个企业信息化建设的投入作为决策单元的输入，把信息化建设的产品或收益作为决策单元的输出，就能应用 DEA 模型对信息化能力进行相对评价。为了全面评价企业信息化建设的技术有效和规模有效，以 C^2R 模型为例阐述用 DEA 方法评价信息化能力的步骤。

1. 企业信息化能力评价指标

用 C^2R 模型评价企业信息化能力需要一套能够反映企业信息化建设现实情况的指标体系，并且需要得到相应指标下的准确数据，国家信息化测评中心公布的指标体系包括基本指标（图7-4）、效能指标（图7-5）和评议指标[1]，这里分别以基本指标和效能指标为基础确定 DEA 模型的输入、输出指标。

---

① http://www.ciq.com.cn/2007/10/12.

　　基本指标是反映信息化基本情况的统计调查指标，可以形成对企业信息化基本发展状况的标准化客观定量分析结论，可以将基本指标中的战略地位、基础建设、应用状况、人力资源和安全作为 C^2R 模型的输入指标。这些输入指标值的计算可参照国家信息化测评中心提供的计算方法。企业信息化效能指标是在企业信息化基本指标基础上，结合不同行业、不同对象特点，以标杆库和标杆值为参照，以信息化实效为评价目标的效能评价指标，形成对企业信息化实效的定量分析结论，可以将基本指标中的效益指数和效能指标作为 C^2R 模型的输出指标。

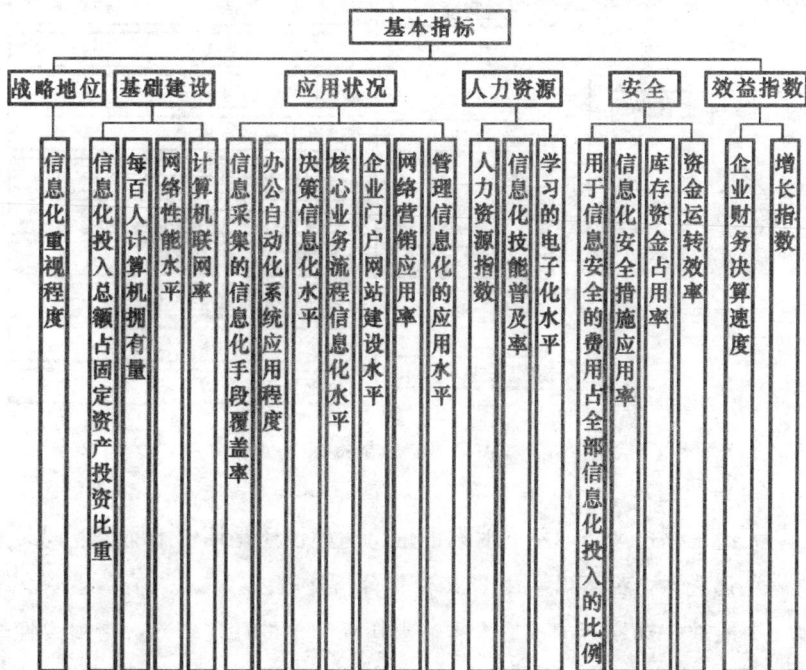

图 7-4　基本指标

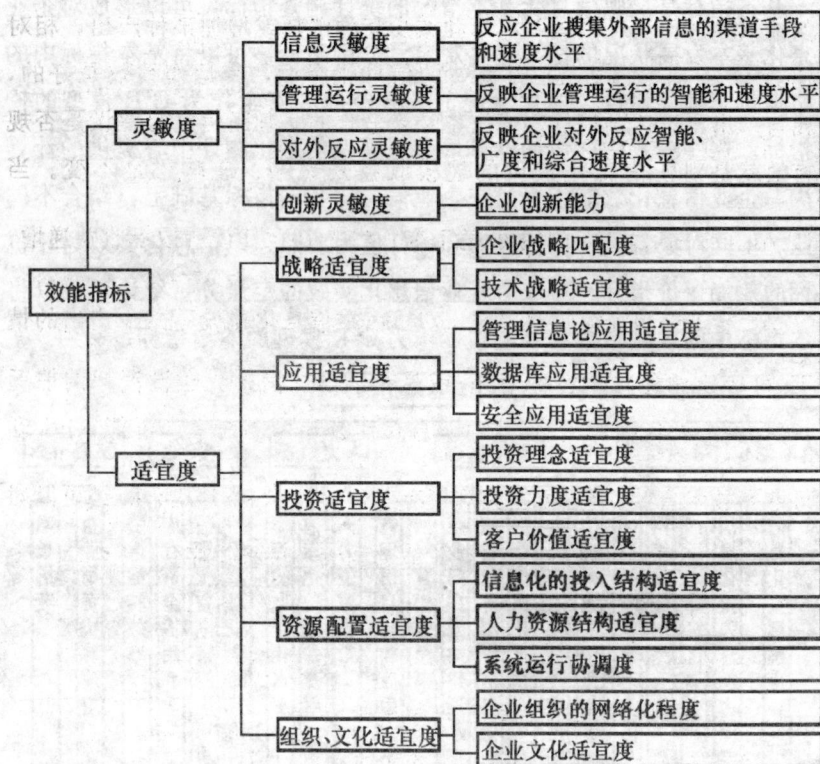

图 7-5　效能指标

2. 评价过程

无论是评价本企业不同时期的信息化建设还是评价不同企业同时期的信息化能力，都可以利用 C^2R 模型分析比较。

一般地，选取不少于输入、输出指标两倍的评价单元，借助线性规划工具 Lindo 软件求线性规划（$D^I_{C^2R}$）的最优解。设 C^2R 模型的最优解为 λ^0，λ^{-0}，s^{+0}，θ^0。当 $\theta^0 = 1$ 时，则 DMU_{j0} 为弱 DEA 有效，说明信息化建设在不减少产出的情况下，无法等比例地减少各种消耗，但可以把信息化建设的某项消耗减少 s^- 仍可保持原产出不变，或是在消耗资源不变的情况下将某项产出提高 s^+。当 $\theta^0 = 1$，$s^{-0} = 0$，$s^{+0} = 0$ 时，

DMU$_{j0}$为 DEA 有效，说明信息化建设在不减少产出的情况下，无法等比例地减少各种消耗，也不能单独减少某种消耗或增加某种产出，相对其他弱 DEA 有效和非 DEA 有效的信息化企业，其运作绩效是好的，消耗与产出比已达到最优，规模也是最适合的。判断信息化建设是否规模有效就是判断信息化建设的规模收益是递增、递减还是不变。当 $\sum_{j=1}^{n} \lambda^0/\theta^0 = 1$ 时，DMU$_{j0}$ 规模收益不变；$\sum_{j=1}^{n} \lambda^0/\theta^0 < 1$ 说明规模收益递增，$\sum_{j=1}^{n} \lambda^0/\theta^0 > 1$ 说明规模收益递减。也是说，在信息化建设不减少产出的情况下，可等比例地减少各种消耗，或是在不增加信息化建设消耗的情况下，等比例增加各种产出。但这时信息化建设还可能在生产可能集上，即有可能是技术有效，但不可能为规模有效（$\sum_{j=1}^{n} \lambda^0/\theta^0 < 1$），当然，还可以对既有的模型进行改进，以便对信息化能力的大小进行排序。

思考题

1. 试述信息化能力评价的意义和原则。
2. 信息化能力评价包含哪几个方面的内容？
3. 试述马克卢普——波拉特方法的基本思想。
4. 试述日本信息化指数方法的基本思想。
5. 信息化能力评价有哪些通用指标？
6. 试述模糊层次分析法的基本思想。
7. 试述数据包络分析方法的基本思想。

第八章　信息资源开发与利用

第一节　信息资源及其特征

信息不仅仅是计算机领域里的数字信号，更是当代社会重要的经济资源，是可以在自然界和人类社会经济活动中用以创造物质财富和精神财富的具有一定量的积累的客观存在形态。信息资源范围广泛，概而言之，人类在各种经济活动和其他社会实践活动中所累积起来的一切有价值的信息以及与这些活动有关的信息生产者、信息技术、信息设备、信息投资、信息系统等要素，皆可视为信息资源。在信息资源集中，各要素的地位和作用是不完全相同的，信息要素及其所具备的经济功能是信息资源生命力之所在。

面对庞大的信息资源，如何通过有效的开发与利用以便将信息资源转变为宝贵的财富，这是产业界和学术界都关心的问题，也是信息化能力的一种重要表现形式。

信息资源的主要经济学特征表现如下：

第一，作为生产要素的人类需求性。各种形式的信息资源既可以作为经济活动的投入要素，替代物质资源或能源资源发挥经济催化作用；又可以寓于经济行为者的管理和决策活动之中，减少或消除经济活动中的不确定性，优化管理和决策行为，提高管理和决策工作的效率。

第二，使用方向的可选择性。信息资源与经济活动相结合，使信息资源具有很强的渗透性，可以广泛地渗透到经济活动的方方面面。同一信息资源可以作用于不同的作用对象上，并产生多种不同的作用效果。经济活动行为者可以根据这些不同的作用对象所产生的不同的作用效果对信息资源的使用方向做出选择。

第三，共享性。在传统的经济资源集中，物质资源和能源资源都非常明显地表现为占有性和消耗性，一些社会纷争也往往因争夺资源而爆发。换而言之，在既定的技术和资源条件下，各资源利用者总是存在着明显的竞争关系，某人对某资源的利用是以他人少利用甚至不利用该资源为前提的。如何将有限的资源分配于各种经济活动，使之最大程度地满足人类生产、生活等方面的需要，即资源配置问题，一直以来是资源消费中值得研究的关键问题。与传统的物质资源和能源资源相比，信息资源的利用不存在明显的竞争关系。信息资源具有共享性，即某人对某信息资源内容的利用并不以他人少利用甚至不利用该资源内容为前提，信息资源的信息量不会因任何人的利用而减少。

第四，稀缺性。信息资源的共享性往往使人们错误地认为：信息资源是无限丰富且用之不尽的，不会像物质资源和能源资源那样需要进行有效的配置。其实不然，共享性的存在并不意味着信息资源不具备稀缺性。事实上，稀缺性是一切经济资源共有的特征，信息资源也不例外。关于这一点，可能的理由主要有：从信息资源的效用实现角度来看，虽然共享性使之具备无限次被利用的内在可能性，但是，有一点是不可否认的，那就是，在既定的技术、资源及其他条件下，信息资源的总效用总有一个最大的极限值，当信息资源每次被投入到经济活动中去的时候，经济行为者总可以体验到总效用中的一部分（极端情况下也可能没有体验到信息资源的效用或者体验到信息资源的全部效用）。随着被共享次数的增多，这个总效用会逐渐衰减，直至趋于零值。当效用衰减至零时，就意味着该信息资源已被"磨损"掉，不再具有经济意义。一旦理性的经济行为者意识到这一点，就不会做出在经济活动中投入该信息资源的决策。因此，上述那种内在的可能性不是总能转化为现实行动的。从信息资源的开发和获取情况来看，信息资源的开发和获取离不开人力、物力、财力和时间成本的投入。由于在某一时期经济行为者的这些成本投入是有限的，因此，其可能拥有的信息资源品种类型不会无限丰富。从信息资源的时效性来看，信息资源通常具备强烈的时效性。对于大多数信息资源而言，随着时间的推移和社会的变迁，新的消费欲望和消费标准常常会导致原有的信息资源内容因过时而失效。此时，该信息资源虽内容犹在，但效用已被"磨损"掉，没有共享的外在动力了。时效性的存在，使信息资源的总效用常常得不到及时和全面的挖掘，从而引发不必要的社会财富浪费。因此，与传统资源相比，信息资源对有效配置具有更强烈的需求和更迫切的期待。

第五，非同质性。作为一种资源的信息必定是完全不相同的。这一点最早由美国著名的经济学家保尔丁格（K. E. Boulding）教授在 1966 年提出。[①] 以铝合金为例。对于给定种类的铝合金，当人们提出需要更多的铝合金时，意味着需要更多数量的种类、质量、化学组成都相同的同一铝合金资源。但对信息资源而言，当人们提出需要更多的铝合金配方信息时，则意味着需要更详细的、不同的信息，对原来的信息集合提供更多的拷贝是不能满足上述需要的。因此，对于既定的信息资源而言，它必定是不同内容的信息的集合，集合中的每一信息都具有独特的性质。

第六，时效性。信息资源比其他任何资源都更具有时效性。一条及时的信息可能价值连城，使濒临倒闭的企业扭亏为盈，成为行业巨头；一条过时的信息则可能分文不值，甚至使企业丧失难得的发展机遇，酿成灾难性的后果。这样的例子不胜枚举。信息资源具有时效性并不意味着开发出来的信息资源越早投入利用就越好，这中间并没有必然的前因后果关系。早投入利用固然可能易于实现其效用，但相反的情况亦屡见不鲜。随着时间的推移，某些信息资源是可以像陈年老酒一样不断增值的。这就要求信息资源的利用者要善于把握时机，只有时机适宜，才能发挥效益。

---

① Boulding, K. E. The economics of knowledge and the knowledge of economics, American Economic Review, 1966, 56 (2).

第二节　信息资源配置

一、信息资源配置的经济意义

资源有效配置理论的主要内容是研究在给定的生产技术和消费者偏好下，如何将有限的经济资源分配于各种产品的生产，以便最大限度地满足人们的需要。这一理论同样适用于信息资源。长期以来，学术界或者基于信息管理学研究背景，或者基于经济学研究背景，对信息资源优化配置问题进行了持续的研究，取得了一系列重要研究成果。尤其是信息资源共享作为信息资源配置中一种不同于传统资源配置的特有表现形式，一直以来都是关注和研究的焦点领域。

自 20 世纪 90 年代中期以来，许多国家对信息资源配置问题给予了高度重视。不少发达国家结合国家经济政策的制定，从全局的战略高度重视信息资源配置，把它作为推进信息化建设，促进经济社会发展的重要内容。欧盟各国曾于 1996 年召开了题为"获取公共信息——产业增长和电子化民主的关键"的国际会议，与会专家普遍认为，为了提高信息资源共享的范围和效率，公共部门应更多地介入信息市场，并以比私营机构低得多的价格提供电子信息服务。在《电子欧洲行动计划：欧盟公共部门信息开发框架》等专项规划和相关政策中，欧盟许多国家通过法律手段规定相关信息资源必须共享。美国政府早在 1993 年就颁布了《国家信息基础设施：行动计划》，并提出了重点布局和建设数据库，促进网络信息资源开发利用的政策方针。特别是在政府信息资源方面，美国政府将信息资源合理配置视为确保政府有效运转和保持国民经济健康发展的重要手段。在日本，信息资源的配置和共享一直被看作支撑经济结构调整和促进经济腾飞的动力。为了应对 21 世纪全球信息社会的挑战，联合国教科文组织曾推出"全球信息结构计划"。在该计划的价值理念中，联合国教科文组织主要强调的是信息资源配置的公平原则问题，认为公平合理是信息资源配置的指导思想。

在我国，随着社会主义市场经济体制逐步确立，社会信息化程度不断提高，信息资源被广泛地应用于各种社会活动和经济活动中，有关信息资源有效配置问题的研究也随之被提上了日程。在《关于加快发展第三产业的决定》中，中共中央、国务院明确地把信息服务业列为今后加快发展第三产业的重点，而信息服务业的发展，归根到底要以信息资源的配置为核心手段。在《关于加强技术创新，发展高科技，实现产业化的决定》中，又进一步提出，要加强供需信息库以及信息网络等基础建设，形成全国乃至国际的电子网络信息交易市场，特别要充分优化信息市场机制，发挥市场在信息资源配置中的基础作用。在《2006—2020年国家信息化发展战略》中，提出了我国信息化发展的战略方针，要"实现资源优化配置和信息共享；要以需求为主导，充分发挥市场机制配置资源的基础性作用，探索成本低、实效好的信息化发展模式"。要"加强对信息资产的严格管理，促进信息资源的优化配置"。

当前，以通信、计算机和信息为代表的因特网发展很快，网络环境正在加速形成。网络化不仅增添了信息资源共享的形式和内容，而且对信息资源配置提出了新的挑战和要求。在网络环境下，信息资源优化配置的主要任务在于通过合理规划和布局网上信息资源，用尽可能小的配置成本取得尽可能大的配置效益，使得更多的组织或个人能在一定范围内合理、高效地利用网上信息资源，充分挖掘信息资源的潜在价值，实现最大化的社会福利。这样，既可以避免网络信息资源的冗余，减少信息污染、信息垃圾，节约网络信息资源建设的人力、物力、财力和时间，又可以使得网络信息资源更好地满足用户的信息需求，实现人类社会的和谐和可持续发展。

（一）有效配置信息资源有利于更好地满足人类对资源的需求

按照市场运行机制和规律，各种产品的消费者总希望以最小的代价换取最多的优质产品，以获得更多、更好的消费欲望满足；生产者也总是希望尽量降低各种生产性开支，以最大限度地谋取利润。换句话说，降低成本是市场亘古不变的主题。

在人类经济活动中，信息资源既可以投入于生产领域，也可以投入于消费领域。与其他经济资源一样，如何降低信息资源的开发、管理和利用成本是信息经济学研究永恒的命题。

有效配置信息资源有利于最大限度地降低产品成本，原因在于：合理的资源配置结构不仅有利于提高产品生产及营销管理中信息资源的使用效率，防止信息资源的闲置、浪费和短缺并存的弊端，而且有利于改善产品成本构成中信息资源与非信息资源的关系以及非信息资源之间的关系，提高各类资源的综合使用效果。

（二）有效配置信息资源有利于最大范围内实现资源共享

物质资源和能源资源的利用表现为占有和消耗。在既定的技术和资源条件下，各资源利用者总是存在着明显的竞争关系，一部分人利用多了，其他人就只能少利用甚至不利用。信息资源的利用不存在这种竞争关系。例如，某人阅读了一本书，他从这本书中获取的知识内容并不会因为其他人的已经阅读或将要阅读而受到影响。换句话说，在信息资源利用方面，任何利用者都可以同等程度地共享某一份信息资源。

信息资源共享范围直接决定了信息资源开发利用的经济价值。信息资源共享范围的扩大除了取决于政治、经济等环境因素外，主要受下列两个因子的影响：一是信息资源的质量和数量。其中优良的质量是促进信息资源共享的内在因素，充足的数量是确保信息资源共享的外在条件。二是信息资源的扩散程度。信息资源的扩散程度越高，信息资源共享的范围就越广。有效配置信息资源有利于调节和改善上述影响因子，因而有利于最大范围内实现信息资源共享。

（三）有效配置信息资源有利于防止信息污染，实现社会可持续发展

随着社会经济和科技的发展，反映这一发展过程的信息也在急剧增长。庞大的信息海洋，一方面为人们的科研、教学、生产、经营管理等活动提供了极其丰富的信息源，另一方面又导致了一些信息良莠混杂，影响决策的效果。目前由于信息污染而导致的社会负效应已在扩散速度上超过了信息利用而带来的社会正效应。

有效配置信息资源有利于形成最合理的信息资源开发利用体系。在该体系里，信息资源开发利用被提到有效开发和有效利用的高度。此时，信息资源开发过程中的无度和无序，以及信息资源利用中的良莠不分和低利用率都被控制在最小的范围内。在这样的状况下，工业生产中的信息污染实际上是"零污染"，是可持续发展社会的重要特征。

二、信息资源配置的原则和内容

（一）信息资源配置的原则

1. 影响信息资源有效配置的因素

（1）市场竞争和价格体系

市场是主要的资源配置手段。根据帕累托最优（Pareto optimum）原理，在既定的技术和资源条件下，如果不使至少一个消费者的满足水平下降，便不可能使其他消费者的满足水平提高。在实际资源配置时，可以考虑通过市场竞争和价格体系来比较优劣，协调配置，把有限的信息资源投入到效益最好的经济活动中去。

市场机制与资源配置是同一问题的两个不同侧面。在一定的条件下，完全竞争市场机制能够实现资源的有效配置，而资源的有效配置也可以通过完全竞争市场机制来实现。完全竞争市场机制是完全竞争的均衡状态。在这个状态里，每个消费者的满足达到最大，每个生产者的利润达到最大。完全竞争的市场必须具备以下特点：自由的市场、小规模的经济主体、同质的商品、自由流动的资源、充分的信息。然而现实的市场是很难具备这些特点的，完全竞争的市场是不存在的。但可以借鉴对完全竞争市场的分析，寻求非完全竞争市场状态下信息资源有效配置的普遍规律。

价格是信息资源供需变化的指示器，价格体系给每个生产者、资源所有者或消费者带来了关于生产可能性、资源可获得性及所有其他决策者偏好的"信息摘要"。市场上信息资源供需热点的变化往往以价格信号反馈的方式表现出来，并通过价格体系对资源配置进行优化。由于我国的市场经济起步较晚，目前的信息资源价格体系还很不健全，因此，尽快建立和健全我国的信息资源价格体系是刻不容缓的事情。

（2）管理体制

科学的管理是进行信息资源有效配置不可缺少的手段。信息资源的科学管理，就是运用现代化管理方法来研究信息资源在经济活动中被利用的规律，对信息资源配置过程中的种种矛盾进行统筹规划和组织协调，以求得最优化的经济效果。

我国信息资源十分丰富，并且已经拥有了一定的获取渠道和流通渠道，但这些资源多分散于不同的部门或系统。在部门或系统利益的驱使下，信息资源的重复和浪费现象十分严重。要真正有效地配置信息资源，应该在充分掌握我国信息资源分布和利用规律的基础上，加强信息资源的整体化建设，并建立全国性或区域性的信息资源管理网络。通过横向联合，发挥整体优势，实现信息资源共享。与此同时，还要加强国际间的交流与合作，在平等互利的基础上，实现国际信息资源共享。

（3）信息资源使用者情况

资源使用者的偏好倾向和资源的可获得性。在既定的技术和资源条件下，信息资源的配置是否达到最优，与资源使用者的偏好倾向有很大关系。偏好模式不同，资源配置的效率一般是不同的。由于信息资源分布的分散性和科技发展水平的不平衡，人们对不同信息资源的可获得性是不一样的。资源使用者总是最先以最方便的方式利用那些最易于取用的信息资源。只有在这些资源不能满足其需求的情况下，才会去考虑那些相对较难以取得的资源。因此，必须优化信息资源的内容结构和布局结构，改善流通渠道，使资源使用者能及时、方便地"各取所需"。

资源使用者接受教育的程度。与物质资源不同，信息资源效用的实现程度除了取决于信息资源本身的有关因素外，还取决于资源使用者的知识涵养、信息意识、创造性能力的发挥等主观因素。一般地，资源使用者所接受的教育程度越高，则其知识涵养、信息意识、创造性能力的发挥等就越好，信息资源效用的实现程度也就越大。

资源使用者的职业状况。由于存在着社会分工和专业化，不同职业的资源使用者对某一信息资源的需求程度和吸收能力是不同的。这种"不同"反映到效用问题上，就表现为效用的实现程度不同。一般来说，对口的信息资源（即资源使用者有需求渴望和吸收能力的信息资源），其效用的实现程度一般较大。

资源使用者的工资水平。工资水平是影响信息资源配置的另一重要因素。因为工资水平的高低决定了人们对某种信息资源消费的可能性，也影响着人们接受教育的可能性。收入越高，人们就越有条件消费信息资源，也越有条件接受良好的教育。因此，把信息资源配置到工资水平较高的资源使用者手中，有助于提高信息福利（效用）。

（4）技术和资源条件

在前面的讨论中，都假定技术和资源条件不变。实际上，从整个人类社会发展史来看，信息资源是从少到多，"滚雪球"式地无限向前积累的，科学技术的发展也是日新月异的。显然，信息资源越丰富，科学技术越发展，信息资源的效用及配置效率会越倾向于更高的台阶。

（5）效率与公平

效率是指现有信息资源与其所提供的人类满足之间的对比关系。公平是指人们对某种社会现象（关系）的一种道德评价，认为它是否应当如此，是否公正合理。公平意味着所有相关的个人的信息福利相等。在效率与公平的相互关系中，效率是公平的基础和前提，在进行信息资源的有效配置时，必须坚持"效率优先、兼顾公平"的原则。

影响信息资源的有效配置的因素是多方面的，各个因素在影响的角度、程度上是不同的，各个因素的影响作用也不是孤立的。因此，信息资源的有效配置机理十分复杂。在实际配置时，应该具体问题具体分析，统筹兼顾，综合考虑，力争求得最优的配置效果。

2. 信息资源配置的基本原则

信息资源有效配置是一项复杂的系统工程，涉及到许多相互联系、相互影响且不断发展变化的因素，在实践中必须遵循以下原则：

（1）社会经济福利最大化原则

信息资源从生产、传输、分配直至共享的全过程是一个十分复杂的系统工程，其中牵涉到的经济利益主体之多、波及范围之广、影响程度之大是前所未有的。在信息活动中，每一经济行为者既与其他经济行为者相联系，又保持相对独立，各司其责。配置信息资源势必涉及到各经济行为者之间以及信息系统和系统外部环境之间的经济利益分配关系。判断信息资源配置是否有效不能单纯地从某一或某些经济行为者出发，而必须站在全社会的高度，以社会经济福利最大化为判定标准。

（2）需求导向原则

信息资源不论是在时间、空间矢量上的配置还是在品种类型上的配置，最基本的依据都是用户对信息资源的需求性，我们无法想象将信息资源配置于根本无需求欲望的用户手中能导致社会经济福利最大化。用户需求的每一变化都会影响到各种资源配置模式的效率，并进而影响到配置模式的调整和选择决策。传统资源配置模式中的"次第配置法"就是一种典型的按需求导向原则设计的模式，该模式首先把资源配置于最需要的部门，一直到"注满"为止；然后把"溢出"的资源注入到次需要的部门，一直到"注满"为止；如此次第配置下去，直至不再"溢出"。尽管由于信息资源的高时效性，该模式引入到信息资源配置中有一定的困难，需要引入时间因素加以修正和变通，但还是很好地体现了需求导向原则的重要意义。

（3）公平原则

公平意味着社会经济福利在所有相关的个人或组织之间的分配达到均衡状态。这里所说的均衡分配与平均分配有着截然不同的含义，它要求资源配置者在按照社会经济福利最大化原则和需求导向原则配置资源的时候要注意做到公正合理地对待信息活动的每一用户，不偏不倚，不掺杂情感因素。

（4）市场手段和政府手段互补原则

市场供求、价格、竞争、风险等机制的充分运作可以自发地调节信息资源在生产、传输、分配和共享过程中的经济利益和经济关系，以利益驱动构建信息资源配置效率的大厦。西方经济学称市场手段是调节一切市场的十分有用的复杂精巧的联络系统，信息市场诞生以来的实践也充分证明，市场手段在解决信息资源配置方面确实起到了重要的作用。

政府手段是有效配置信息资源的另一种很重要的手段。福利经济学家霍布森（J. A. Hobson）认为，为了保证最大社会经济福利，政府必须干预经济活动。信息资源尽管是面向全球的，但不论是生产、传输还是分配、共享，都离不开政府的作用和影响。美国政府是国家信息基础设施建设的最积极倡导者，这一作用和影响使美国信息资源的组织管理水平居于世界领先地位，其信息资源配置水平亦堪称各国楷模。

市场手段和政府手段在作用形式、条件、效果等方面是不一样的。它们在信息资源配置方面都有成功的地方，也有不成功的地方（即市场失灵、政府失灵），因此，在实际操作时，应注意协调互补，使两者形成有机的配合。一般地，能够通过市场手段配置的，就尽量通过市场的供求、价格、竞争、风险等机制去自动配置；不能或难以通过市场手段配置的，可以考虑在前述三项原则的指导下运用政府手段去配置。

（二）信息资源配置的模式和内容

信息资源在时间、空间矢量上品种类型的配置状况、特征和要求构成了信息资源有效配置的模式和内容。

1. 信息资源的时间矢量配置

信息资源的时间矢量配置是指信息资源在时间坐标轴上的配置。这种配置从时态上有过去、现在和将来之分，从时段上又有大小之分和连续与不连续之分。信息资源在时间矢量上配置的经济意义是由信息资源内容本身的时效性决定的，例如一条及时的信息可能价值连城，使沉睡良久或濒临倒闭的经济部门复苏；而一条过时或过早的信息则可能一文不值，甚至在使用后产生极其严重的恶果。换而言之，信息资源效用的实现程度与时间起始点和时间段大小的选择密切相关。不同的信息资源，其时效性大小和变化情况是不一样的，有的信息表现为逐渐过时规律，有的信息表现为快速过时规律，还有些信息强烈地受制于各种不定型因子的干扰和影响，表现出波动性和无规律性。对于过时规律明显的信息而言，其在时间矢量上的有效配置目标的实现较为容易；信息资源有效配置的难点在于控制和协调无过时规律的信息在时间矢量上的配置。

2. 信息资源的空间矢量配置

信息资源的空间矢量配置是指信息资源在不同的地区、不同的行业部门之间的分布，实质上是在不同使用方向上的分配。[①]信息资源的空间矢量配置存在的前提是资源内容本身的非同质性以及区域间经济活动水平的差异性，它们与千差万别的用户需求共同作用的结果引起了区域间信息资源的流通，并进而导致了区域间信息资源结构上的差异。按空

---

① 马费成，陈锐. 面向高速信息网络的信息资源管理（二）. 中国图书馆学报，1998（2）.

间矢量配置信息资源就是要运用一切市场的、非市场的手段调节和控制信息资源在不同国家之间以及同一国家内不同地区或行业部门之间的分配关系，目的是追求信息资源在按空间矢量配置后能产生最大化的社会经济福利。

信息资源按空间矢量配置后所产生的社会经济福利的大小取决于多种因素，如市场竞争和价格体系、信息技术和资源条件、管理体制、社会公平，以及用户的消费偏好、接受教育程度、职业状况和工资水平等。伯格森派福利经济学的代表人物伯格森（A. Bergson）和萨缪尔森（P. A. Samuelson）主张将影响社会经济福利的一切变量（包括社会所有成员购买的商品和提供的生产要素以及其他有关变量）纳入到"社会福利函数（social welfare function）"中，如式（8—1）所示：

$$W = f(z_1, z_2, z_3, \cdots, z_i) \qquad (8-1)$$

式中，W 表示社会经济福利，f 表示函数关系，z_i（$i=1, 2, 3, \cdots, z_i$）表示影响社会经济福利的各种因素。

只有当社会福利函数值最大时，社会经济福利才能达到最大。这些影响社会经济福利的各种因素可以有不同的影响权重和排列组合方式，这是导致大小不一的社会经济福利的内在机理。信息资源在空间矢量上配置的任务就是寻求一种最佳的影响权重和排列组合方式，以使信息资源的开发利用取得最佳的效益。

3. 信息资源的品种类型配置

信息资源在时间和空间矢量上的配置必然要涉及到信息资源的品种类型。对于既定的信息资源系统而言，其规模的大小和服务能力的强弱不能简单地看其信息"拷贝"数量是否庞大，而应当综合性地以信息资源品种类型的多寡及其对用户信息需求的满足程度作为主要评判依据。

当前，因特网是信息资源存在的主要形式。因特网具备开放性，任何入网者都可以将信息在网上自由存放，也可以很方便地获取网上信息。可以这么说，在因特网上，每时每刻网上信息提供者和使用者都在不断增多，这必然刺激着大量冗余信息在无"主管"的网络上迅速地膨胀。这样，一方面，千差万别、无奇不有和日新月异的网络用户信息需求使网上信息资源的品种类型几乎在任何情况下都显得有限和难以令用户满意；另一方面，迅速膨胀的信息冗余又在网上形成了新的、巨大的信息干扰，它们或被重复配置，造成信息资源品种类型十分丰富的假象，或在真正的有共享价值的信息资源表面形成一层面纱，使人们难识其庐山真面目。由此可见，尽管当前信息资源品种类型之丰富是空前的，但其配置仍有相当大的难度，顾此失彼的现象依然在所难免。信息资源有效配置的目标仍然需要借助一定的市场或非市场手段经过艰苦的努力才能最终实现。

第三节 信息资源共享及其效率

一、信息资源共享障碍和效率

信息资源的稀缺性决定了在一定的经济社会里，利用这些资源所能给经济行为者带来的效用总有一个有限的最大值，这与人类无止境的需求欲望是不相适应的。信息资源的稀缺性导致了对现有存量信息资源进行有效共享以充分挖掘其潜在效用的需求，以及合理补充和开发增量信息资源的欲望。在进行信息资源共享的过程中，如何配置各种有限的信息资源？显然，配置得当，有限的信息资源可以被有效地共享，从而发挥出最大的作用；反之，配置不当，一部分信息资源的效用就可能被闲置和浪费，即不能被有效地共享，从而只能发挥较小的作用，甚至发挥不利的负作用。可见，在实践中，信息资源共享活动究竟是有效率，还是低效率或者无效率，通常是根据信息资源配置效率来衡量的。

从实践上看，信息资源配置的结果可能会有两种情形：一种情形是有效率的；另一种情形与之相反，是低效率或者无效率的。这里，"有效率”即是指资源配置手段的实施产生了令人满意的理想结果。具体来说，就是使信息资源共享达到了帕累托最优，也即在现有的技术和资源条件下，无论对信息资源配置格局（如方式、内容等）作何种改变，都不可能使任何一个人的处境变好，除非至少使另一个人的处境变坏。或者说，当信息资源配置已经达到有效率状态时，在不损害任何一个人满足程度的情况下已无法使任何一个人的满足增加。在这个时候，从整个社会的角度来看，社会经济福利不再因某种努力而增长，信息资源共享处于有效率的状态。反之，如果信息资源配置是低效率或无效率的，那么通过改变现有的信息资源配置格局，可以在改善了某人经济状况的同时不会造成其他人经济状况的恶化，或者可以补偿其他人经济状况的恶化。也就是说，由于社会经济福利还可以进一步增加，因而变革现有的信息资源配置格局显得有必要。此时，称信息资源共享处于低效率或无效率的状态。

为了更形象地理解信息资源共享的效率，下面引入效用可能性曲线来加以说明，如图 8 - 1 所示。

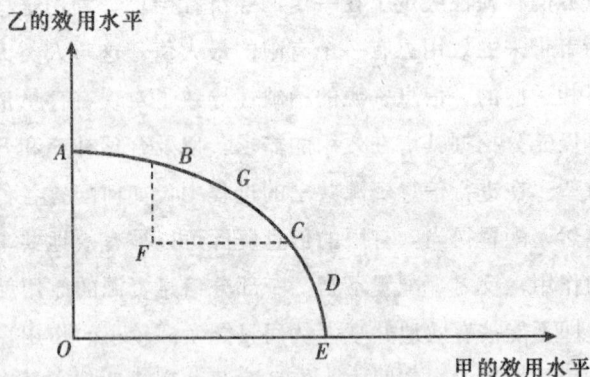

图 8 - 1　效用可能性曲线

在图 8-1 中，假定在某一经济体系中只有甲、乙两个经济行为者，ABCDE 为其效用可能性曲线，则以该曲线为边界，存在以下三种情形：

（1）当甲、乙两个经济行为者的效用水平位于效用可能性曲线 ABCDE 上的某一点（如 A、B、C、D、E 点）时，现有信息资源的配置达到了帕累托最优。此时，甲、乙两个经济行为者的效用水平在效用可能性曲线 ABCDE 上任意两点之间的移动都是此消彼长式的，即在提高了某一经济行为者的效用水平的同时，必然伴随着降低另一经济行为者的效用水平。例如当甲、乙两个经济行为者的效用水平从 B 点移到 C 点时，甲经济行为者的效用水平提高，而乙经济行为者的效用水平却降低。在这种情形中，信息资源的任何重新配置都不可能产生有益于某人而又无损于他人或者某人的受益额超过他人的受损额的变化，信息资源共享是有效率的。

（2）当甲、乙两个经济行为者的效用水平位于效用可能性曲线 ABCDE 和两坐标轴之间区域中的任一点（如 F 点）时，现有信息资源的配置没有达到帕累托最优。此时，通过对信息资源的重新配置，至少能使某一经济行为者的效用水平提高。这表明，在该区域中，信息资源共享是低效率甚至无效率的，需要通过信息资源的重新配置实现帕累托改进。它包括三种情况：

①使所有经济行为者的效用水平提高。例如通过信息资源的重新配置，让甲、乙两个经济行为者的效用水平由 F 点移到效用可能性曲线的 B 点和 C 点之间的任意一点上，从而使甲、乙两个经济行为者的效用水平同时提高。由于所有经济行为者效用水平提高必定意味着社会经济福利增加，因此，可以认为通过信息资源的重新配置实现了帕累托改进。

②使一部分经济行为者的效用水平提高，而另一部分经济行为者的效用水平不变。例如通过信息资源的重新配置，让甲、乙两个经济行为

者的效用水平由 F 点移到效用可能性曲线的 C 点，则甲经济行为者的效用水平提高，而乙经济行为者的效用水平不变。此时，由于从全社会的角度来看，社会经济福利增加了，因此，可以认为通过信息资源的重新配置实现了帕累托改进。

③使一部分经济行为者的效用水平提高，而另一部分经济行为者的效用水平降低，但在这种变化中，提高的效用水平超过降低的效用水平。例如通过信息资源的重新配置，让甲、乙两个经济行为者的效用水平由 F 点移到效用可能性曲线的 C 点和 E 点之间的任意一点（如 D 点）上，甲经济行为者的效用水平提高，而乙经济行为者的效用水平降低，但从全社会的角度来看，由于提高的效用水平在补偿了降低的效用水平之后仍有剩余，即社会经济福利增加了，因此可以认为通过信息资源的重新配置实现了帕累托改进。

（3）甲、乙两个经济行为者的效用水平不可能位于效用可能性曲线 $ABCDE$ 外部的任一点（如 G 点），因为经济体系根本不可能提供这种效用水平所需的信息资源。这种情形因不可能发生，因而也就不存在信息资源共享是否有效率的问题。

由上面的分析可以看出，效用可能性曲线上的任一点都表示信息资源配置达到了帕累托最优。但是，需要指出的是，资源配置达到帕累托最优只是表明信息资源共享达到了有效率的状态，并不意味着该资源配置格局一定会导致公平的社会经济福利分配，换而言之，所谓的"最优"，更精确地说，应该是指资源配置的"有效率"。[①] 例如，效用可能性曲线上的 B 点和 C 点都表示信息资源配置达到了帕累托最优。但是，当效用水平从 B 点移到 C 点时，尽管甲经济行为者的效用水平在提高，乙经济行为者的效用水平却因此而降低了。显然，对全社会而言，究竟哪一点是最可取的，除了需要考虑帕累托最优外，还需要考虑社会公平

①　贾林·库普曼著，蔡江南译. 关于经济学现状的三篇论文. 北京：商务印书馆，1992.

因素。例如，假定公平意味着社会经济福利分配平等，无明显的贫富差距，此时，如果甲经济行为者非常富有，而乙经济行为者非常贫穷，为了防止"富者更富，贫者更贫"，实现社会公平，则可以认为选取 B 点比选取 C 点更合适。

其实，不仅仅是效用可能性曲线上的两个点之间存在这种情形。当一个点位于效用可能性曲线上，而另一个点位于效用可能性曲线与两坐标轴之间的区域上时，也会发生类似情形。例如，在一般情况下认为 D 点优于 F 点，但是，在考虑了社会公平因素后，可能会得出相反的结论，即 F 点优于 D 点，或者二者不相上下。由此，可以进一步得出结论，在实际决策中，如果考虑社会公平因素，则效用可能性曲线上的帕累托最优点不一定都是最优的，在某些情况下，效用可能性曲线和两坐标轴之间区域上的点甚至会优于效用可能性曲线上的帕累托最优点。事实上，在信息资源共享中，"效率问题是如何将蛋糕做得尽可能大，公平问题是如何按一定的价值标准将蛋糕在所有社会成员之间进行分配。因此，只有将蛋糕做得更大，才能有更多的蛋糕可供分配。"[①]

二、信息市场调节和政府干预

资源配置在改进信息资源共享效率中具有非常重要的作用。一般而言，当一项信息资源共享活动通过某些配置手段取得理想的共享效果时，就认为该共享活动是成功的，所采取的配置手段是有效率的；反之，则是不成功的和低效率甚至无效率的。

信息资源配置的手段不外乎市场和非市场两类。市场手段是调节信息资源共享效率的一种基本的自组织手段。当共享活动以市场方式进行时，市场的自组织手段就会自发地通过调整其内在的运行机制发挥作用。调整的结果，如果在经济上追求到了一种共享的社会效率水平、在

---

① 李纲. 信息资源有效配置研究. 武汉：武汉大学博士学位论文，1999.

社会上追求到了一种理想（公平）的分配效果，则该共享活动可以被认为是成功的，市场的自组织手段也可以被认为是有效的。不过，这种成功和有效只是经济实证研究中一种假想的理想状态。它忽略了实际的经济活动中一个最基本的事实，即市场机制存在众多的"先天性"缺陷，"看不见的手"几乎在任何国家（或地区）的任何时候都不存在绝对不失灵的情况。顺应信息资源共享活动的要求，除了市场手段以外的其他非市场（如政府、基金会等）干预便显得格外有意义。然而，非市场干预也不是调节一切信息资源共享效率的灵丹妙药，它同样有其固有的自身无法克服的缺陷。因此，在利用资源配置手段改进信息资源共享效率时，应注意结合特定时期的市场及其所处环境的特点，进行不同配置手段的比较和选择。

（一）信息资源共享的市场分析

与一般的经济活动一样，可以将信息资源共享体系中的经济行为者区分为供方和需方。这里，供方是信息资源提供者（含信息资源生产者，下同），主要任务是生产信息和通过共享体系向需方提供信息。从性质上划分，供方可分为营利和非营利两种性质。对于营利性质的供方，其目标是通过生产和提供信息资源使其利润最大化；对于非营利性质的供方，其目标不是为了谋取利润，而是通过生产和提供信息资源使其产出的社会价值最大化。需方即信息资源用户，主要任务是通过共享体系共享信息资源。需方包括最终用户和中间用户两种类型，前者以直接消费为目的，后者介于供方和最终用户之间，起着桥梁作用。中间用户从性质上划分，也可分为营利和非营利两种性质。在信息资源共享活动中，供需双方均扮演着重要的角色。围绕着信息资源，二者因利益而合作，又因利益而斗争。当这两股力量彼此相当时，共享活动会进入一个均衡点。在这一点上，供需双方都感到比较满意和能够承受对方提出的条件。

从经济角度来看，可以将信息资源共享理解成一种市场行为。这种行为，不论以何种形态出现，经济行为者都必须投入成本，否则就不可能有产出。可见，从经济角度来看，信息资源共享的实质就是在利益机制驱动下，由各经济行为者从不同的角度投入成本和分享信息资源共享机制所带来的收益。这里，成本不是某一经济行为者承担的私人成本，而是该共享体系中所有信息资源提供者（或信息资源用户）承担的私人成本之和，即联合私人成本。同样，收益也不是某一经济行为者获取的私人收益，而是该共享体系中所有信息资源提供者（或信息资源用户）获取的私人收益之和，即联合私人收益。在研究信息资源共享目标实现时，必须以联合私人成本和联合私人收益作为成本收益分析的基础。当然，仅有这些还不够。由于在资源共享活动中还普遍存在着广泛的社会影响，容易导致外在成本和外在收益，因此，在研究信息资源共享目标实现时，还要注意考察社会成本和社会收益，否则容易导致不良的结局，即某一信息资源共享方案可能对某一经济行为者而言是有效率的，但对全社会来说却是低效率甚至无效率的。

由此，可以从成本和收益的角度对信息资源共享的有效率做出如下理解：所谓信息资源共享的有效率，是指在信息资源共享中，从全社会的角度来看，在相同水平的联合成本情况下，已不能获得更大的联合利润（或社会价值，下同），或者在相同水平的联合利润情况下，已不能再降低联合成本。显然，在信息资源共享活动是有效率的情况下，联合收益一般是大于联合成本的，否则信息资源共享活动就没有经济意义和实施的动力。在绝大多数情况下，某一经济行为者获取的收益一般也是大于所承担的成本的，否则该经济行为者就不会愿意加入到该共享体系中来。

在此意义上，提高信息资源共享效率的关键是设法分析信息资源供给与需求，控制信息资源共享活动的成本，提高信息资源共享活动的收益，并在此基础上建立合理的信息资源共享的收费体系。

1. 信息资源供求分析

供给与需求是一对矛盾，信息资源正是在该矛盾运动的过程中被悄悄地转化，信息资源共享也主要是由此矛盾运动而激发动力。

（1）信息资源供给

信息资源供给是指共享体系中的信息资源提供者向其他经济行为者提供资源。信息资源是一切信息经济活动的基础，同时也使信息资源共享成为可能。

稀缺性决定了信息资源供给不是无限丰富的。除此以外，下列因素也会影响和制约信息资源的供给：

a. 信息资源的成本和价格。

b. 信息资源生产的效率和公平。

c. 信息资源的质量和效用。

d. 信息资源生产的实力（资金、技术、人才、原生信息资源储备量等）。

e. 市场的发育状况和水平。

f. 信息资源提供者对未来行情的预期。

g. 共享契约内容的公平和合理程度。

h. 接受信息资源的其他经济行为者的信息拥有水平和履行共享契约义务的情况。

需要指出的是，由于信息本身具有天然的可共享性，而众多经济行为者愿意加入共享体系的主要原因也正是希望借助这种共享性来降低信息的拥有成本、提高信息的拥有量。因此，在共享体系内强调增加信息供给的数量是没有经济意义的。改善信息供给状况的主要途径是通过对资源的合理配置，尽量增加信息的品种类型和充分挖掘现有存量信息的效用，从而减少冗余和浪费，提高效率，实现信息资源共享的目标。

信息处理技术的发展使当前信息资源量激增。在整个共享体系的信息资源存量中，大体上可分为两部分，即直接进入市场参与交易的信息资源和不直接进入市场参与交易的信息资源。

（2）信息资源需求

信息资源需求是指共享体系中的信息资源用户对信息资源内容、质量、品种类型、提供方式等方面提出的需要和要求。与信息资源供给类似，在共享体系中，用户的信息资源需求一般可分为两部分，即形成于信息市场中的信息资源需求和形成于非信息市场中的信息资源需求。

信息资源需求是一切共享活动得以开展的根本动力。信息资源用户数量多、类型复杂、分布面广，信息资源需求呈现多样化、规模化、复杂化的特点。在信息资源稀缺而用户的消费欲望又无止境的情况下，共享是一种极好的迎合与满足用户需求的好措施。

影响和制约信息资源需求的因素也很多。主要包括：

a. 信息资源及相关商品的价格；

b. 最终用户的收入、消费能力和消费偏好；

c. 潜在用户的数量和对未来的预期；

d. 信息资源的质量和效用；

e. 经济和技术发展水平；

f. 市场的发育状况和水平；

g. 共享契约内容的公平和合理程度；

h. 其他经济行为者（特别是信息资源提供者）的信息提供或拥有水平以及履行共享契约义务的情况。

（3）信息资源供求对资源共享效率的影响

自信息市场诞生以来，供求状况一直在悄然发生着配置信息资源和引导信息资源共享方向的作用。

价格是影响信息资源供给与需求的共同因素。早在 18 世纪 70 年代，亚当·斯密（Adam Smith）就注意到了一切市场的这一共有特点。[①] 按照亚当·斯密的理论，在竞争的市场上，供需双方会不断讨价还价直至形成一个让供需双方都乐于接受的市场均衡价格（图 8-2）。

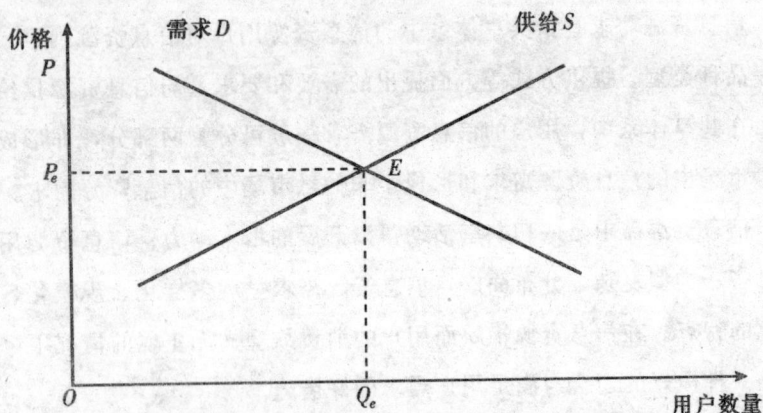

图 8-2　由供给和需求共同决定的市场均衡价格

均衡是市场运行的必然趋势。在图 8-2 中，D 和 S 分别为某信息商品的市场需求曲线和供给曲线。E 为两曲线的交点，即市场均衡点。P_e 为均衡价格，Q_e 为均衡时的用户数量。在这一状态点，市场上供需双方势均力敌。

市场上供需双方的相互作用决定了信息商品在市场交易中的价格。当市场价格偏离（大于或小于）均衡价格时，必然引起供需双方竞争力量的失衡（主要表现为供不应求）和市场运行低效率或无效率。在信息市场上，这种现象主要是由信息的不对称性和用户需求的多样性所导致的信息市场非对称性决定的。另外，市场信息的不完全和不完备也在客观上加剧了这种现象的存在。市场失衡是一种反常的状态，市场内在的

① Smith, Adam. An Inquiry into the Nature and Causes of the Wealth of Nations. New York: Oxford University Press, 1776.

自我调节机制必然要求供需双方调整竞争力量的大小和方向，直至恢复市场均衡状态。

从信息资源共享的角度来看，供需双方竞争均衡状态的恢复可在一定程度上理解为有效率的信息资源共享的实现途径。当供需双方的竞争达到均衡状态的时候，在现有的信息资源总供给中，效用已被配置到最合适的需求者手中，并得到最充分的体验。与此同时，用户的信息资源需求心态也在一定程度上得到调整。因此，在竞争的信息市场上，信息资源供给和需求除了通过力量对比及相互作用影响市场交易外，还在更深层次上起着配置信息资源和引导信息资源共享方向的作用。市场供求在由失衡状态恢复到均衡状态并继续保持均衡趋势的过程中伴随着大量的对信息资源共享的需求。这是信息资源共享的原动力。

2. 信息资源共享成本收益分析

（1）信息资源共享成本

在信息资源转换状态或转移所有权的过程中，成本是一种必不可少的投入。例如，在网络新经济体系中，运行一个网络站点，通常需要投入人力、时间、站点建设与维护、信息资源组织与开发、风险等方面的成本。经济活动离不开成本，但相对于经济行为者而言，成本投入毕竟是一种损耗，是为了获取利润不得已而为之的。因此，经济行为者总要想方设法地降低成本。

降低成本的有效途径是正确地分析成本的构成，并合理地进行成本的测度。信息资源共享所涉及的成本可以从多种角度来观察和剖析。这里，仅从成本的承担者角度出发，分门别类地对信息资源提供者成本、信息资源用户成本和受该共享活动影响的其他用户成本（即外在成本）作一探讨。

①信息资源提供者成本。信息资源提供者成本是指共享体系中的信息商品提供者所承担的成本，是一种私人成本。信息资源提供者成本的核心部分由生产成本和流通成本构成。以网络信息资源为例，主要

包括：

a. 网上平台成本，如软硬件购置（包括网络服务器、服务器软件等）、因特网连接等成本。

b. 服务内容成本，如最初创意及日常设计、启动编程和日常编程、外部内容（如引进数据库）版权费等成本。

c. 加工成本，如信息的搜集、加工处理等成本。

d. 流通成本，如流通渠道的开发和选择、广告宣传、中介、通讯与传输等成本。

e. 其他成本，如管理和维护、工资和奖金发放、契约维护、学习等成本。

上述各项成本是信息资源提供者的实际货币支出，因此又称会计成本。这些成本最终要通过成本核算转嫁到信息商品的价格中去，由接受该信息资源的用户来承担。

信息资源提供者在业务运作过程中一般都有日常会计核算资料，并定期将其整理成会计报表（即一定时期财务状况和经营成果的会计报告），如资产负债表、损益表、财务状况变动表等。这些报表都含有反映成本的内容，在进行成本测度时，相关数据可直接从中抽取或进行适当的变通处理。

经济分析的一个重要工具是以机会成本作为信息资源提供者实际承担的全部成本。信息资源提供者进入信息市场的机会成本就是将各种资源要素投入其他领域可能带来的最大收益。对于理性的信息资源提供者来说，为了为获利最大提供决策依据，必须以机会成本来衡量才显得精确。成本收益分析的目的是为了揭示和利用市场供求的一般规律，因此，分析者也必须以机会成本作为考察对象，否则就会影响成本收益分析作用的发挥。

机会成本一般大于会计成本，二者之差值即是内隐成本：

内隐成本＝机会成本(信息资源提供者成本)－会计成本

这部分成本存在于信息资源提供者的经济决策的思维中。由于它没有直接反映于会计的账目上，因此通常难以测度。

②信息资源用户成本。这里所说的信息资源用户是指直接作为共享体系中的需方的用户。信息资源用户成本是指这类用户在利用信息市场中的信息资源的过程中所承担的成本（也是一种私人成本）。它取决于信息资源提供者成本、市场的运作效率、用户的时间价值等因素。

在用户成本收益分析中，对成本的考察角度也是机会成本。机会成本突出了信息商品消费中时间因素的限制，因为用户在共享一种信息商品（如共享 CALIS 中的某个引进数据库）时，就会错过在这段时间里利用另外一种商品的机会。在信息资源共享中，用户的机会成本除了包括用户向信息资源提供者支付的价格外，还包括用户在整个共享活动中花费掉的时间成本。机会成本对用户行为起指导作用的一个典型案例是因特网站点与站点之间广泛存在的免费信息共享。在该案例中，用户虽然不需要支付信息本身的费用（即资金成本为零），但却不能不花费时间成本。在绝大多数情况下，信息提供者愿意向用户提供免费服务，均是一种"欲取故予"的市场营销策略，如希望其他收费信息被有偿链接、希望有更多的眼睛关注自己以便于开展广告宣传等其他增值活动等。

通常，在一定的技术和生产条件下，资金成本对所有的用户而言是相同的，但时间成本却因人而异。

a. 资金成本。资金成本是用户在利用共享体系中的信息商品时所支付的价格，通常以货币形式体现。一般来说，用户所支付的价格由信息资源提供者按照共享契约的有关规定，在成本分析的基础上依一定的盈利水平来确定，用户可以根据市场行情进行适当的讨价还价。为了保证不亏本，信息资源提供者通常以其成本作为制定价格的最低经济界限和参考依据，但这一般是针对共享体系中的整个用户群体而言的。在共享过程中，由于任何一个用户实际上只能占用信息商品效用"点集"中的部分"子集",而信息资源提供者也可以在具体操作上做到将该信息商品效用"点集"分割成若干个"子集",分别让渡给多个用户享用,因此,这里所说的资金成本指的是联合资金成本,某一用户所支付的资金成本实际上只是联合资金成本中的一部分。资金成本的测度比较简单,如前所述,在竞争的市场上,它是由供需双方经过反复的讨价还价和在达成妥协后形成的均衡价格决定的。不过,在多数情况下,信息资源共享是有契约在先的,而且存在一个凌驾于各经济行为者之上的管理部门。这些部门常常会根据市场行情对价格做出硬性规定,甚至代为收取。

b. 时间成本。时间成本是用户在共享过程中所涉及的一切时间耗费。在信息资源共享过程中,时间成本通常包括用户的搜寻成本、等待成本和利用成本。

第一,用户的搜寻成本。信息商品种类繁多,但用户所需要的一般仅仅是其感兴趣的极少一部分。如果不能方便地搜寻到所需要的信息资源,或者搜寻的时间太长,用户就可能会因机会成本过高而放弃通过该共享体系获取。因此,不合理的信息资源定位机制和过于繁琐的访问渠道会影响到信息资源共享的效率。一般来说,当共享体系范围较小时,用户只须付出较少的搜寻成本就可以获取所需要的信息资源(有时该项成本甚至可以忽略不计);但是,当共享体系范围很大时,用户的信息资源搜寻成本往往会很高。

第二,用户的等待成本。在传统的馆际互借中,文献是以递送或邮寄的方式送达用户手中的,这一过程必然耗费一定的时间。此外,由于存在着资金、场所等方面的限制,图书馆的文献复本一般比较少,用户在共享文献时也常常需要花时间排队等候。这些时间耗费构成了馆际互借的用户等待成本。在因特网环境下,由于资源是以数字化形式存在的,因此其"复本"原则上可以轻而易举地达到任意数量,即在理论上具有满足足够多用户共享该资源的能力。从这种角度看,由"复本"问题而导致的用户等待成本可以忽略不计。在网络环境下，用户的等待成本主要是指用户等待信息资源传递的时间成本。虽然迅速发展的网络技术已经为信息资源共享创造了非常好的环境，但信息传递问题仍一直不能令用户满意。特别是在广大发展中国家，由于因特网信息基础设施建设落后，网络硬件性能低，主干网和支干网带宽均非常狭窄，网络拥塞已经超出了用户的忍受范围。用户在拥塞的网络上等待信息传递，势必要花费较长的等待时间。这种等待成本是不能忽视的。

第三，用户的利用成本。用户在利用共享体系中的信息商品时也需要投入时间。在这段时间里，用户的主要任务是体验信息商品的效用。虽然信息商品的总效用作为一种客观存在，不会随着参与共享的用户数量的多寡而发生改变，但用户在利用该商品过程中所支付的联合成本却同参与共享的用户数量有关（一般来说，该联合成本会随着参与共享的用户数量的增多而攀升）。

在上述时间成本中，有的是由用户自身造成，如用户的弱效用体验能力会增加用户的利用成本；有的是由信息资源提供者造成的，如不太理想的搜索引擎会增加用户搜寻信息的时间；还有的是由其他用户造成的，如众多的网民云集于基础设施建设非常落后的因特网上会增加用户的等待成本。

对于最终用户来说，时间成本测度的最基本也是最常用的方法就是以用户的上网时间 t 乘以用户的单位时间成本。若设用户的单位时间成本为 $c(t)$，则用户的时间成本 C_t 可用式 8－2 表示：

$$C_t = \int_0^t c(t)\,\mathrm{d}t \qquad\qquad (8-2)$$

由于各用户在不同时期的时间成本不同，因此时间成本的精度测度显得比较困难。为方便起见，人们一般对其作简化处理，即用用户的小时工资或者用户愿意支付的最大数量的单位时间价格（如 30 元/小时）来代替单位时间成本。所以只要弄清了用户的小时工资或者用户愿意支付的最大数量的单位时间价格，就可以借助花费的时间粗略估算出用户的时间成本。当花费的时间增加，或者小时工资（或用户愿意支付的最大数量的单位时间价格）增加时，时间成本便增加。根据一般心理分析，人们通常习惯于对明显的资金成本支出斤斤计较，而对不明显的时间成本耗费却很少留意。但是，当信息商品的时效性很强，或者用户宁愿多花钱以更快捷地共享该信息的时候，时间成本便成了用户成本构成中不容忽视的重要方面。

③外在成本。外在成本是指在某一信息资源共享活动开展的过程中给共享体系内外的其他组织或个人（又称第三方）带来的成本。或者说，是指由市场行为产生但未进入到市场主体的决策中的成本。也有人把这种现象形象地称为成本溢出（spillovers）。外在成本与社会成本、私人成本的关系可用下式表示：

外在成本＝社会成本－私人成本

外在成本的存在揭示了信息资源共享不仅涉及到信息资源提供者和当前用户，而且还影响到共享体系内外的其他组织或个人，反映了信息资源共享广泛的社会影响。

在信息资源共享中，外在成本可能是由信息资源提供者或当前用户单方面造成的，也可能是由信息资源提供者和当前用户共同造成的。主要包括：

a. 在某一信息资源共享活动开展的过程中，由于信息传输通道拥塞而给共享体系内外的其他组织或个人带来的时间成本，即拥塞成本。在因特网上，当用户数量有限时，信息传输通道往往可以借助相关的技术全面包容之，使消费行为不具备竞争性。但这种包容是有限的。当用户数量超载，突破了信息传输通道的包容能力时，信息传输通道就会变得拥挤不堪，拥塞外在成本就是这样形成的。例如，当用户在因特网上传送的数据包过量时，拥塞会减慢共享体系内外所有其他网民的响应速度，使这些网民的上网时间延长。

b. 当产生上述性质的拥塞外在成本时，信息商品可能会因时间延迟而降效或失效，从而导致外在成本。

c. 当某一当前用户破坏性地共享信息资源时，共享体系内跟随其后的其他用户如果利用该信息资源，就会因有用信息量的减少或无用信息量的增加而出现外在成本。

外在成本的测度比较困难。在实际操作时，可以考虑用受害者收益的减免来替代。不过，受害者减免的收益也是难以评估的。

由于外在成本不由信息资源提供者或当前用户承担，因此，信息资源提供者或当前用户在进行决策时，一般不会考虑外在成本。在这种情况下，作为社会利益的代表——政府，往往要出面进行干预，使信息资源提供者或当前用户承担外在成本。

(2) 信息资源共享收益

在信息资源共享活动中，各经济行为者必须切实从自身的经济利益出发，量力而行，否则就无法通过共享体系获利。

同成本分析类似，也可以从收益享用者的角度出发，分门别类地对信息资源提供者收益、信息资源用户收益和受该共享活动影响的其他用户收益（即外在收益）作一探讨。

①信息资源提供者收益。信息资源提供者收益是指共享体系中的信息商品提供者在共享活动中实际得到的收益，即信息资源提供者的私人收益。它是信息资源提供者通过收费系统所获取的全部货币收入，主要包括：

a. 信息资源提供者直接向共享体系中的信息资源用户征收的各项费用。

b. 政府向共享体系提供的拨款折算到该共享活动上的款项。它是社会公民依照有关政策、法规向政府交纳的税收的一部分。

c. 其他收益。在信息资源共享活动中，以共享体系为依托，信息资源提供者往往可以获取许多连带的收益。例如，因特网站点在某种意义上可以被看作是第四媒体，在站点上做广告，原则上可产生与电台、电视台等类似的宣传效应。目前各个站点争相提供免费 E-mail、免费主页空间、免费域名以及不断丰富的站点内容等，主要是为了吸引广大网民的视线，提高站点知名度，以为其增加广告收益铺平道路。也正因为这个原因，网络经济通常有"注意力经济"或"眼球经济"的别称。信息资源共享巨大的诱惑力使信息资源提供者设立的站点周围聚集了一大批当前用户和潜在用户。信息资源提供者在这样的站点上从事广告业务，势必会带来可观的连带收益。除此以外，在电子商务经纪、域名代理、主机代管、虚拟空间出租等业务中也包含着由信息资源共享活动带来的连带收益。①

　　由于信息商品具有很强的时效性，某些过时的商品虽然也耗费了信息资源提供者成本，但其收益却可能是零，甚至可能由于延误决策或错误决策而带来负收益。因此，信息资源提供者收益通常并不总能补偿其成本支出。

　　②信息资源用户收益。信息资源用户收益是指直接作为市场中的需方的用户在利用信息商品的过程中所获取的收益（也是一种私人收益）。

　　用户做出加入共享体系共享信息资源的决策都是为了达到某个目的，用户收益可用其愿意为加入共享体系共享信息资源而支付的资金成本和时间成本来衡量。只有用户实际支付的资金成本和时间成本不超过其愿意支付的资金成本和时间成本，用户才可能会选择共享信息资源。

　　在研究信息资源用户收益时，人们经常使用消费者剩余（consumer surplus）这一概念。消费者剩余实际上就是用户愿意支付的资金成本和时间成本与实际支付的资金成本和时间成本之差（图8-3）。② 在讨

　　① 严亚兰，查先进. 中国因特网站点信息服务成本—收益分析. 中国图书馆学报，2001 (1).

　　② McEachern, W. A. Microeconomics: a contemporary introduction. Ohio: South-Western Publishing Co., 1994.

价还价过程中，利润最大化原则驱使信息资源提供者想方设法占有消费者剩余，而用户通常也不甘示弱。供需双方利益争夺的结果推动市场向均衡点靠拢。

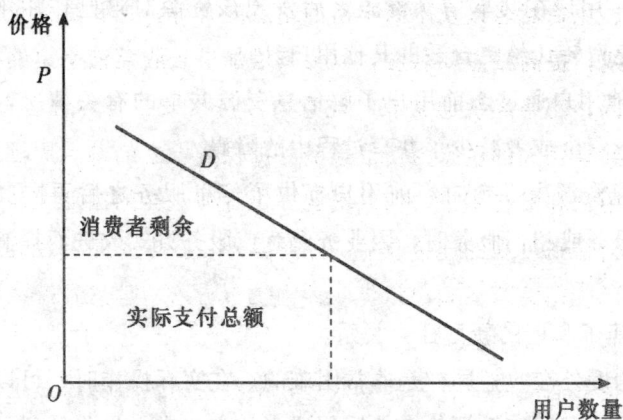

图 8-3　市场需求与消费者剩余

由于信息资源具有不确定性和模糊性，所以当用户在做出共享信息资源的决策时通常并不太了解该资源；在多数情况下，用户即使得到了该资源，也依然不知道多少关于该资源的具体情况。另外，信息资源效用具有主观性，用户体验到的效用到底有多少，只有用户心里明白，分析者难以探知。而且，效用的发挥受用户的自身素质和使用条件的影响，如有的用户利用某信息资源进行决策时可能产生的收益不大，而其他用户利用同一信息资源进行决策时却可能产生很大的收益。因而分析者一般很难对用户的收益（特别是潜在收益）进行正确的估价。

③外在收益。外在收益是指在某一信息资源共享活动开展的过程中给共享体系内外的其他组织或个人（又称第三方）带来的收益。也有人把这种现象形象地称为收益溢出。外在收益与社会收益、私人收益的关系可用下式表示：

外在收益＝社会收益－私人收益

作为一种新兴的经济模式，信息资源共享的作用决不会仅仅局限于当前用户，而要广泛渗透，对整个社会产生影响。容易产生外在收益的情形很多，如：

a. 某一用户在共享信息资源之后发现该资源对自己作用不大，便低价甚至免费转让给更合适的其他用户。

b. 其他用户通过当前用户了解信息资源共享的有关情况，从而节省了时间、资金或者减少了共享过程中的障碍。

c. 信息资源提供者向当前用户提供了信息服务之后再向其他用户提供同一服务或相似服务时，因业务熟练或服务方式改进而提高了服务的效率。

d. 创建了和谐的新型社会关系。

定量测度外在收益同样是非常困难的。在实际操作时，可以考虑先由专家和用户进行定性评价，然后用适当的方法进行量化处理。

（二）市场失灵与信息资源共享效率

信息市场反映了信息商品从生产到消费之间的整个流通过程和流通领域中的所有供求关系。信息资源的特殊性以及市场供求转换过程中某些固有的性质必然会导致市场失灵现象。也就是说，信息市场在借助于其自身内在的运行机制配置信息资源、维持市场正常运行的同时，经常会出现资源配置和市场运行偏离信息资源共享预期结果的情况。[①]

1. 信息市场的外部效应（externalities）

外部效应是指信息资源共享体系在运作过程中对其他组织或个人产生附带的成本或收益。当外部效应发生时，成本或收益被附加于其他组织或个人身上，而这种影响的施加者却没有付出相应的代价或获得相应的补偿，甚至对所发生的这些效应无所察觉。

一般来说，信息资源共享是建立在各经济行为者根据各自独立的决

---

① 查先进. 因特网信息资源共享效率研究. 武汉：武汉大学博士学位论文，2001.

策缔结的共享契约的基础上的。这种契约只对某一特定的市场交易中的各经济行为者起作用，对其他组织或个人并无约束力。但共享体系在运作过程中普遍存在着成本或收益"外溢"的现象。就某一特定的市场交易而言，这些外部效应不仅会影响到共享体系内部的其他组织或个人，而且会影响到共享体系外部的其他组织或个人。就影响的具体效果而言，这些外部效应有时是正的，例如当企业研究与开发活动被开展时，相应的知识也随之产生。如果不考虑知识产权保护，这些知识所带来的利益将不会仅仅由承担与此相关的费用的企业来独家享用，其他组织亦可获取附带的利益。有时是负的，例如当共享体系中的用户在拥塞的因特网上下载信息包时，其他用户就要被迫承担拥塞的外在成本。有时可能同时含有正、负两种性质，例如当信息提供者通过站点向共享体系中的用户群体发布免费信息时，如果接收者有共享的意图或者至少有搜集此类信息的兴趣，则所产生的外部效应为正；反之，如果接收者无共享的意图并对收到此类信息垃圾表示反感，则所产生的外部效应为负。

从归属关系和伦理道德的角度来看，由外部效应导致的成本或收益原本是由共享体系中当前的经济行为者造成的，因此理所当然地应该由这些经济行为者承担或享用。但实际上，这些成本或收益最后都"溢出"并转嫁到了其他组织或个人的头上。在这些外部效应中，有些是经济行为者未觉察到的，有些是经济行为者觉察到了却又在个人经济理性条件下不愿意主动承担或者难以享用到的。由于成本或收益的转嫁本质上是财富所有权的转移，因此，从社会角度来看，不论是外部正效应，还是外部负效应，其出现都会导致社会财富分配不公，使社会不公平现象加剧。除此以外，信息资源共享活动本身的效率也会受到严重的影响。

在完全竞争的信息市场中，经济行为者拥有完全的市场信息，这实际上隐含着一个前提，即市场是透明的，并且众多的经济行为者和代表公众利益的社会已经通过某种方式实现了彼此之间的协调一致。在此前提下，各经济行为者对信息资源共享将会导致的所有外部效应都了解得非常清楚，并将外在成本和外在收益列入其经济核算体系中。此时，所有的外在成本和外在收益均由各经济行为者承担或享用，不涉及其他组织或个人。

如果去掉完全竞争市场的这一前提，可以发现，相对自由放任的市场将不会在市场均衡点出现共享的社会效率水平，此时，从社会角度来看，价格机制被扭曲，供给与需求之间产生实质性的脱节现象，市场失灵开始出现。

2. 信息作为公共物品（public good）

公共物品是相对于私人物品而言的，其典型特点是在消费时存在非竞争性。在信息资源共享体系中，信息常常是以公共物品的形式由多用户共享的。例如共享体系中的一条关于最新发现的计算机病毒的警告性信息，几乎可以无差别地供共享体系内的一切经济行为者享用。由于同一公共物品信息的共享可以使很多用户同时受益，即每个用户都可以从该信息的共享中体验到一部分效用，因此，从理论上讲，这些用户都应该分别为此支付相关的商品价格，或者说，信息生产和提供的成本应当由这些用户联合承担。

作为公共物品的信息可以是非排他性的，也可以是排他性的。前者如某些公益广告信息、一般性的医疗保健信息，信息提供者通常无法控制消费行为，更无法从消费者那里收费；后者如有关开发和建设数字图书馆的信息，该信息一般可由信息提供者控制，用户必须为使用支付一定的代价，不愿意付费的用户将无法享用（例如仅对付费的图书馆开放使用）。

非排他性公共物品信息所引发的分配不公以及市场运行的低效率甚至无效率毋庸置疑。例如一条公益广告信息，除非另有所图，信息提供者一般不会花费很大的代价去生产和传输。

排他性公共物品信息表面上看来不存在分配不公以及市场运行的低

效率或无效率问题。但只要稍加研究信息的特性就会发现，信息与有形物品不同，它具备极易拷贝和扩散的特点（例如计算机软件程序），信息生产者（或其合法继承者、受让者）虽然在理论上可以借助于知识产权法以及其他相关法律控制信息消费行为，但不幸的是，在实践上，能够真正地控制信息消费行为的几乎寥寥无几。

3. 信息市场的垄断性

资源配置达到帕累托最优境界是以信息市场的完全竞争假设为前提的。在完全竞争假设下，信息商品的价格及共享水平通过市场竞争由市场均衡点决定，任何信息商品提供者都不能肆意压低或拔高商品的价格，否则就要付出亏本或失去用户的代价，甚至冒被逐出市场的风险；同样，任何用户也不能拔高或压低商品的价格，否则就会得不偿失或者无法共享到信息商品。市场均衡点亦即社会有效的共享水平。

显然，这种田园诗般的假设在实际的经济活动中并不存在。比较常见的情况是：在信息资源共享过程中，由于信息商品基本上是差异性商品，信息商品的价格及共享水平往往不是通过市场竞争由市场均衡点决定，而是由某一信息商品提供者或提供者集团（有时也可能是某一用户或用户群体，不过一般较少见）控制。这种非竞争性必然导致信息市场的垄断性。

信息市场的垄断包括自然垄断和非自然垄断两种情形。自然垄断是由经济行为者自身的行为造成的。当信息产品提供者刚进入某共享体系时，通常需要大规模的固定投资以用于基础设施的建设。但是，在基础设施建设完成后，随着共享用户的增加，该信息产品提供者生产的平均成本将会逐渐递减。这样，在个人经济理性的影响下，最先进入共享体系的信息产品提供者就可以以相对较低的商品价格招徕用户、驱逐后进入者。一般来说，招徕的用户越多，则平均成本就越低，最先进入者也就越有条件通过打压商品的价格来垄断市场。此时，后进入者要想投入共享体系参与竞争，必须付出惨重的代价。这种代价的付出需要维持相当长一段时间，直至后进入者生产的平均成本与最先进入者生产的平均成本相当。显然，最先进入者拥有后进入者无与伦比的优势，在现实的经济活动中，后进入者一般不会愿意冒这样的风险。当后进入者不再打算进入共享体系时，最先进入者又可以自身利润的最大化为原则肆意拔高信息商品的价格，从而使共享偏离社会有效的共享水平。

　　信息市场还大量存在着非自然垄断的情形，例如在文学、艺术或科学作品的共享过程中，由于版权法的实施，这些作品的作者及出版商可在一定时间和地域范围内成为非自然的垄断者。与自然垄断不同的是，在非自然垄断情形中，虽然随着共享用户增多，生产的平均成本曲线也呈递减的趋势，但最先进入共享体系的信息提供者（这里假定为知识商品的原创者）并不能有效地垄断市场和左右市场上商品的价格，因为经济理性的后进入者通常会进行非法拷贝和扩散，从而以极低的边际成本来进行信息商品的再生产。也就是说，在一个自由放任的市场上，后进入者可以以低价格优势轻而易举地抢占市场，甚至可以将最先进入者逐出市场。在这种情况下，如果没有政府的干预，最先进入者所进行的知识商品再生产就会因不能回收成本和缺乏动力而无法进行。为了鼓励最先进入者知识商品的再生产和再创新的积极性，使信息资源共享活动能够持续而顺利地进行，实行知识产权法律制度的国家通常会以法律武器来保护最先进入者对知识商品的所有权，从而产生长期收益。但是，知识产权法在保护了最先进入者的利益的同时，也产生了新的问题，那就是创造了人为的垄断者，使受利益驱动、拥有排他权的知识产权人可以在一段时期内肆意操纵知识商品的价格和共享范围，从而在另外一个层面上产生了效率的短期损失，使用户在短期内失去了受益的机会。

　　需要指出的是，不论是自然垄断还是非自然垄断，所引起的共享社会低效率或无效率都是指共享不充分和收费过高。另外，对于一个安全的、不会受到挑战的垄断者来说，由于其共享安排所遵循的原则都是使自身利润最大化而不是使社会有效，因此革新的积极性都普遍较弱。

4. 不完全信息与非对称信息

在完全竞争的市场上，每个经济行为者都拥有关于市场的全部信息，例如用户完全了解所共享的商品的质量和效用以及市场上全部相关商品的价格行情，信息产品提供者完全掌握了市场动态以及用户的消费偏好和守信誉程度。在这样的市场上，信息资源共享的全部决策均是在完全确定的条件下进行的最优决策，不存在决策失误和投资风险问题。

显然，在现实的经济活动中，这样的市场并不存在。由于信息传递需要花费成本代价，而信息商品的非物质性、信息传递系统的局限性（如网络带宽问题）以及经济行为者有意或无意制造出来的市场噪音等因素，均将严重地阻碍信息的有效传递。因此，在信息市场运行过程中，绝大多数经济决策都是在信息不充分的情况下做出的。以计算机软件商品为例，用户在共享商品之前几乎难以判定商品的质量和效用；而软件提供者在向用户提供商品前后也无法确定用户是否会守信誉，例如用户会不会在将软件安装到自己的硬盘上之后再编造种种理由将原商品退回来，或者通过其他途径进行非法拷贝和经营。虽然绝大多数共享契约都对这些方面作了明文规定，社会也从多方面进行了积极的努力，但在个人经济理性的影响下，违规现象不可能被完全禁止，市场上的信息不确定性依然存在。

不完全信息的存在使各经济行为者在认识信息市场环境状态上存在不公平的差距，并导致每个经济行为者所进行的市场活动及其结果无法及时地通过价格体系得到有效传递。其必然后果是，市场上商品的价格不能灵敏地反映市场的供求状况，市场供求状况也不能灵敏地随着价格的指导而发生变化，信息市场"看不见的手"因此失去作用。例如，在完全信息条件下，价格是由市场供给与需求的总体水平共同决定的，任何信息产品提供者擅自提高价格都会付出失去全部用户的代价；但在不完全信息条件下，由于部分信息产品提供者或用户拥有不完全的市场信息，因此，某一特定共享活动的商品价格可能低于或高于市场定价。

不完全信息的存在使信息提供者或用户可能做出错误的决策，承担投资风险，并进一步使市场上产生投机行为。显然，投机行为既不能使商品在用户之间的分配达到最优，也不能使生产要素在各信息产品提供部门的投入达到最优，从而无法使信息市场产生帕累托效率。

不完全信息的一种特殊表现形式是非对称信息。它是就信息在市场上供需双方分布的不对称问题而言的。信息市场同样存在着非对称信息。在该市场中，信息提供者是拥有信息内容的信息提供商。这些提供商以各种方式通过共享体系向用户提供信息商品。由于信息商品的质量和效用只有在用户消费后才能真正知晓，因此，不论是信息提供者还是用户，都只是拥有关于该商品及市场供求状况的部分信息。另外，由于信息获取能力、条件和渠道的不同，在绝大多数情况下，信息提供者和用户拥有的信息是非对称的。这样，对于同一商品，信息提供者和用户的评价就不完全相同。在个人经济理性的影响下，前者倾向于夸大商品的好处，以便以尽可能高的价格成交；而后者则会怀疑前者提供的信息，并试图夸大商品的缺点，以便压低商品成交的价格。在信息非对称的情况下，不论是谁先开始议价，信息商品的价格都不再是商品稀缺程度的信号，共享活动是在低效率或无效率的状态下进行的。

（三）政府干预与信息资源共享效率

1. 政府干预的作用

根据以上介绍可以看出，市场自组织手段不是万能的，即使是完善的市场自组织手段也不可能完全避免市场失灵。信息市场的失灵为市场外部组织力量的干预发出了需求信号：通过市场外部组织力量的干预，弥补市场自组织手段的缺陷，使信息资源共享的效率得以提高。正如阿罗所说的："市场失灵出现以后，那么，很有可能，其他一些社会手段至少要试用一下，这些手段包括政府干预，或者是拥有在政府和竞争性企业中间进行调解的经济组织。"[①]

---

① Arrow，K. J. The economics of information，Washington，DC：Basil Blackwell Limited，1984.

务是对信息系统进行运行管理和维护。

（二）信息组织与检索能力

信息组织是将处于无序状态的特定信息，根据一定的原理和方法（如语法信息组织方法、语义信息组织方法、语用信息组织方法），使其为有序状态的过程。信息从无序状态变为有序状态，体现了信息组织目的。信息检索是一种有目的和组织化的信息存取活动，是对信息集与需求集合的匹配与选择。按照检索对象的不同，信息检索一般包括文本检索、数值检索、音/视频检索。搜索引擎是网络信息组织与检索的重要工具，其功能需求包括网页选择和更新、动态网页爬行、并行爬行等。另外，随着多媒体技术和网络技术的发展，在扬弃了单一的文本信息检索基础上的网络多媒体信息检索技术开始受到人们的普遍关注。信息检索效果的评价标准主要是查全率和查准率。

（三）信息分析与服务能力

信息分析是在大量搜集原生信息的基础上，通过去粗存精、去伪存真、由此及彼、由表及里地分析处理和评价，形成对经济决策或其他社会活动有参考利用价值的信息成果。信息分析是一个系列化的信息活动过程，包括"课题选择和计划"、"信息搜集和处理"、"信息分析和提炼"、"信息分析成果评价和推广应用"4个核心环节。信息分析方法包括定性方法、定量方法和半定量方法，如逻辑思维法、专家调查法、内容分析法、趋势外推法、多元分析法、数据仓库和数据挖掘等。信息分析的本质在于不断提高信息服务的质量和水平，满足用户的实际信息需求。

（四）信息技术应用与信息产业发展能力

信息技术的发展和完善，已逐渐成为衡量国家综合国力、社会信息化水平的关键因素。信息技术能够改造传统产业，带动国民经济迅速增长，实现社会的可持续发展。信息产业的崛起是第二次世界大战以来信息技术发挥作用的结果。从世界范围来看，信息产业是工业社会发展到一定阶段后的产物，代表了继农业、工业、服务业之后社会发展的方向。信息产业的运行机制包括管理机制、决策机制、激励机制、约束制、成长机制。

（五）领域信息化能力

领域信息化是要以数字化、网络化、个性化的方式，推进信息技在社会各个领域的深入应用。电子商务是信息技术在商业领域应用的物，是企业信息化建设的目标。电子商务经营模式包括 B to B 电子务、B to C 电子商务、C to C 电子商务等。电子政务是经济与社会信化发展的先决条件，其核心是构筑政务信息平台，形成连接中央到地的政府信息系统，实现政府网上信息发布、信息交换和信息服务等。育信息化与信息社会环境下的教育改革关系密切，是指在教育系统的个领域全面深入地应用现代信息技术，使之渗透到教学内容、教学法、教学手段、教学组织形式以及教学过程等各个具体环节的全过程

（六）信息资源开发与利用能力

在信息资源开发与利用中，信息资源的配置和共享倍受关注。与统的物质资源和能源资源相比，信息资源的利用不存在明显的竞争系。信息资源具有共享性，即某人对某信息资源内容的利用并不以他少利用甚至不利用该资源内容为前提，信息资源的信息量不会因任何的利用而减少。信息资源还具有稀缺性的特征。稀缺性使信息资源的效用常常得不到及时和全面的挖掘，从而引发不必要的社会财富浪费因此，与传统资源相比，信息资源对有效配置具有更强烈的需求和更切的期待。虽然从全球范围来看，信息资源的开发和共享取得了一定效，信息意识也空前高涨，但信息资源配置中的低效率甚至无效率情依然普遍存在，不公平现象时有发生，如信息资源的地域分布不均衡题、信息资源的盲目生产和重复配置问题、信息资源的冗余和短缺同并存的问题、信息侵权问题、信息污染和超载问题、信息犯罪问题"信息富裕"和"信息贫穷"两极分化问题等，都正在愈演愈烈。这一定程度上构成了信息资源共享的障碍，亟待从理论上得到指导和决。另外，在技术上如何提高 Web 信息资源开发与利用的效率方面

义 Web 技术倍受关注。语义 Web 将促使机器能够像人一样具有智
，能够从信息间找出相似与不同，并且构建关系以创造新的知识。语
Web 为信息资源开发与利用提供了一种新的处理方式，能够极大地
高网上信息资源开发与利用的效率。

对上述各种信息化能力的全面分析和考察构成了本书的基本内容框
。此外，为了帮助人们及时发现信息化建设过程中存在的缺陷和问
，科学地反映信息化建设的结果，指引信息化建设的方向，需要对信
化能力进行合理的评价。因此，在本书的基本内容框架中，我们还特
安排了关于信息化能力评价的内容，包括信息化能力评价的意义、原
、内容、方法和评价指标体系，并以企业为例，介绍了信息化能力评
的模糊层次分析方法、经济学分析方法和数据包络分析方法。

需要指出的是，上述各种具体的信息化能力还可以进一步分解，从
形成更加细致的表现形式。例如，在信息系统建设方面，可以细化为
息需求分析能力、信息基础设施建设能力、信息资源采集和储备能力、
息分析和处理能力、信息产品服务能力、对突发事件的应急响应能力、
息安全保障能力等。因此，在推进各个领域的信息化能力建设时，要
终本着动态的、发展的观点，否则，思想观念的落后会导致信息化能
建设固步自封，跟不上时代发展的潮流。

信息化能力的表现是多层面的，下面我们进一步从信息素养（in-
rmation literacy）、信息意识（information consciousness）、信息文化
nformation civilization）、信息技术自主创新能力等方面加以考察，以
给读者一个更加清晰的轮廓。

（一）信息素养

信息素养是信息化能力的一种重要表现形式。信息素养是指对信息
获取、加工整理、分析、评价、管理、表达与交流的能力，这种能力
涉及信息内容本身，也涉及信息活动的过程、方法和结果。1974 年，
国信息产业协会主席保罗·泽考斯基（Paul Zurkowski）率先提出
信息素养"这一概念，认为"信息素养就是利用大量的信息工具及主

要信息资源使问题得到解答的技术和技能"。1989年，美国图书馆协会
指出："要想成为具有信息素养的人，应该能认识到何时需要信息，拥
有检索、评价和有效利用所需信息的能力。"根据上述理解，一个具有
信息素养的人，应当具备如下能力：知道何时需要信息；知道解决特定
的问题需要什么样的信息；知道如何获取所需要的信息；知道如何组
织、分析处理、管理和评价信息；掌握运用信息有效地解决问题的技
能。伴随着科学技术的发展，社会信息化浪潮席卷全球，信息技术应用
日趋普遍，信息素养已成为当今社会国民素质的重要内容，对于实现国
民经济和社会信息化具有十分重要的意义。

（二）信息意识

信息化能力在一定程度上还表现在信息意识的形成上。信息意识是
指人脑对信息在社会发展中的性质、地位、作用、价值等的认识和反
应。信息意识属于意识形态范畴，包含着人们对信息和信息工作的感
觉、知觉、情感、意志等。信息意识决定了人们捕捉、判断和利用信息
的自觉程度。一个具有强烈信息意识的人，通常对信息具有敏锐的感受
力和持久的注意力，对信息价值具有良好的判断力和洞察力。信息意识
是信息行为的前提条件。强烈的信息意识可以及时、有效地帮助信息人
员从信息中引出概念、思维和计划，用以指导自己或他人实施相应的信
息行为。在充满竞争的现代社会，信息具有十分重要的经济和社会价
值，谁最敏捷、最有效地掌握有价值的信息，谁就掌握了控制事物的主
动权。因此，强烈的信息意识是竞争取胜的关键。

（三）信息文化

信息文化建设情况也是衡量信息化能力的又一表现。信息文化是人
类在社会历史发展过程中所形成的一种文化形态，人类思维方式和观念
的变革、社会文化的结构性变革主要是由信息技术和网络技术的应用所
形成的全新的社会基础结构所导致。如同农业时代以农业文化为象征、
工业时代以工业文化为象征一样，信息文化是信息时代特有的文化表现
形式。按照文化形态一般的分类法，信息文化在社会形态表现上可分

物质层面的信息文化、精神层面的信息文化和制度层面的信息文化三个
层次。当前，作为一种崭新的文化形态，信息文化正主导着人类文明，
推动着社会快速前进，标志着人类文化革命性的变迁。其典型表现是：
信息和信息技术大量介入人类的生产、生活、娱乐、管理与决策等领
域，不仅成为国民经济和社会发展最重要的资源和财富，而且强烈地影
响着人们的世界观，促进人类文明的巨大进步。

（四）信息技术自主创新能力

信息技术自主创新能力是信息化能力的又一种重要表现形式。信息
技术创新有多种实现途径。在新信息技术的形成和扩散中，一般可分为
技术领先者（leaders）、技术追随者（followers）和技术后来者（late
omers）。其中，技术领先者和追随者主要是指信息化程度较高的经济
发达国家或地区（如美国、西欧等），它们在信息技术创新方面走在世
界的最前沿；技术后来者主要是指在信息化方面起步较晚的发展中国家
或地区，也包括一些新兴的工业化国家或地区。技术领先者和追随者通
常可以尝到先行者的甜头，从中获取巨大的利益。以美国为例，美国之
所以能在 20 世纪后半期有史以来低失业率的情况下，仍然能惊人地控
制通货膨胀和保持低利率，按照美国商务部发表的"浮现中的数字经济
Ⅱ"报告的说法，主要在于迅速壮大的信息技术产业发挥了巨大的作用
——自 1995 年到 1998 年，虽然信息技术生产者的产值仅占美国 GDP
的 8％，但是，它们对美国经济的实际增长贡献却达到了 35％。技术后
来者不能获取因先行而产生的利益，但仍可从另外一个层面获利。用美
国著名经济史学家格申克龙（Alexander Gerschenkron）在《经济落后
的历史回顾》一文中的话来说，就是"后发优势"。[①] 我国在信息技术
自主创新上成效显著。在集成电路、计算机、网络与通信、软件、数字
音视频等领域的研发工作取得一批新成果。以中央处理器"众志"和

---

① Alexander Gerschenkron. Economic backwardness in historical perspective. Harvard
University Press, 1962.

"龙芯"系列为标志的集成电路技术获得较大进展；曙光 4000A 超级计算机位列全球超级计算机 500 强前列；新型高速路由器在我国下一代互联网建设中得到应用；具有自主知识产权的第三代移动通信 TD-SCDMA 行业标准已经发布，正在走向产业化。网络通信、信息安全、信息家电等领域的片上系统（SoC）芯片开发和应用取得突破，"星光数字多媒体芯片"成功占领视频图像输入芯片 40％以上的市场份额。① 信息技术的自主创新使得我国能够在某些领域成为技术领先者，极大地提升了我国在信息经济社会中的国际竞争力。

第三节　信息化能力和竞争力

一、竞争和竞争力

竞争是当今世界普遍存在的社会现象，政治、军事、经济、科技、文化等社会生产、生活乃至娱乐的各个领域，竞争几乎无所不在、无时不有。从某种程度上讲，人类社会发展的历史，就是不断竞争的历史。竞争这一概念具有极其广阔的外延，本书所说的竞争，主要是指经济领域的竞争，如国家与国家之间综合经济实力的较量、企业与企业之间市场地位的争夺等。不论是哪个方面的竞争或者哪个领域的竞争，竞争的基本运行机制是优胜劣汰，其实质是通过经济实力和智慧的较量，强者被保存、发展和壮大，弱者则被削弱、淘汰。竞争通常是由经济活动内部的矛盾、差异、不平衡所引起的。

在经济领域的竞争，最突出的体现是市场经济条件下各个企业之间的竞争，即在市场经济条件下，企业作为商品生产者和经营者为了争取实现企业自身的经济利益，并获得有利的产销条件而发生争夺、较量、对抗的经济关系。在企业竞争中，竞争力，即生产者以比竞争对手更具

---

① http://www.china.com.cn/chinese/PI-c/1254090.htm.

及引力的价格和其他参数生产和销售自己的产品和劳务的能力，或者企业争取用户和争夺市场的能力，决定了企业之间竞争的基本格局和最终结果。传统的观点认为，企业竞争力一般是由品种、质量、价格、信誉和服务5个要素构成。[①]

企业的一般竞争力，如营销竞争力、研发竞争力、理财竞争力、产品竞争力等，只是企业某一方面的竞争力，而企业核心竞争力（core competence）却是处在核心地位的、影响全局的竞争力，是一般竞争力的统领。核心竞争力是指企业在市场竞争中所拥有的独特的获取利润、寻求生存、持续发展的能力。核心竞争力的概念是由布罗哈德和哈默在1990年《哈佛商业评论》的一篇论文中提出的，即"核心竞争力首先是在一组织内部经过整合了的知识和技能，尤其是关于怎样协调多种生产技能和整合不同技术的知识和技能"。核心竞争力表现在：一是对最终产品中的顾客利益有突出贡献，创造顾客价值；二是竞争对手难以模仿，具有独特性。核心竞争力理论认为，企业是一个能力系统或能力的特殊集合，企业竞争优势的差异是由于企业能力不同造成的。企业各种能力中的核心部分，可以通过整合和外向辐射等，作用于企业的其他各种能力，影响着其他能力的发挥和整体能力效果。

企业核心竞争力与其他类型竞争力之所以不同，是因为它具备有如下三个主要特性[②]：一是价值性。核心竞争力富有战略价值，它能为顾客带来长期的关键性利益，为企业创造长期的竞争主动权，为企业创造超过同业平均利润水平的超值利润。二是独特性。企业核心竞争力为企业独自拥有。它是在企业发展过程中长期培育和积淀而成的，蕴育于企业文化，深深融合于企业内质之中，为该企业员工所共同拥有，难以被其他企业所模仿和替代。三是延展性。企业核心竞争力可有力地支持企业向更有生命力的新事业领域延伸。企业核心竞争力是一种基础性的能

① 缪其浩主编．市场竞争和竞争情报．北京：军事医学科学出版社，1996．

② 仲大军．中国产业竞争力状况及国际标准．http://www.dajun.com.cn/jzl.htm，07-12-20．

力，是一个坚实的"平台"，是企业其他各种能力的统领。企业核心竞争力的延展性保证了企业多元化发展战略的成功。

20 世纪对企业市场竞争能力的判别，有一种说法是："60 年代看成本、70 年代讲质量、80 年代强调产品投入市场的速度、90 年代突出服务。"进入 21 世纪的知识经济时代，创新成为发展进步的灵魂，于是企业核心竞争力的评判与创新连在了一起。

二、信息化能力对竞争力的影响

社会信息化的出现给人类带来了新的资源、新的财富和新的社会生产力，也带来了国际社会新的竞争方式、竞争手段和竞争内容。随着信息技术的高度发展，尤其是因特网的普及和利用，信息已渗透到人类生产、生活、娱乐的各个领域和各个方面，社会信息化使人们普遍感觉到信息的不可或缺，对信息的相关研究散布到科技、经济、社会、政治、法律、健康等领域，信息的内在含义、外在形式和效用价值变得更为丰富多样，信息本身也成为当代社会重要的资源，不断影响着社会经济的发展。美国经济学家霍肯（P. Hawken）在《未来的经济》一书中，从微观角度考察，认为信息经济是指减少产品和劳务中的物质消耗，提高其中的智能和信息比重的经济。他还指出，每件产品、每项服务都包含物质和信息两种成分：在传统的"物质经济"中，物质成分大于信息成分的产品和服务占主导地位；而在"信息经济"中，信息成分大于物质成分的产品和服务占主导地位。信息经济作为一种新型的社会经济形态，有别于传统经济形态的根本特征表现在：第一，信息成为主导资源。信息的地位和作用随着社会经济的发展日益重要，成为信息社会的主导资源。信息资源的使用价值（效用）表现在：既可以作为经济活动的投入要素，替代物质资源或能源资源发挥经济催化作用；又可以寓于经济行为者的管理和决策活动之中，减少或消除经济活动中的不确定性，优化管理和决策行为，提高管理和决策工作的效率。在信息经济时代，产品和服务的成本构成中信息资源与非信息资源的关系以及非信息资源之

的关系得到改善，各类生产性资源和非生产性资源的综合使用效果得到
提高。第二，信息成分大于物质成分的产品和服务占主导地位。在各种
类型的产品和服务中，信息成分大于物质成分的产品和服务逐渐占据主
导地位，信息产品和信息服务的消费日益成为社会消费的主要潮流。第
三，信息市场成为市场体系的重要组成部分。相对于其他市场如金融市
场、劳动力市场、房地产市场、产权交易市场等而言，信息市场所占的
份额逐渐加大，成为市场体系的重要组成部分。第四，信息产业成为国
民经济中的主导产业。信息经济时代，信息产业成为国民经济中的主导
产业。其标志体现在信息部门的产值在国民生产总值中所占比重和信息
劳动者在从业人数中所占比重高于其他产业。

　　从企业的角度来考察，我们发现，所谓的竞争，实际上是指企业竞
争力大小的较量。当企业间的竞争力彼此相当时，竞争常常表现得异常
激烈，有时甚至演变为一场你死我活的市场争夺战。可见，设法创造企
业的竞争优势是极其重要的。企业竞争优势有多种表现，如人才优势、
资金优势、技术和设备优势、经营方式优势、原材料优势、信息优势
等，但在信息时代里归根结底表现为通过推进信息化建设所营造的信息
优势。也就是说，谁取得了信息优势，谁就获得了在市场上生杀予夺的
主动权。信息优势是企业在信息时代市场竞争中生存和立足的根本，企
业应当充分利用信息技术开发利用与提升竞争力有关的信息资源以便提
升企业竞争力。例如，为了创造客户价值，需要对客户进行分析。在实
际应用中，可以以客户为主题构建数据仓库。该数据仓库除了包括客户
的基本信息如年龄、职业、收入外，还可以从企业内部的各个业务系统
中提取，如从财务系统提取客户的信用信息，从销售系统提取客户购买
自己产品的数量信息、客户最后购买自己产品的时间信息，从企业外部
的中间代理或市场处提取客户购买竞争对手产品的信息。对客户主题的
数据仓库进行分析，可以关注客户利益，根据客户的需求设计、开发产
品，从而创造客户价值。

　　下面我们以信息分析为例，进一步探讨信息化能力如何提升企业竞

争力。

从总体上看，关于企业内部和外部的一切与提高企业竞争力有关的信息主要涉及竞争对手、竞争环境、竞争战略等方面。显然，这些信息是为竞争目的而专门采集来的，并且经过深加工发生了增值。充分分析和利用这些信息是企业信息化能力的一个重要体现，有助于企业在信息化社会赢得和保持竞争优势，提升竞争力。

（一）竞争对手信息

"对手"是指势均力敌、相互争胜的双方。企业竞争对手主要是指限制和影响本企业竞争优势发挥的企业外部组织或个人，即凡在与本企业有共同目标的市场上与本企业有利益冲突且构成一定威胁的组织或个人，均为竞争对手。这些竞争对手除一部分是旗帜鲜明的现实对手外，还有为数不少的潜在对手，而且后者在很多情况下对信息优势构成的潜在威胁相当巨大（有时甚至是致命的）。可见，识别现实对手和即将走上舞台的潜在对手意义都很重要。现实对手一般容易识别，如观察其是否在明争暗夺与本企业相同的目标市场，是否在采取某种（些）方式排挤或报复本企业等。但预测潜在对手并非是一件容易的事，一般可以参考其他信息从下述各类企业中辨识出来[①]：不在本产业但不费气力便可进入的企业、进入本产业可产生明显协同效应的企业、其战略的延伸将导致加入本产业竞争的企业、可能前向整合或后向整合的客户或供应商、可能发生兼并或收购行为的企业。

要想对竞争对手实力进行实事求是的评估，通常要采集竞争对手产品定价、扩展计划、竞争计划、促销战略、成本数据、销售统计、研究与开发、产品设计、生产工艺、财政管理、知识产权管理、网络建设和使用等方面的信息。这些信息通常还可以进一步细分。为了获取这些信息，企业必须建立有关竞争对手的经营状况、主要负责人、主要产品营销情况、经营组织规划、技术开发、广告及优惠措施、内部管理

式、企业文化等方面的追踪监测网。[①]

需要指出的是，在辨识竞争对手、了解和掌握竞争对手信息之前，透彻掌握有关企业自身的实力信息是极其重要的。有关企业自身实力的信息很多，如本企业在市场中的地位、产品的市场占有率、产品质量和品种结构、技术性能、经营方式、管理模式、人力资源配置、原材料来源及价格、商品流通渠道、用户构成及其分布、要害部门或工序的设置、网络建设和使用情况等。

（二）竞争环境信息

竞争环境是指竞争各方所处的自然和社会环境。对一个企业来说，竞争环境的影响作用是巨大的，其中的任何变化都可能对企业的利益乃至生存产生重大影响。在市场经济条件下，企业竞争环境是大范围、多角度、全方位的。不论是外向型企业还是内向型企业，也不论是单一型的中小企业还是多目标、综合性的大型企业集团，企业竞争环境信息都从时间上涉及过去、现在和未来，从地域范围上涉及国内和国外，从内容上涉及自然、科技、经济、政治、政策、法律、文化、管理以及用户、竞争对手、供应商、中介商等各个方面。特别是政策环境，它可以直接或间接地起到约束和规范企业行为、保护和促进企业发展的作用。在竞争机制发生作用的条件下，谁对竞争环境的变化反应迟钝，谁就会被淘汰。美国的一位管理学家曾对企业的生命周期做过研究，结果发现长寿企业（有的可以多达几个世纪）的共同特征之一就是对竞争环境的变化具有高度的敏感性，这些企业尽一切可能搜集信息，当战争爆发、经济衰退或者技术革命到来时，它们都能准确地把握住变化的脉络，从而迅速地做出反应。了解和掌握竞争环境信息对企业避免"吃惊"、识别机会和威胁具有十分重要的意义。

1980年，波特（M. E. Porter）教授发表了《竞争战略》一书。在这本书里，作者提出了5种决定企业竞争的强度和企业利润率的竞争

---

① 查先进. 论企业竞争对手. 情报科学, 2000 (2).

力，即现存企业的竞争、新进入者的障碍、买方的谈判能力、供方的谈判能力、替代产品或服务的威胁。[①] 竞争环境信息的了解和掌握情况原则上可以用这 5 种竞争力逐一核查。

在竞争环境分析中，环境扫描是一种重要的信息分析能力。环境扫描指管理者研究和监测企业相关环境的方法和手段，环境扫描允许管理者快速识别那些严重影响企业及其战略方向的环境因素；环境扫描是组织良好的适应环境的系列活动的第一步。环境扫描的目标在于识别寻找企业新方向的早期机会，以及有关企业战略决策障碍的威胁；环境扫描的目的在于战略控制和保障战略实施的有效性。[②]

(三) 竞争战略信息

竞争战略是指企业在把握了外部环境和内部条件的基础上，为在竞争中求得生存和发展而作出的长期的、总体的、全局的谋划和对策。竞争战略制定的目的是为了在激烈的市场竞争中寻找并建立一个有利可图且能持之以恒的竞争地位。

按照波特教授的研究成果，竞争战略可分为总成本领先战略、产品差异性战略和聚焦战略三种基本类型。总成本领先战略要求企业抓紧成本与管理费用的控制，最大限度地减少研究与开发、服务、推销、广告等方面的成本费用，使价格低于外部竞争对手的产品价格；产品差异性战略要求企业努力发展差异性大的产品线和营销项目，使企业的产品及其营销服务等别具一格，成为同行业中的领先者；聚焦战略要求企业集中力量于某几个细分市场，而不是将力量均匀地投入整个市场。一般地，总成本领先战略是在全产业范围内通过低成本谋求竞争优势，差异性战略是在全产业范围内通过产品的标新立异谋求竞争优势，聚焦战略着重于在某一特定的细分市场上通过低成本或产品的标新立异谋求竞争优势

---

① Porter, M. E. Competitive strategy. New York: The Free Press, 1980.

② Preble, J. F. Towards a comprehensive system of strategic control. Management Studies, 1992, 29 (4).

思考题

1. 什么是社会信息化？它包括哪三个层次？
2. 简述信息化能力的含义及其表现形式。
3. 什么是企业核心竞争力？它具备哪三个主要特性？
4. 为什么说信息化能力能够提升企业竞争力？

第二章 信息系统开发与管理

第一节 信息系统的结构和功能

一、信息系统及其类型

信息系统是信息资源存储、开发和被利用的主要工具。信息系统用十分广泛，各行各业都有专门为之服务的不同功能的信息系统。①前，信息系统主要是指由计算机硬件和软件、网络和通信设备、信息源、信息用户等组成的人机系统。实际上，信息系统不仅能管理信息而且能搜集、存储、处理、检索和传输信息，必要时还能向有关人（特别是决策者）提供有用信息。

（一）信息系统的层次

信息系统具有层次性。R. N. Anthory 从管理过程出发，将信息统分为战略计划、管理控制、操作控制三个层次。R. V. Head 在R. N. Anthory 三层结构模型的基础上，又进一步提出了信息系统的"金字塔"型四层结构模型（图 2 - 1）。其中，金字塔的底部表示明确且结构化的规程和决策，顶部代表着非结构化的处理和决策。信息存在于信息系统的

图 2 - 1 信息系统的"金字塔"型结构

① 张维明主编. 信息系统建模. 北京：电子工业出版社，2002.

个层次中，并发挥相应的作用。

1. 战略计划层

战略计划层信息主要是通过定量分析和预测得到的用于管理与决策动的综合性信息，而不是具体、详细的信息。战略计划层的信息系统管理方法上通常是建立以数据库、模型库为基础的计算机决策支持统。

2. 管理控制层

根据战略计划层的要求，管理控制层及时给出所需要的带有统计或测性质的各种管理信息。这一层要求能为各级管理人员的管理活动提用于制定、组织、控制等活动所需要的信息。

3. 操作控制层

操作控制层信息用来显示天天要重复的操作过程，通常利用事务数处理模块、报表生成模块和查询模块来产生事务活动的单据、统计报和查询应答。

4. 事务数据处理层

信息系统的前述三个层次主要是辅助不同层次的管理活动，第四个次即事务数据处理层，则侧重于为其余所有内部信息辅助活动提供础。

（二）信息系统的类型

从系统特点和发展趋势来看，信息系统还可以分为数据处理系统、理信息系统、决策支持系统、专家系统、办公自动化系统、信息检索统等。

1. 数据处理系统

数据处理系统（Data Processing System，简称 DPS）产生于 20 世50 年代，是信息系统的早期表现形式。它主要用于操作层的天天重、变化不大的各种过程处理和事务处理，如工资计算、账务处理中的始凭证录入等。它所处理的问题结构化程度高、处理步骤固定。该系多为一项一项地处理各种信息，各项处理之间的联系很少。

2. 管理信息系统

管理信息系统（Management Information System，简称 MIS）是 20
纪 70 年代在 DPS 基础上发展起来的信息系统形式，是为实现系统的整
管理目标，对各类管理信息进行系统、综合处理，并辅助各级管理人
进行管理决策的信息处理系统。MIS 能够加快企业资金周转，减少企
储备资金，因此，在相当长一段时期，MIS 的建设被认为是企业现代
的重要标志。它通常以职能信息系统的形式出现于各个应用领域，满
相应的职能领域的用户信息需要，如用于营销领域的营销信息系统，
于人力资源领域的人力资源信息系统，用于高层管理和决策领域的经
信息系统等。MIS 主要由信息搜集、信息存储、信息加工、人机对话
输出以及信息管理者组成，可根据功能划分为若干个相互关联的子系
MIS 只是一种辅助管理系统，它所提供的信息需要由管理人员去分材
判断和决策。

3. 决策支持系统

决策支持系统（Decision Support System，简称 DSS）是 MIS 和运
学相结合的产物。20 世纪 70 年代初，美国 M. S. Scott Morton 在《管
决策系统》一文中首先提出 DSS 的概念。对于那些目标明确，具有
定规则和程序的决策问题（即结构化决策），MIS 可以有效地支持决
中各个阶段的活动。但是，对于现代管理决策中面临的目标含糊不清
多个目标相互冲突、方案的比较和选取没有固定规则和程序可循、所
信息不全且比较模糊等问题（即半结构化决策问题），MIS 就显得无
为力。DSS 增加了模型库和模型库管理系统，它把众多的模型（包括
学模型、数据处理模型等）有效地组织和存储起来，并且建立了模型
和数据库的有机结合，从而有效地解决 MIS 不能解决的半结构化决
问题。R. H. Bonczek 等人认为，DSS 与 MIS 相比，至少有三个特点[①]

---

① R. H. Bonczek, etc.. Foundation of decision support systems. New York: Academ
Press, 1981.

在自然语言处理（（Natural Language Processing，NLP）和特定的信息抽取（Information Extraction，IE）中，命名实体（Named Entities，NE）被认为是：由名称指定的人、机构、地点等，在广义的解释中，还包括数量值（数字日期、钱的数量）等。命名实体的理解和管理需要更多的特定知识。

这里所讨论的语义注释是一个特定的元数据产生和使用模式，目的在于促使新的信息存取方法，并扩展现存的方法。所提供的注释体系基于这样的一种理解：文本中提到的命名实体构成了语义的重要部分。另外，使用不同种类的冗余、外部知识或背景知识，那些实体可与形式化描述链接起来，因而提供 Web 内容的更多语义和链接[①]。

简而言之，语义注释将到语义描述的链接分配给文本中的实体（见图 8-5）。这类元数据同时提供有关实体的类和实例信息。自动语义注释推进了许多新的应用：突出显示（high lighting）、索引和检索、分类、更高级元数据的产生、非结构化文本与可获得的相关知识之间的平滑转换。语义注释可应用于任意种类的文本——Web 网页、规则的（非 Web）文档、数据库中的文本字段等。[②]

在语义 Web 中，大量的知识将得到结构化、形式化的表示以促进自动存取和使用。利用形式化知识，可针对文本中的重要知识点进行注释，并有效地提高机器处理文本内容的能力。图 8-5 是一个简化的语义注释图。在图中，上面方框内是一段 Web 文本，其中的"张三"和"北京"可看是重要的知识点，它们被突出显示，并通过箭头分别链接到图下面方框内形式化知识（本体与知识库）中的"张三"和"北京"。

① Borislav Popov, Atanas Kiryakov, et al. KIM - Semantic Annotation Platform. 2nd International Semantic Web Conference（ISWC2003），20-23 October 2003，Florida，USA. LNAI，2003，2870.

② Atanas Kiryakov, Borislav Popov, et al. Semantic Annotation, Indexing, and Retrieval. Proceedings of 2nd International Semantic Web Conference，Florida，USA，2003，2870.

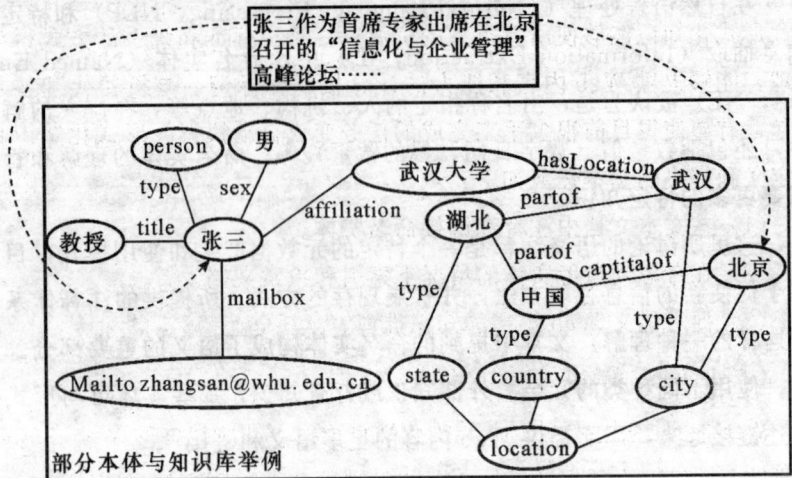

图 8-5　语义注释

通常认为，人通过学习和记忆已具备了相关的背景知识或环境知识，假设某人在阅读该段文本时，已知道"张三"和"北京"，则他在阅读时会很容易地联想到"张三"是男的，是一名武汉大学的教授，"北京"是中国的首都。在这样的背景知识下，这个人可以很容易地理解这段文本的内容。机器在遇到字符串"张三"和"北京"时，如果没有形式化知识的支持，会如同一个不认识"张三"和不知道"北京"的人一样，只是将"张三"解释为字符串"张三"，将"北京"解释为字符串"北京"，而无法明白其中的语义信息。如果有了图中形式化知识的支持，机器则能够与一个认识"张三"和知道"北京"的人一样具有相关的背景知识。机器能够借助文本中的突出显示，顺着链接找到形式化知识中的实例；并利用形式化知识（如同人的大脑知识一样）"联想"到：张三是男的，是一名教授，他的电子邮箱是 zhangsan@whu.edu.cn，他所属的单位是武汉大学，武汉大学位于武汉，武汉是湖北的一个城市，湖北是中国的一个省；北京是一个城市，是中国的首都。在形式化知识的支持下，机器所"联想"到的这些信息，比起人的联想来说，会更精确、更全面。

形式化知识能够使所有类型的资源以一种更标准和统一的方式得到管理，能够提供 Web 内容和能力的计算机解释标记，与机器代理技术一起，有望使得目前很多手工完成的任务变成自动执行。形式化知识具体定义和解决的基本任务如下：

（1）在文本文档中注释和链接命名实体。

（2）在考虑到参考实体的情况下索引和检索文档。

（3）促进语义 Web 挖掘和知识推理。

（二）语义 Web 文本挖掘[①]

Web 内容挖掘主要针对非结构化数据而言，即所挖掘的 Web 内容是按照供人类理解的形式设计的，而却很难被计算机所理解，因而挖掘难度大，挖掘效率不高。相反，语义 Web 的内容是按照某种语义方式进行结构化设计，以便该内容能够被计算机所理解。从功能上看，语义 Web 将是一个能够"理解"人类信息的智能网络，语义 Web 为 Web 挖掘提供了机器可处理的对 Web 内容进行描述的形式化知识（本体和知识库），再加上语义注释，这些都为 Web 挖掘提供了良好的基础和框架，必将极大地提高 Web 挖掘效能。

1. 语义 Web 上的文档分类

语义 Web 上的文档分类与 Web 上的类似。除了文档的通用特征外，在语义 Web 上，还可以利用语义注释作为增加的特征或结构特征。本体形式的知识可用于推理出有关文档的更多信息，为更好地分类提供了潜在的基础。这种形式的文档分类使用了具有背景知识和特征结构的分类学习。文档类可增加到文档注释中，分类可用来预先定义文档片段。

---

① Bettina Berendt, Andreas Hotho, Dunja Mladenic, et al. A Roadmap for Web Mining: From Web to Semantic Web. http://eprints.pascal-network.org/archive/00000841/01/road-map.pdf, 2007-01-10.

2. 语义 Web 上的文档聚类

与文档分类相同，注释文档的聚类可以充分利用语义注释，并可从形式化知识中推理出更多的有关文档的信息。例如，文本通过增加从词网中导出的语义类别得到预处理；路透社新闻评估显示利用背景知识可改善结果。层次文档聚类和这些类的描述可看成是基于子概念关系的本体。这样，层次聚类方法构建文档的本体，然后通过在层次中对新文档进行分类来维护这些本体。簇的特征支持本体的构建，因为簇的描述反映了概念间的关系。

3. 语义 Web 上信息抽取的数据挖掘

学习从文档中抽取信息可以利用文档片段的语义注释以便抽取规则——假设这些得到一致的分配——它可以从本体中的知识获益。另外，现存的本体可以支持解决不同的问题，包括其他本体的学习和将本体概念分配给文本（文本注释）。本体概念或者分配给整个文档，如 Web 文档的已描述本体，或者分配给文本的一个小部分。在后一种情况下，研究者们正在研究从已有的注释文本中学习注释规则。这可在信息抽取中看到，这里的目的不在于用抽取的信息填充数据库，而是将标签分配给文本的某个部分。因为获取注释文本不是件小事，所以一些研究者利用其他技术如自然语言处理或聚类以便发现文本单元（如一组名词，句子聚类），并根据现存本体的概念映射这些单元。

4. 本体映射

因为本体常常是为某个特定目标而开发的，不可避免地会构建类似的本体，需要将这些本体统一起来以促进一个本体中的知识与其他本体中的知识的使用。这需要构建两个本体中的概念、属性、值和关系间的映射，或者作为一种解决方案，或者作为迈向单一联合本体的开始。很多学者对此作了多方面的研究，其挑战是从本体中获取有关概念的信息，从与每个概念相关的 Web 网页中抽取更多的信息。这个信息可用于为某个类识别出分类标记。将这个分类标记应用到其他本体中的概念实例，可以观察到哪些其他概念与原始概念具有最多的共同点。

5. 用户建模与语义 Web

语义 Web 为使用挖掘提供了有趣的机会，因为本体和注释能够以促使发现更丰富和更多信息模式的标准形式提供有关用户行为和 Web 网页的信息。被用户访问（购买）产品的注释为用户片段增加了信息，并有可能发现潜在的通用模式。这种模式可用于预测基于新产品描述的对新产品的反应。如果仅仅能获得产品的名称、图片和价格，则很难预测对新产品的反应。比起描述产品的文档来说，使用统一的本体会使挖掘更有效。

使用挖掘的应用如基于使用的推荐、个性化和链接分析将得益于注释文档和对象的使用。仅仅需要解决少量的问题以扩展当前的方法。大规模的应用需要能够得到半自动化维护和应用的较大本体。为描述用户兴趣和用户行为设计或自动地产生本体是一个具有挑战的需要解决的问题。

（三）应用前景

Web 技术在产业、政府、教育、娱乐中的应用得到不断增加，这意味着 Web 挖掘能够应用的数据范围增加了。另外，基于 Web 系统的广泛应用如信息检索、电子商务、商务流程建模等，将与 Web 挖掘相协调。Web 挖掘的未来将在大范围内依赖于语义 Web 的发展，下面分析语义 Web 文本挖掘的应用前景①。

1. 知识管理（knowledge management）

知识管理通常被看成是具有很强的产业重要性的领域。对在组织中可获得的知识进行系统管理可增强组织的能力，以便优化使用组织中可获得的知识，并有效响应新的发展、威胁和机会。Web 挖掘技术创造

---

① Bettina Berendt, Andreas Hotho, Dunja Mladenic, et al. A Roadmap for Web Mining: From Web to Semantic Web. http://eprints. pascal-network. org/archive/00000841/01/road-map. pdf，2007-01-10.

了将知识管理与业务流程集成得更紧的机会。使用语义 Web 技术的标准化努力和因特网上有关业务流程的更多数据的获取为 Web 挖掘技术创造了机会。知识管理中的 Web 挖掘的广泛使用需要容易获取 Web 挖掘工具，这些工具可能被非专业人员使用并能灵活地与广泛的工具和系统相集成。

2. 电子商务（E-commerce）

描述客户、客户抱怨、合同、产品、业务流程等的本体和知识库的使用，增加和增强了电子商务中数据挖掘方法的范围和能力。

3. 电子学习（E-learning）

语义 Web 提供了组织教学资料的方法，使用挖掘可用于为学习者建议教学资料。资料可通过聚类技术得到组织，并最终在端对端的网络上得到共享。Web 挖掘方法可用于构建用户技能、竞争力或知识的描述以及指南效果的描述。另一种可能性是利用 Web 挖掘来分析学生对学习目的的交互。因特网支持学习中合作的学生，Web 挖掘方法可用于监测这个过程，而不需要老师详细地跟踪这个交互。

4. 电子政务（E-government）

政务中的许多活动涉及大量的文本集，如法律、信件、布告、报告等。语义 Web 标准化与文本挖掘工具的结合将极大地促进这些大量文本信息存取和可获得的管理。政务中许多内部过程包括文本和结构化的文档。Web 挖掘创造了分析这些政务过程和创造流程模型的机会。标准本体将用于政务组织，由此产生的标准化将使得 Web 挖掘得到更广泛的应用和具有更强大的功能。

5. 电子科学（E-science）

许多信息在大量的科学文献中被"埋没"，通过信息抽取中的文本挖掘和数据挖掘的使用，以便从大量的文本文档集中获取信息，这依赖于信息抽取与知识表示和本体的结合。

Web 上分布着大量重要而有价值的信息和知识，然而，面对当前

Web 上的信息，知识工作者不得不花费大量的时间进行搜寻、浏览和阅读，以便找出信息间是如何相互关联的。只有当知识工作者开始在不同的信息间找出相似与不同时，他们才进入实质性的工作：构建关系以创造新的知识。这种基于人力理解的信息资源开发与利用已远远不能满足各种应用上的需求。语义 Web 为提高网上信息资源开发与利用的效率带来了希望，语义 Web 是能够从经验中学习，创建不同应用环境下知识获取、表示和利用的基础设施。基于语义 Web 的信息资源开发与利用将有效地发现所选信息间的相互关系，揭示信息间的隐含结构。从某种意义上说，随着语义 Web 的发展，基于语义 Web 的信息资源开发与利用水平将直接体现出全球经济一体化环境下的竞争力和竞争优势，促进网上信息资源得到更加有效的管理，具有良好的应用前景。

思考题

1. 什么是信息资源？它有哪些经济学特征？

2. 试述信息资源配置的经济意义。

3. 试述信息资源配置的原则和内容。

4. 试分析信息资源共享的障碍。

5. 试分析信息市场失灵的主要表现。

6. 试分析政府干预的作用及政府失灵的主要表现。

7. Web 文本资源的开发与利用主要表现在哪些方面？

8. 语义 Web 文本挖掘有哪些应用前景？

参考文献

[1]包昌火．情报研究方法论．北京:科学技术文献出版社,1990.

[2]查尔斯·沃尔夫著,谢旭译．市场或政府．北京:中国发展出版社,1994.

[3]陈国青,李一军．管理信息系统．北京:高等教育出版社,2006.

[4]陈科鹤编．电子商务实务教程．北京:清华大学出版社,2006.

[5]陈小磊,郑建明,万里鹏．信息化水平测度指标体系理论研究述评．图书情报知识,2006(9).

[6]陈运迪．企业信息化与中国企业的竞争力．http://news.chinabyte.com/333/1667333.shtml,2007-12-20.

[7]陈庄．信息资源组织与管理．北京:清华大学出版社,2005.

[8]储荷婷等著．Internet 网络信息检索原理、工具、技巧．北京:清华大学出版社,1999.

[9]储节旺．论网络信息组织．情报理论与实践,2000(4).

[10]邓小昭,邬晓鸥,韩毅,樊志伟．论信息化指标体系研究中的几个理论问题——兼评《国家信息化指标构成方案》．情报学报,2003(1).

[11]董慧,余传明．基于 Internet 的信息组织研究．情报科学,2001(2).

[12]范斌．我国政府信息化发展的障碍分析及对策建议．内蒙古民族大学学报,2007(4).

[13]甘任初．管理信息系统．北京:机械工业出版社,2001.

[14]何亚琼,李一军,黄梯云．信息产业成长的动力机制研究．决策借鉴,2000,13(2).

[15]洪潞．信息网络环境下的信息组织．武汉大学学报,1997(2).

[16]黄如花．网络信息组织模式．中国图书馆学报,2004(1).

[17]霍国庆．论信息组织．情报资料工作,1997(6).

[18]吉通通信有限责任公司．2001 年中国信息年鉴．北京:中国信息年鉴期刊

社,2002.

[19]贾林·库普曼著,蔡江南译.关于经济学现状的三篇论文.北京:商务印书馆,1992.

[20]焦玉英,符绍宏,何绍华.信息检索.武汉:武汉大学出版社,2001.

[21]金建.信息产业经济学论纲.北京:北京出版社,1993.

[22]经济合作与发展组织(OECD),杨宏进等译.以知识为基础的经济.北京:机械工业出版社,1997.

[23]靖继鹏.吉林省信息产业测度分析.情报学报,1993(6).

[24]靖继鹏.信息经济学.北京:清华大学出版社,2004.

[25]靖培栋.信息可视化——情报学研究的新领域.情报科学,2003,21(7).

[26]Joseph Bustos,Karli Watson著,耿艳楼等译.NET Web 服务入门经典.北京:清华大学出版社,2003.

[27]邝孔武,王晓敏.信息系统分析与设计.北京:清华大学出版社,2002.

[28]黎苑楚,蔡东宏等.信息产业导论.武汉:湖北人民出版社,2004.

[29]李纲.信息资源有效配置研究.武汉:武汉大学博士学位论文,1999.

[30]李国辉,汤大权,武德峰等.信息组织与检索.北京:科学出版社,2004.

[31]梁滨.企业信息化的基础理论与评价方法.北京:科学出版社,2000.

[32]林自葵.物流信息系统.北京:清华大学出版社,2004.

[33]刘邦凡编著.电子政务建设与管理.北京:北京大学出版社,2005.

[34]刘艳民.青海大学教育信息化建设探索与实践.计算机教育,2007(8).

[35]卢泰宏.信息分析.广州:中山大学出版社,1998.

[36]陆红彦.中国网络零售业未来走向研究.广西经济管理干部学院学报,2007.4.

[37]罗汉洋.B to B 电子商务模式分析与思考.商业研究,2004(15).

[38][美]艾瑟顿著.情报系统和服务机构手册.北京:科学技术文献出版社,1982.

[39][美]奥弗尔等著,利明志译.电子商务教程与案例:互联网商务模式及战略.北京:清华大学出版社,2005.

[40][美]道格拉斯·霍姆斯著,詹俊峰等译.电子政务.北京:机械工业出版

社,2003.

[41][美]劳顿等著,劳帼龄等译.电子商务:商业、技术和社会.北京:高等教育出版社,2004.

[42][美]约翰·奈斯比特著.大趋势——改变我们生活的十个新方向.北京:科学普及出版社,1985.

[43]马费成,陈锐.面向高速信息网络的信息资源管理(二).中国图书馆学报,1998(2).

[44]马费成,靖继鹏.信息经济分析.北京:科学技术文献出版社,2005.

[45]马费成,王槐,查先进.信息经济学.武汉:武汉大学出版社,1997.

[46]马费成主编.信息资源开发与管理.北京:电子工业出版社,2004.

[47]马克思,恩格斯.马克思恩格斯全集(第 46 卷下卷).北京:人民出版社,1972.

[48]孟广均,霍国庆,罗曼等.信息资源管理导论.北京:科学出版社,2003.

[49]孟庆国,樊博.电子政务理论与实践.北京:清华大学出版社,2006.

[50]缪其浩主编.市场竞争和竞争情报.北京:军事医学科学出版社,1996.

[51]倪波等.信息传播原理.北京:书目文献出版社,1996.

[52]倪明,徐福缘.企业信息化水平评价指标及评价方法研究.图书情报工作,2007(4).

[53]祁明.电子商务实用教程.北京:高等教育出版社,2000.

[54]祈延莉,赵丹群.信息检索概论.北京:北京大学出版社,2005.

[55]曲维枝.信息产业与我国经济社会发展.北京:人民出版社,2002.

[56]师书恩编.信息技术教学应用.北京:高等教育出版社,2005.

[57]宋彩萍,霍国庆.信息组织论纲.中国图书馆学报,1997(1).

[58]宋玲.信息化水平测度的理论与方法.北京:经济科学出版社,2001.

[59]宋玲.信息领域的三件大事.计算机世界,1999(36).

[60]孙昊,刘玉照.网络环境下检索效果评价标准浅析.情报杂志,2003(1).

[61]孙丽芳.信息资源检索与利用.北京:电子工业出版社,2004.

[62]唐建国,胡芒谷.Web 数据挖掘对 Web 数据检索的支持作用.情报学报,2004(4).

[63]王超主编．竞争战略．北京:中国对外经济贸易出版社,1999.

[64]王晨昀编著．网上开店实战宝典．上海:上海远东出版社,2006.

[65]王崇德．信息产业基本知识讲座之四:信息产业的管理．情报资料工作, 1998(6).

[66]王浣尘编．信息技术与电子政务．北京:北方交通大学出版社,2003.

[67]王辉．关于知识组织与信息组织．情报科学,2003(5).

[68]魏权龄．数据包络分析．北京:科学出版社,2004.

[69]乌家培,谢康,王明明．信息经济学．北京:高等教育出版社,2003.

[70]吴刚等．经济增长的引擎．北京:中国机械工业出版社,2002.

[71]徐世河．管理信息系统设计教程．北京:电子工业出版社,2003.

[72]徐天秀．信息检索．北京:科学出版社,2005.

[73]徐维祥．信息系统项目评价理论与方法．成都:电子科技大学出版社,2001.

[74]薛华成．管理信息系统(第四版).北京:清华大学出版社,2003.

[75]严亚兰．Web网页并行爬行研究．计算机应用研究,2005(4).

[76]严亚兰,查先进．中国因特网站点信息服务成本—收益分析．中国图书馆学报,2001(1).

[77]严亚兰．面向动态网页爬行的Crawler架构．图书情报知识,2003(8).

[78]严亚兰．因特网多媒体信息检索探析．图书情报工作,2001(6).

[79]尹朝庆等编著．人工智能与专家系统．北京:中国水利水电出版社,2002.

[80]游五洋,陶清．信息化与未来中国．北京:中国社会科学出版社,2003.

[81]袁勤俭．中国信息产业发展战略——基于产业组织理论的研究．北京:科学技术文献出版社,2003.

[82]约翰·弗劳尔著,梁维娜译．网络经济——数字化商业时代的来临.呼和浩特:内蒙古人民出版社,1997.

[83]岳剑波．信息管理基础．北京:清华大学出版社,2001.

[84]甄阜铭编著．电子商务基础教程．大连:东北财经大学出版社,2003.

[85]查先进,严亚兰．物流信息系统．东北财经大学出版社,2005.

[86]查先进．论企业竞争对手．情报科学,2000(2).

[87] 查先进．信息分析与预测．武汉：武汉大学出版社，2000．

[88] 查先进．信息经济学．北京：北京交通大学出版社，2007．

[89] 查先进．因特网信息资源共享效率研究．武汉：武汉大学博士学位论文，2001．

[90] 张豪锋，孔凡士．教育信息化评价．北京：电子工业出版社，2005．

[91] 张恒昌．世界信息产业发展回顾与展望．甘肃社会科学，1999(3)．

[92] 张维明，肖卫东，杨强．信息系统工程．北京：电子工业出版社，2003．

[93] 张维明主编．信息系统建模．北京：电子工业出版社，2002．

[94] 张燕飞，严红．信息产业概论．武汉：武汉大学出版社，1998．

[95] 张勇刚．企业信息化测度理论与方法研究．重庆：重庆大学硕士学位论文，2004．

[96] 赵培云，郑淑荣．从国外信息化水平测度研究现状看我国应注意的问题．电子政务，2005(14)．

[97] 郑建明，王育红，张庆峰．中国社会信息化进程测度报告．情报科学，2000(10)．

[98] 仲大军．中国产业竞争力状况及国际标准．http://www.dajun.com.cn/jzl.htm，2007-12-20．

[99] 周宁，严亚兰，张芳芳．网络信息资源构建与维护方法研究．图书情报知识，2003(10)．

[100] 周宁．信息组织．武汉：武汉大学出版社，2001．

[101] 朱庆华．信息分析：基础、方法及应用．北京：科学出版社，2004．

[102] 祝智庭．信息化教育环境建设的新视野．http://www.zjjyzb.com，2007-11-15．

[103] Alexander Gerschenkron. Economic backwardness in historical perspective. Harvard University Press, 1962.

[104] Amrik S. Sohal and Simon Moss. Comparing IT success in manufacturing and service industries. International Journal of Operations & Production Management, 2001, 21(1/2).

[105] Arrow, K. J. The economics of information, Washington, DC: Basil

Blackwell Limited, 1984.

[106] Arvind Arasu, Junghoo Cho, Hector Garcia—Molina, Andreas Paepcke, Sriram Raghavan. Searching the Web. http://www—db. Stanford. edu/pub/papers/.

[107] Atanas Kiryakov, Borislav Popov, et al. Semantic Annotation, Indexing, and Retrieval. Proceedings of 2nd International Semantic Web Conference, Florida, USA, 2003, 2870.

[108] Berelson, B. Content Analysis in Communication Research. Glencoe, Ill: Free Press,1952.

[109] Bettina Berendt, Andreas Hotho, Dunja Mladenic, et al. A Roadmap for Web Mining: From Web to Semantic Web. http://eprints. pascal—network. org/archive/00000841/01/roadmap. pdf, 2007-01-10.

[110] Bharadwaj, A S, Bharadwaj, S G, Konsynski, B R. Information technology effects on firm performance as measured by Tobin's Q. Management Science,1999,45 (6).

[111] Borislav Popov, Atanas Kiryakov, et al. KIM—Semantic Annotation Platform. 2nd International Semantic Web Conference (ISWC2003), 20 — 23 October 2003, Florida, USA. LNAI, 2003, 2870.

[112] Boulding,K. E. The economics of knowledge and the knowledge of economics,American Economic Review,1966,56(2).

[113] Coase, R. The problem of social cost. Journal of Law and Economics, 1960(2).

[114] Eisenschitz, T. Rights and responsibilities in the digital age: problems with stronger copyright in an information society. Journal of Information Science, 1997(23).

[115] Gianfranco Walsh and Vincent—Wayne Mitchell. Demographic characteristics of consumers who find it difficult to decide. Marketing Intelligence & Planning, 2005, 23(3).

[116] Holsti, O. R. Content Analysis for the Social Sciences and Humanities. Reading, MA: Addison—Wesley. 1969.

[117] Isabel Gallego and Luis Rodrl'guez. Situation of intangible assets in Spanish firms: an empirical analysis. Journal of Intellectual Capital, 2005, 6(1).

[118] Junghoo Cho, Hector Garcia—Molina. Parallel Crawlers. http://www—db. Stanford. edu/ pub/papers/.

[119] Junghoo Cho, Hector Garcia—Molina. The Evolution of the Web and Implications for an Incremental Crawler. http://www — db. Standford. edu/pub/papers/.

[120] Krippendorff, K. Content Analysis: An Introduction to Its Methodology. Newbury Park, CA: Sage. 1980.

[121] McEachern,W. A. Microeconomics: a contemporary introduction. Ohio: South—Western Publishing Co. ,1994.

[122] Mike P. Papazoglou, Henderik A. Proper, Jian Yang. Landscaping the information space of large multi—database networks. http://www. elsevier. com/locate/datak.

[123] Panl S. Cheng, Transforming corporate information into value through data warehousing and data mining. Aslib Proceedings,1998,50(5).

[124] Pierre Berthon, James Mac and Hulbert. Leyland Pitt. Innovation or customer orientation? An empirical investigation. European Journal of Marketing, 2004, (9/10).

[125] Porter,M. E. Competitive strategy. New York:The Free Press,1980.

[126] Preble, J. F.. Towards a comprehensive system of strategic control. Management Studies, 1992, Vol. 29(4).

[127] R. H. Bonczek,etc.. Foundation of decision support systems. New York: Academic Press,1981.

[128] Smith,Adam. An Inquiry into the Nature and Causes of the Wealth of Nations. New York:Oxford University Press,1776.

[129] Sriam Raghavan, Hector Garcia—Molina. Crawling the Hidden Web. http://www—db. Stanford. edu/pub/papers/.

[130] Sriram Raghavan, Hector Garcia — Molina. Integrating Diverse Informa-

tion Management Systems: A Survey. http://www—db. Stanford. edu/pub/papers/, Oct 10,2003.

[131] Taher H. Haveliwala, Aristides Gionis, Dan Klein, Piotr Indyk. Evaluating Strategies for Similarity Search on the Web. http://www—db. Standford. edu / pub/papers/.

[132] Tim Berners — Lee, Hendler, Lassila. The Semantic Web. http:// www. sciam. com/article. cfm? articleID = 00048144 — 10D2 — 1C70 — 84A9809EC588EF21, 2004—03—03.

[133] Tim Berners—Lee. Semantic Web Road Map. http://www. w3. org/DesignIssues/Semantic. html, 2004—03—03.

[134] W. H. Inmon. Building data warehouse. John Wiley,1996.

[135] Weber, R. P. Basic Content Analysis, 2nd ed. Newbury Park, CA. 1990.

[136] www. hopecup. net/lunwen/ycjy/200704/9624. html.

[137] Yong—Gil Lee, Yong—Il Song. Selecting the key research areas in nano—technology field using technology cluster analysis: A case study based on National R&D Programs in South Korea. http://www. sciencedirect. com/science? ob = MImg&_imagekey=B6V8B—4K4WMKB—1 — 9&_cdi = 5866&_user = 1555949&_orig = search&_coverDate = 06% 2F09% 2F2006& _ sk = 999999999&view = c&wchp = dGLbVtz — zSkWz&md5=dfd5d41de93f8ebb2d267d22b0d03a5d&ie=/sdarticle. pdf.

[138] http://0637. net/HtmlWebs/200512/12135211. htm.

[139] http://218. 94. 6. 203/courses.

[140] http://lib. fortunespace. net/int/HTML/30057_2. shtml.

[141] http://unpan1. un. org/intradoc/groups/public/documents/APCITY/UNPAN024287. pdf.

[142] http://w2. laes. tp. edu. tw/rebecca/old_index/U4/u4122. htm.

[143] http://www. beijing. gov. cn/.

[144] http://www. bibisky. com/blog/u/sage/.

[145] http://www. census. gov/epcd/www/naics. html.

[146] http://www. china. com. cn/chinese/PI—c/1254090. htm.

[147] http://www. chinavalue. net/article/48436_4. html.

[148] http://www. ciq. com. cn/2007/10/12.

[149] http://www. cnnic. cn/index/0E/00/11/index. htm.

[150] http://www. cs. com. cn/xwzx/05/200704/t20070417_1087632. htm.

[151] http://www. ecommerce. gov/ede/ede2. pdf.

[152] http://www. ecommerce. gov/emerging. htm.

[153] http://www. edu. cn/li _ lun _ yj _ 1652/20061008/t20061008 _ 199204 _ 3. shtml.

[154] http://www. edu. cn/solutions_1660/20060330/t20060330_170697. shtml.

[155] http://www. jgxysx. net/kejian/ddm/dzsw/kcnr/13. 4. htm.

[156] http://www. mii. gov. cn/art/2007/03/01/art_111_1936. html.

[157] http://www. osha. gov/oshstats/sicser. html.

[158] http://www. stats. dl. gov. cn/biaozhun3. asp? type=gmgj&STYLETYPE=7.

[159] http://www. taobao. com/.